NOUVELLES PRATIQUES SOCIALES

Volume 5, numéro 2
Automne 1992

Dossier
Relations interethniques et pratiques sociales

Sous la direction de
André Jacob et Micheline Labelle

1992
Presses de l'Université du Québec
2875, boul. Laurier, Sainte-Foy, Québec G1V 2M3

La publication de ce numéro a été rendue possible grâce au soutien
de l'Université du Québec à Montréal, de l'Université du Québec à Hull,
de l'Université du Québec en Abitibi-Témiscamingue,
de l'Université du Québec à Rimouski, du siège social de l'Université
du Québec et de l'Université de Sherbrooke.

Révision linguistique : *Gislaine Barrette*

ISSN 0843-4468
ISBN 2-7605-0720-3

Dépôt légal — 4e trimestre 1992
Bibliothèque nationale du Québec
Bibliothèque nationale du Canada

Nouvelles pratiques sociales est une revue avec comités de lecture.

Pour toute correspondance concernant la direction et la rédaction de la revue, s'adresser à :

Secrétariat de *Nouvelles pratiques sociales*
Département de travail social
Université du Québec à Montréal
C.P. 8888, Succ. A
Montréal (Québec)
Canada H3C 3P8

Pour toute correspondance concernant les abonnements, les autorisations de droits d'auteur et la publicité, s'adresser à :

Presses de l'Université du Québec
2875, boul. Laurier
Sainte-Foy (Québec)
Canada G1V 2M3

Sommaire

En cette cinquième année de NPS

Yves VAILLANCOURT
Université du Québec à Montréal

Avec la publication de ce numéro, le neuvième, *Nouvelles pratiques sociales* (NPS) entre dans sa cinquième année d'existence. Il ne s'agit pas là d'un exploit, mais d'une occasion parmi d'autres pour prendre la mesure de nos acquis, de nos limites et de nos défis pour les années à venir.

UN NOMBRE D'ABONNEMENTS ENCOURAGEANT

Le premier indicateur de la percée réalisée par NPS au cours des cinq dernières années renvoie au nombre d'abonnements et à la composition de notre lectorat. Depuis l'automne 1988 jusqu'à aujourd'hui, nous avons réussi à nous maintenir, numéro après numéro, à un plateau de 1 000 abonnements en règle. À lui seul, ce chiffre est très encourageant. Il fait la preuve que notre produit intéresse de larges franges du public cible que nous visions au départ. Il nous permet de compter sur des assises financières saines, puisque dans le cas d'une revue comme la nôtre, les revenus d'abonnements et de ventes représentent de façon constante autour de 75 % du budget de la revue, tandis que le soutien des partenaires universitaires impliqués dans le projet représente l'autre 25 % du budget.

L'examen de la ventilation de nos abonnements permet de tracer quelque peu le contour du public cible de NPS. À partir d'une liste de 1 000 abonnés produite par notre éditeur, les Presses de l'Université du Québec (PUQ), à la fin de novembre 1992, nous pouvons faire les constats suivants.

D'une manière générale, suivant les catégories retenues par les PUQ, nos abonnements peuvent être décomposés de la façon suivante : 44 % d'abonnements d'étudiants et étudiantes dans le champ social dans les universités principalement et dans les cégeps secondairement ; 30 % d'abonnements individuels se rapportant majoritairement à des intervenants sociaux, mais aussi à des professeurs, à des chercheurs, à des fonctionnaires, à des gestionnaires, etc. ; 14 % d'abonnements institutionnels provenant principalement d'établissements du réseau parapublic de la santé et des services sociaux et parmi lesquels nous comptons entre autres 85 CLSC, la quasi-totalité des CPEJ et des régies régionales, ainsi que quelques centres hospitaliers, quelques centres de réadaptation et quelques départements de santé communautaire ; 6 % d'organismes non gouvernementaux de type communautaire, syndical, professionnel, bénévole ou religieux ; 5 % de bibliothèques universitaires et collégiales ; 1 % d'abonnements de ministères gouvernementaux.

En tenant compte d'un critère de ventilation d'ordre territorial, nous faisons d'autres constats : au départ, 95 % de nos abonnements sont au Québec, tandis que 5 % sont hors Québec ou hors Canada. Parmi les 95 % d'abonnements québécois, 56,8 % se situent dans les régions de Montréal, de Laval, de la Montérégie et de Laurentides-Lanaudière ; 8,9 % se situent dans la région de Québec, 8,6 % dans l'Outaouais, 7,3 % au Saguenay–Lac-Saint-Jean, 5,4 % en Abitibi-Témiscamingue, 3,6 % dans l'Estrie, 2,7 % dans le Bas-Saint-Laurent et la Gaspésie, 1,8 % en Mauricie et 0,8 % sur la Côte-Nord.

Si nous tenons compte du sexe de nos abonnés en mettant de côté les abonnements asexués, du moins en apparence, soit les abonnements institutionnels, nous constatons que nos abonnés sont des femmes dans 70,6 % des cas et des hommes dans 29,4 % des cas, ce qui n'est pas une donnée anodine dans une publication qui confère aux rapports de sexes une place centrale dans sa problématique.

Ces quelques chiffres ne révèlent pas tout sur le profil de nos abonnés. Ils permettent néanmoins de saisir que la majorité des abonnés et abonnées de NPS appartiennent au champ du social et se retrouvent dans des activités d'intervention, de formation, de recherche, de gestion. Ces données montrent aussi que nos objectifs de départ – métisser la qualité universitaire et la pertinence sociale – ont trouvé des résonances significatives dans les milieux d'intervention, de formation, de recherche et d'administration sociale. À cet égard, la présence d'une forte composante étudiante dans notre lectorat peut être interprétée comme un atout précieux, dans la mesure où nous comprenons que les étudiantes et les étudiants en intervention sociale constituent des traits d'union naturels entre les lieux de formation universitaire et les lieux de pratiques sociales dans la société d'aujourd'hui et de demain, d'où la place conférée à ces acteurs du social dans notre Comité de rédaction et dans nos pages.

La réussite de NPS sur le plan de la diffusion et du nombre d'abonnements s'explique par quatre facteurs. Premièrement, depuis ses débuts, NPS est une revue universitaire qui a été planifiée, produite, gérée et mise en marché par une équipe qui, en plus de plonger des racines dans une grande diversité de milieux, était dynamique et imaginative sur le plan de la promotion, c'est-à-dire du développement d'un lectorat large et fidèle. Deuxièmement, les populations ciblées par NPS ont reconnu dans les neuf numéros publiés jusqu'à maintenant des produits de qualité et pertinents qui les rejoignaient. Troisièmement, s'il en est ainsi, c'est parce que cette revue a été pensée et réalisée par une équipe enthousiasme et capable, dans le domaine des pratiques sociales, de favoriser une jonction inédite entre l'apport des régions, celui des milieux d'intervention et celui des milieux universitaires de formation et de recherche. Quatrièmement, NPS s'est identifiée depuis ses origines à un créneau qui permet d'infléchir le choix des thèmes de dossier, des collaborateurs, des membres du comité de rédaction, etc., et ce créneau a trait au renouvellement des pratiques sociales.

L'ENRACINEMENT RÉGIONAL, UN ATOUT QUE NPS DOIT CONSOLIDER ET METTRE ENCORE PLUS AUDACIEUSEMENT À CONTRIBUTION

L'une des clés du succès de NPS, sur le plan à la fois de sa qualité scientifique, de sa pertinence sociale et de sa réussite sur le marché des abonnements, renvoie précisément à son identité multirégionale. En effet, depuis le début, la participation active de quatre constituantes du réseau de l'Université du Québec (UQ) à la conception, à la fabrication et à la diffusion de NPS a permis de miser sur un enracinement dans une diversité de régions du Québec, tout en favorisant une synergie interrégionale. Dans un champ de recherche, de formation et d'action comme celui des pratiques sociales, cet enracinement multirégional nous permet de miser sur des contributions plus riches et diversifiées que si nous étions enracinés dans une seule région.

Depuis la naissance de NPS, quatre constituantes de l'UQ – et avec elles, quatre régions – ont été associées étroitement à l'aventure de NPS. Ces constituantes sont l'Université du Québec à Montréal (UQAM), l'Université du Québec à Hull (UQAH), l'Université du Québec à Chicoutimi (UQAC) et l'Université du Québec en Abitibi-Témiscamingue (UQAT). Pour une revue dont l'objet d'étude se rapporte aux pratiques sociales, le fait d'avoir des assises significatives dans des régions précises, en particulier dans des régions autres que celles du Grand Montréal, représente un atout extrêmement important. Les statistiques sur la répartition des abonnements selon les régions rapportées ci-dessus sont révélateurs au sujet de notre enracinement régional : nos abonnés sont plus nombreux dans les régions où nous avons depuis le début des collaborateurs associés formellement et activement à la direction et à la confection de la revue ; à l'inverse, ils sont moins nombreux dans les régions non représentées au Comité de rédaction.

Mais il faut réfléchir plus en profondeur sur l'enracinement régional que nous avons eu la chance de privilégier en jouant offensivement la carte précieuse de l'appartenance de plusieurs d'entre nous au réseau de l'UQ. La participation active de régions et d'universités régionales à la production d'une revue comme NPS, c'est plus qu'un moyen de développer le nombre des abonnements dans ces régions, même si cet aspect est important. La dynamique interrégionale dans une revue qui s'intéresse au renouvellement des pratiques sociales, c'est surtout un atout pour produire une meilleure revue sur le plan de la qualité scientifique dans le champ social. Autrement dit, c'est un choix prometteur sur le plan épistémologique. Dans le domaine social, les revues – ainsi que les recherches, les planifications et les réflexions – produites par des ressources monorégionales, même lorsque la région en question est la métropole d'une province ou d'un pays, sont des productions intellectuelles qui demeurent fragiles sur le plan de la théorie de la connaissance qui les soustend, parce qu'elles misent trop exclusivement sur les expériences, les connaissances et les intuitions de ressources qui appartiennent trop souvent à une seule ville, même si cette ville est grande et s'appelle Paris, Boston, Mexico, Ottawa, ou Montréal.

À l'heure actuelle, dans les débats concernant les revues universitaires au Québec et au Canada, dans le domaine des sciences sociales, on se retrouve très souvent – je pense ici à l'évolution étroitement élitiste, ces années-ci, d'organismes subventionnaires de revues savantes comme le FCAR à Québec et le CRSH à Ottawa – devant le penchant à adopter des critères de subvention qui, mine de rien, encouragent artificiellement les revues universitaires à développer des collaborations internationales « tape-à-l'œil » et à négliger les collaborations interrégionales à l'intérieur du Québec. Ce courant à la mode amène même un certain nombre de *gate keepers* à qualifier de « locales » – et à exclure de l'accès aux subventions – des revues comme la nôtre qui misent sur les régions, ou encore qui soignent leurs liens avec les milieux d'action sociale. Mais pour nous à NPS, il n'est pas question de suivre la mode des échanges internationaux de telle sorte que cela reléguerait au second plan la dynamique interrégionale qui s'est révélée une combinaison gagnante dans notre expérience jusqu'à présent et doit le rester dans les années à venir.

À cet égard, il est intéressant, en parcourant le présent numéro, de retracer dans certains articles l'apport original au développement des connaissances que la sensibilité régionale de certains de nos auteurs et de nos auteures a rendu possible. Je fais référence en particulier à l'article de Martine Duperré qui nous présente un bilan du partenariat public-communautaire, à partir d'une recherche portant sur une pratique de ce type de partenariat dans la région du Saguenay–Lac-Saint-Jean, soit la production d'un plan régional d'organisation des services (PROS) en santé mentale. Je fais référence aux commentaires de Jean-Pierre Deslauriers sur les éventuels effets négatifs dans les régions périphériques du Québec de la nouvelle politique de subvention des équipes de recherche du Conseil québécois de la recherche sociale (CQRS), en prophétisant que ces équipes risquent d'être encouragées seulement dans les grands centres urbains comme Montréal. Je fais référence à l'analyse critique de Louis Favreau concernant un document récent du Conseil des affaires sociales ; aux yeux de Favreau, dans ce document riche à plusieurs égards, il y a une lacune attribuable au fait que les auteurs oublient les régions intermédiaires, en opposant de façon trop simpliste la région montréalaise et les régions périphériques. Je fais référence enfin à l'article de Mario Paquet qui analyse des groupes d'entraide dans les milieux ruraux en s'appuyant sur des recherches fouillées et originales sur la question. Mais nous sommes loin d'être parfaits ! Dans notre dossier sur les relations interethniques, par exemple, il manque peut être une pièce complémentaire qui aurait pu être intéressante concernant la délicate question de l'intégration des immigrants et des immigrantes dans les régions éloignées de Montréal !

En examinant les pages II et III du présent numéro, nos lecteurs et lectrices pourront constater que deux nouvelles institutions universitaires régionales s'associent maintenant à l'équipe et à la vie de NPS. Il s'agit de l'Université du Québec à Rimouski (UQAR) et de l'Université de Sherbrooke. L'ajout également de ces deux universités régionales signifie l'ajout de ressources humaines et matérielles du Bas-du-fleuve et de l'Estrie, à celles des autres régions qui collaborent déjà. De cette façon, nous augmenterons, j'en suis persuadé, le bassin de nos collaborateurs, de nos abonnés et de nos lecteurs. Les personnes qui siègent au Comité de rédaction amènent non seulement leurs idées et leurs expériences, mais aussi celles d'autres collègues et intervenants enracinés dans de nouveaux lieux d'action, de formation et de recherches hautement pertinents pour NPS et ses projets.

UNE OUVERTURE SUR L'INTERNATIONAL

Le fait de mettre l'accent sur les apports de diverses régions du Québec n'est pas incompatible avec le souci de s'ouvrir sur l'extérieur du Québec. Au contraire. Avec le présent numéro, nous annonçons en page III la mise en route d'un nouveau mécanisme, un Comité de rédaction international, qui nous apportera de l'oxygène nécessaire pour améliorer notre produit à plusieurs égards. Le renouvellement des pratiques sociales au Québec a besoin d'être alimenté, pour la réflexion théorique autant que stratégique, à partir d'échanges avec des collaborateurs et collaboratrices d'autres pays. Dans le présent numéro, il est notable à cet égard de retrouver, à l'intérieur du dossier sur les relations interethniques, l'article de Harry Goulbourne d'Angleterre qui traite des défis de l'intégration des communautés ethniques caraïbe et asiatique en Grande-Bretagne. Il est hautement significatif aussi que l'entrevue soit consacrée à Harry Boyte, un organisateur communautaire américain qui nous entretient de sa trajectoire aux États-Unis depuis les années 60. Il est fort utile aussi que deux des comptes rendus complètent l'entrevue en s'arrêtant sur un ouvrage de Boyte et sur un livre consacré à la contribution d'Alinsky à l'organisation communautaire.

Travailler à une revue comme la nôtre, à ce moment-ci de l'histoire sociale et politique du Québec, c'est quelque chose d'exigeant et d'exaltant. C'est faire un travail qui mise sur l'établissement de passerelles entre l'univers des pratiques sociales et celui de la recherche sociale comme moyen privilégié pour féconder le renouvellement des pratiques sociales. À cet égard, le Comité de rédaction de la revue constitue une instance riche et dynamique. Il ne s'agit pas d'un comité de rédaction « bidon ». Composé présentement de 23 personnes issues de divers champs de pratiques, organismes sociaux, universités et régions du Québec, ce Comité de rédaction se réunit trois fois par année et exerce une influence réelle sur les orientations et sur la production de la revue. Tout en confiant des tâches au Comité exécutif qui fait avancer les dossiers entre ses propres réunions, le Comité de rédaction choisit les thèmes et les responsables de dossiers pour les années à venir (voir les deux pages concernant les dossiers à la fin de la revue), déblaye les grands axes de ces dossiers en présence des responsables, propose des collaborateurs et des thèmes d'articles pour les dossiers et les autres rubriques, partage des tâches et des suggestions dans le plan de promotion de la revue et, à l'occasion, approfondit et nuance l'orientation de la revue à partir de séminaires de recherche consacrés à une dimension ou l'autre.

Donc, en cette cinquième année, il est fort encourageant de prendre la mesure d'un certain nombre de réalisations et d'acquis, sans pour autant céder à la tentation de s'asseoir dessus. Chaque fois qu'un numéro sort, nous ressentons un mélange de soulagement et d'inquiétude. Soulagement, parce que chaque nouveau produit s'apparente à une conquête, source de fierté. Inquiétude, parce que chaque fois qu'un numéro sort, nous renouons avec l'angoisse d'avoir à recommencer. Recommencer à solliciter des abonnements et des réabonnements, parce que le jour de la sortie de chaque numéro, il y a des abonnements – tantôt 100, tantôt 250 – qui viennent à échéance, ce qui signifie que le nombre d'abonnements baisse d'autant. Recommencer aussi à planifier des numéros, à déblayer des thèmes, à solliciter des articles, à faire évaluer les textes, etc.

QUELQUES DÉFIS POUR LES PROCHAINS NUMÉROS

Parmi les défis à relever au cours des prochains mois et des prochaines années, nous entrevoyons les suivants. Nous voulons entre autres recourir à des stratégies plus offensives pour solliciter un plus grand nombre de contributions, à chaud ou à froid, de nos lecteurs et lectrices qui, bien souvent, suivent la revue avec intérêt, mais hésitent à nous proposer ou à nous transmettre spontanément des textes, des suggestions et des critiques. Nous voulons organiser certains activités publiques ou semi-publiques d'échanges (genre séminaire élargi ou colloque) pour approfondir un thème ou l'autre avec certaines composantes de notre lectorat, avec l'apport de certains de nos collaborateurs et certaines de nos collaboratrices. Nous escomptons redoubler d'énergie pour livrer de façon encore plus satisfaisante et rigoureuse la marchandise en référence à la thématique du renouvellement des pratiques sociales qui sert de créneau, voire de fil conducteur, à NPS. Je compte revenir sur cette question dans l'éditorial d'un prochain numéro de la revue.

Organisation communautaire et démocratie politique aux États-Unis : l'enjeu de la citoyenneté.

Entrevue avec Harry Boyte

Louis FAVREAU
Université du Québec à Hull

Harry Boyte est présentement directeur du Project Public Life au Hubert Humphrey Institute of Public Affairs de l'Université du Minnesota. Ce projet d'envergure nationale s'intéresse au renouvellement de la démocratie américaine, tout particulièrement à l'organisation des communautés locales et aux différents dispositifs de participation active des citoyens à toute question d'intérêt public. Docteur en sciences politiques depuis 1989, le professeur Boyte a d'abord travaillé comme organisateur communautaire pendant de nombreuses années, en fait à partir de 1963-1964, moment où il rejoignait la South Christian Leadership Conference (SCLC) de Martin Luther King jusqu'à 1987, année où il entre à l'Université du Minnesota, au Hubert Humphrey Institute of Public Affairs. Il est l'auteur de plusieurs livres portant sur l'organisation communautaire inspirée par Saul Alinsky, sur le mouvement populaire et communautaire américain, sur la démocratie comme projet, processus, et finalité de l'organisation communautaire.

L'entrevue que nous a accordée Harry Boyte permet de raviver les débats sur la tradition américaine de l'organisation communautaire pour le bénéfice des intervenants québécois. Mais remettre le sujet à l'ordre du jour signifie plonger dans cinquante ans d'histoire, à partir des années 40 jusqu'à maintenant, sans parler de la tradition communautaire du travail social américain, celle de la réforme sociale, tradition portée par les *settlement houses*, sorte de centres communautaires de quartier. Réouvrir ce dossier sera l'occasion d'offrir quelques belles surprises aux lecteurs et lectrices, car la tradition communautaire américaine a été un sujet négligé, ignoré ou occulté pendant plus de vingt ans au Québec. Pendant que nous étions tournés vers le mouvement ouvrier français, ou le mouvement latino-américain d'éducation populaire et de conscientisation animé entre autres par Paulo Freire, ou le marxisme léninisme chinois, l'organisation communautaire continuait de se développer aux États-Unis.

Dans cette entrevue, le professeur Boyte retourne le terreau où se développe l'organisation communautaire américaine, là où vit l'Autre Amérique, celle des pauvres, de Saul Alinsky et du mouvement communautaire dans les quartiers populaires des grandes villes dans les années 50, l'Amérique des Noirs d'où ont émergé Martin Luther King et le mouvement des droits civiques dans les années 60, l'Amérique des travailleurs agricoles hispanophones des années 70 avec César Chavez dans le sud des États-Unis, et enfin l'Amérique des travailleurs précaires des années 80.

L'entrevue s'est déroulée en anglais à Hull en juin 1991 alors que le professeur Boyte était conférencier d'ouverture au troisième colloque du Regroupement des intervenants et intervenantes en action communautaire (RQIIAC) tenu à l'Université du Québec à Hull.

NPS – *Vous enseignez aujourd'hui à l'Université, vous avez atteint la mi-quarantaine, vous avez écrit plusieurs livres au cours des dix dernières années, mais vous comptez aussi plus de vingt-cinq ans d'engagement social. Pouvez-vous nous retracer votre itinéraire sociopolitique personnel ?*

H. Boyte – Mon père m'a d'abord donné l'exemple : directeur de la Croix-Rouge à Atlanta, il était impliqué dans le mouvement de lutte contre la ségrégation raciale dans les écoles. Mon expérience la plus significative a été avec le South Christian Leadership Conference (SCLC), organisation fondée par Martin Luther King au début des années 60. Je me suis engagé dans cette organisation en 1963, un peu avant la grande marche sur Washington. On se rappelle que sous le leadership de Martin Luther King, 250 000 personnes se sont rassemblées dans la capitale nationale le 28 août 1963 pour protester contre la ségrégation raciale et exiger des réformes sociales appropriées. Ce fut historiquement la Grande Marche de la liberté et le moment du mémorable discours de King sur l'intégration raciale, « I have a dream » (King, 1986 : 52-66).

Ma première véritable expérience d'organisation remonte à 1964. Je venais tout juste de sortir de l'école secondaire et on m'avait confié la tâche d'organiser des groupes de voteurs à San Augustin, en Floride. C'était la période où la lutte pour les droits civiques consistait à faire reconnaître le droit de vote des Noirs[1]. Ensuite, en 1965-1966, King m'a demandé d'aller travailler en Caroline du Nord à organiser les Blancs des quartiers pauvres. Il considérait que c'était très important.

NPS – *À cet effet, n'y avait-il pas à cette époque des débats importants sur la meilleure stratégie pour faire progresser les droits civiques ?*

H. Boyte – En effet. Il faut se rappeler qu'à cette époque, il y avait deux points de vue au sein du mouvement des droits civiques aux États-Unis. D'abord, et c'est à ce courant que j'adhère toujours, il y avait une conception de la lutte pour la transformation sociale qui considérait comme essentielle l'éducation des citoyens à devenir des citoyens, c'est-à-dire faire en sorte que tous et chacun deviennent des acteurs réels de la vie publique, qu'ils aient le sentiment profond de participer à la construction de la société autour d'eux et surtout de leur environnement immédiat. L'autre point de vue, celui dit de la New Left et du Students for a Democratic Society (SDS) était très sceptique sur la valeur d'un travail d'éducation et d'organisation à la base dans les communautés locales. D'un côté, le Student for a democratic society (SDS) et de l'autre le Student Nonviolent Coordinating Committee (SNCC), ce dernier étant étroitement lié à la SCLC de King, avaient tous deux en commun plusieurs points comme le diagnostic du manque de pouvoir du peuple et de l'absence de démocratie. Cependant, ces deux groupes divergeaient sur la manière de s'organiser pour que les citoyens deviennent des citoyens. Dans cette perspective, la SCLC de King et le SNCC considéraient comme absolument vital que des alliances se développent entre les Blancs pauvres qui n'ont pas de pouvoir dans la société et les communautés locales noires. C'est la raison pour laquelle King considérait très importante ma tâche d'organisation en Caroline du Nord.

C'est ainsi qu'à l'Université Duke, par exemple, mes amis devenus marxistes parlaient du prolétariat avec une vision d'ailleurs assez romantique des classes populaires défavorisées et une pratique principalement basée sur l'agitation en milieu étudiant. Mais... ils ne faisaient que parler et s'agiter ! Pendant ce temps, nous du SNCC, étudiants blancs impliqués avec une organisation noire, la SCLC, nous travaillions directement dans des communautés locales à tenter de faire de l'organisation communautaire.

---

1. Notons ici qu'en 1960, seulement 30 % des Noirs votaient dans le Sud des États-Unis. À la suite du travail du mouvement des droits civiques et de l'obtention d'une nouvelle législation adoptée en 1965, les fonctionnaires fédéraux furent tenus d'inscrire les Noirs sur les listes électorales. Résultat: 62 % des Noirs votèrent en 1969. Voir PORTES (1992: 53).

À partir du début des années 70, tout en continuant de faire de l'organisation communautaire, je deviens membre d'un mouvement politique d'inspiration socialiste, le New American Movement et d'un groupe socialiste plus traditionnel, celui de Michael Harrington, leader reconnu de la lutte contre la pauvreté à cette époque.

NPS - *Votre livre* The Backyard Revolution *décrit très bien tout ce travail d'organisation communautaire des années 60 et 70.*

H. Boyte - À partir de 1975, je me remets aux études en sciences politiques. Ce retour aux études m'amènera d'ailleurs à entreprendre cette vaste enquête sur le New Citizen Movement et qui donnera le livre *The Backyard Revolution* que vous venez de citer. Je parcours alors les États-Unis pour connaître les expériences les plus diverses d'organisation communautaire et je constate alors qu'elles constituent un véritable laboratoire pour comprendre les années 60 et 70, années pendant lesquelles je m'étais très activement engagé.

Cette enquête m'a d'ailleurs donné l'occasion d'expliciter ma critique du marxisme : la pensée marxiste traditionnelle est trop totalisante et ne prend malheureusement pas du tout en compte ce dynamisme extraordinaire et toute cette expérience de l'organisation communautaire dont est issu le mouvement populaire de toutes ces communautés locales du Sud, du Middle West, du Nord-Est du pays.

Dans la foulée de la production de cette enquête et de ce livre, de 1980 à 1987, je travaille dans un centre de formation qui prend très au sérieux une idée qui m'est chère, à savoir que l'histoire et la culture des gens sont des moteurs dans un processus d'organisation communautaire. Ce fut une erreur de la gauche traditionnelle de mépriser, ou, à tout le moins, de sous-estimer cette histoire et cette culture.

Après 1987, je deviens consultant en organisation communautaire et j'entreprends une série de travaux portant sur l'organisation communautaire et la démocratie. C'est un étrange paradoxe que d'écrire sur la démocratie pendant la décennie 80, car cette décennie de la société américaine ne nous a pas gâtés à ce chapitre, c'est le moins qu'on puisse dire ! Néanmoins, il y avait ample matière à réflexion et je publie coup sur coup *Community is Possible, Repairing America's Roots* (1984),*The Sources of Democratic Change in America* (1986) avec Sara M. Evans, *Citizen Action and The New American Populism* (1986) avec Heather Booth et Steve Max, *Commonwealth, a Return to Citizen Politics* (1990). En outre, je participe activement à la revue *Social Policy* [2].

---

2. *Social Policy* est une revue américaine progressiste traitant des affaires sociales dans une perspective de changement social et d'organisation communautaire. Depuis peu, *Social Policy* travaille étroitement avec l'Association nationale des travailleurs sociaux américains afin d'intensifier les liens entre les travailleurs sociaux et l'organisation communautaire.

De 1987 jusqu'à aujourd'hui, je suis au Hubert Humphrey Institute of Public Affairs de l'Université du Minnesota. Au début, c'était à temps partiel puisque j'y ai entrepris en même temps mon doctorat en sciences politiques. Depuis 1989, je suis engagé dans le cadre de cet institut relativement à un programme dont je suis un des cofondateurs et qui s'intitule *Project Public Life*.

NPS - *Les idées de Saul Alinsky me paraissent avoir influencé vos écrits sur l'organisation communautaire et votre réflexion sur la démocratie. Quel est son apport dans l'expérience américaine d'organisation communautaire ?*

H. Boyte - Saul Alinsky a apporté deux contributions clés à mon avis. Tout d'abord, Alinsky est un pionnier d'une forme démocratique d'organisation des communautés locales dans mon pays. Cette forme démocratique, c'est le conseil de quartier, une sorte de fédération ou de regroupement animé non seulement par des leaders locaux mais aussi par des représentants d'Églises, des gens d'affaires du quartier et diverses associations. Ce conseil de quartier est une forme d'organisation communautaire qui a un discours et des principes démocratiques. Petite parenthèse en passant : Jack Rothman à qui vous référez dans votre livre sur l'organisation communautaire, n'aborde pas explicitement cette question de la démocratie et de l'autorité quand il développe sa typologie (action sociale, développement local, planning social). C'est là une lacune dans son analyse des pratiques de l'organisation communautaire, car la démocratie est au cœur de tout processus d'organisation communautaire comme vous le signalez d'ailleurs vous-mêmes[3].

Deuxièmement, Alinsky a une compréhension dynamique du pouvoir démocratique. Il a énoncé en quelque sorte les principaux éléments d'une théorie pratique de la démocratie qui s'inspire du mouvement populaire des années 30 et non seulement de son expérience dans le quartier Woodlawn à Chicago au début des années 60. La démocratie et le pouvoir ne sont pas pour lui des entités abstraites. D'abord, il remet en selle la vieille loi d'airain de l'intervention sociale : « Ne faites jamais pour les gens ce qu'ils peuvent faire pour eux-mêmes ». Puis, Alinsky insiste sur le fait que toute intervention d'organisation communautaire doit partir des intérêts des gens, de ce qui les préoccupent, de ce qui les inquiètent eux, et non pas des intérêts et inquiétudes de l'organisateur. Bref, il faut prendre en compte leurs traditions et leurs valeurs.

En outre, Alinsky a mis de l'avant l'idée que le pouvoir doit être conçu et perçu de façon dynamique : il peut se modifier, se déplacer d'une personne

---

3. Voir Doucet et Favreau (1991 : 5-31). Sur les trois modèles, voir entre autres (1991 : 31) ; sur le thème de la démocratie et de l'organisation communautaire, voir en particulier (1991 : 7).

à une autre, d'un groupe à un autre ; ensuite, il doit être identifié comme relationnel. C'est parce qu'on entre en relation avec ceux qui ont du pouvoir que les choses peuvent changer. Toutefois, ce rapport de pouvoir doit être analysé de façon pragmatique : il ne faut pas se contenter de généralisations sur le pouvoir mais savoir exactement qui l'a, quand et comment en dispose-t-il, et sur quel enjeu. Bref, la question du pouvoir et de l'*empowerment* des gens dans les communautés locales est un processus qui se met en marche au fur et à mesure que les gens construisent leur propre capacité d'action.

Dans cette perspective, la problématique basée sur la dichotomie « gens sans aucun pouvoir » et « gens disposant de tous les pouvoirs », « dominants » et « dominés », est une problématique simpliste, victimisante et totalement inadéquate. Le pouvoir n'est pas unidimensionnel, ni unidirectionnel : tout processus d'action dispose de moments de réciprocité et de moments de conflits qui changent les deux partenaires et non un seul. Les groupes de citoyens dans nos sociétés ne sont jamais complètement démunis de pouvoir ; ils disposent toujours d'un certain nombre de ressources dont ils peuvent profiter, de stratégies qu'ils peuvent mettre en branle, d'une marge de manœuvre sociale et culturelle. Et cela même si, à première vue, ils sont et peuvent être perçus comme des victimes de la société. Alinsky met donc l'accent sur la stratégie pour développer l'*empowerment* des communautés locales, après que la gauche traditionnelle ait accordé tant d'importance à l'idéologie et aux croisades « moralisantes » pour le peuple.

Et comment y arriver, sinon par la construction d'un solide leadership, avec des gens des classes populaires capables d'apprendre, de réfléchir sur leur action, de l'évaluer, de débattre... et de négocier. Pas seulement des gens capables de délibérer ou de protester, mais des leaders capables d'être des acteurs réels dans la résolution de l'ensemble des problèmes qui sont d'intérêt public et qui font qu'une société est démocratique ou ne l'est pas. Tel est le sens de l'expression « *democracy at the grass roots* » (la démocratie à la base) et celle de « *public life* » (engagement de citoyen sur des questions d'intérêt public).

Les héritiers d'Alinsky ont continué de réfléchir sur la démocratie : le pouvoir démocratique, pourquoi ? La finalité du pouvoir, c'est le développement d'une citoyenneté, c'est-à-dire que par delà l'action spécifique de l'organisation communautaire, il faut s'assurer que les gens deviennent de solides agents de l'intérêt public et de surcroît, multidimensionnels. Tel est d'ailleurs l'objet de mon dernier livre *Commonwealth, a Return to Citizen Politics*.

NPS – *Quelle a été l'influence du mouvement des femmes sur l'organisation communautaire américaine ?*

H. Boyte – Le mouvement des femmes et la pensée féministe nous ont permis de mieux comprendre la dynamique du pouvoir en attirant notre attention sur le fait que le leadership est relationnel et que le « personnel » est politique. Le féminisme remet également en question la culture politique dominante qui est très centralisatrice dans ses formes organisationnelles. Cependant, comme dans la pensée marxiste traditionnelle, je vois une limite au discours d'un certain féminisme qui confère à l'oppression un caractère unidimensionnel faisant des femmes des victimes. Je le répète, c'est là une idée fausse : les personnes développent des résistances, des « espaces de liberté », elles ne sont jamais totalement assujetties ni dépendantes.

NPS – *Existe-t-il des passerelles entre le travail social et l'organisation communautaire aux États-Unis ?*

H. Boyte – Oui, il existe un courant minoritaire, une sous-tradition qui a su politiser les problèmes sociaux et travailler dans le sens de l'intérêt public sur une base égalitaire et démocratique avec les gens. Cependant, le mouvement des *settlement houses* des années 20 et 30 n'a pas eu de véritable continuité. Il faut savoir que chez nous, depuis les années 40 et 50, l'organisation communautaire et le mouvement populaire se sont situés, grosso modo, en dehors des institutions où se retrouvent généralement les travailleurs sociaux. Chez nous, les principales institutions à avoir été des alliées de l'organisation communautaire, ce sont les Églises et tout particulièrement l'Église catholique qui est, comme on le sait, dans une situation minoritaire aux États-Unis contrairement au Québec. Les Églises ont d'abord été des alliées par leur financement : chaque année, s'organise dans les paroisses une campagne de financement de projets communautaires, la campagne pour le développement humain. Ensuite, par la contribution directe de prêtres qui font de l'organisation communautaire dans leur milieu. Alinsky, et c'est là une erreur de sa part, a beaucoup travaillé avec les Églises mais en s'en servant comme des moyens, des instruments. Ceci dit, depuis une vingtaine d'années, les organisateurs communautaires travaillent avec les communautés religieuses en les considérant comme des institutions qui ont aussi leurs droits et en suivant leur évolution interne sous l'angle de la démocratie. Donc, les meilleurs partenaires ou ressources potentielles des organisateurs communautaires sont les institutions qui ont une tradition de citoyenneté. Dans la mesure où le travail social a une tradition démocratique, même minoritaire, c'est possible d'établir des passerelles. Mais il faut « brasser la cage » pour sortir de la tradition dominante du travail social, la traditionnelle relation professionnel-client.

À la différence du Québec où l'organisation communautaire et le mouvement populaire semblent présents dans les universités, entre autres dans les programmes de travail social, chez nous, ce n'est pas le cas. Conséquemment, la pratique démocratique communautaire en relation avec le changement social a été faiblement théorisée jusqu'à ce jour. La revue *Social Policy* est plutôt une exception que la règle.

NPS – *Et que penser en organisation communautaire des initiatives de développement économique communautaire ?*

H. Boyte – Le développement économique local communautaire (DELC) est très important. Aux États-Unis, il compte une bonne trentaine d'années d'expérience. Ce que j'en retiens, pour l'essentiel, c'est que le DELC permet à des communautés locales de sortir d'un développement qui dépend quasi exclusivement de l'économie de marché. Le DELC contribue à consolider l'économie locale, à développer des entreprises qui permettent d'inscrire ces communautés dans un ensemble de relations sociales, non seulement des relations de communautés consommatrices. Mais le succès du DELC dépend de quelque chose de plus large, car la tentation c'est de rester entre soi. Les organisations populaires et communautaires doivent entreprendre la lutte à un niveau plus général, par exemple la mise en place d'une infrastructure adéquate au regard de l'ensemble d'une ville, sur le plan régional relativement à l'entretien des ponts, des routes et des écoles. C'est là aussi que se posent les enjeux en termes de pouvoir.

NPS – *Et comment les intervenants communautaires américains parviennent-ils à faire face aux problèmes de la drogue, du racisme et des difficiles relations entre communautés ethniques dans les quartiers des grandes villes ?*

H. Boyte – Aux États-Unis, trois stratégies ont été mises de l'avant. En premier lieu, cela va un peu de soi en organisation communautaire, on travaille au renforcement des communautés locales en tant que *public spaces* (espaces d'intérêt commun) et de création d'emplois. En deuxième lieu, ce qui est plus nouveau, on négocie avec la police de nouvelles relations en demandant qu'il y ait des policiers de quartier, des policiers de type communautaire. On commence à voir apparaître une police communautaire, une police de quartier et non plus une police extérieure et étrangère aux communautés locales, ce qui traduit l'évolution des mentalités et l'établissement d'une nouvelle relation politique entre l'institution policière et les communautés locales.

En troisième lieu, mais c'est encore une stratégie trop peu développée, le travail direct avec les jeunes dans les écoles de quartier par l'intermédiaire d'activités d'éducation civique. Les jeunes ont besoin de leur propre espace, mais aussi d'être en relation avec des adultes pour développer des habiletés à vivre dans la société et à négocier avec leur environnement : qui décide ? quelle est ma marge de manœuvre ? C'est l'optique particulière que nous avons adoptée au Project Public Life de l'institut Hubert Humphrey.

Pour ce qui concerne les nouveaux arrivants, nous avons là un problème spécifique à l'intérieur d'un problème plus général. Mais la pièce maîtresse de l'intervention qui y est reliée nous renvoie à l'idée de travailler directement sur la question de la langue et de l'habileté de ces nouveaux arrivants à négocier avec les autres groupes. Le vieux modèle d'intervention sociale n'attaque pas de front ce problème. Dans la tradition d'Alinsky, il est tout à fait habituel de s'attaquer à cette question de front et de chercher à développer une citoyenneté transculturelle. Dans les années 20, les *settlement houses* assumaient ce travail de faire des nouveaux arrivants des citoyens actifs et ils faisaient bien leur travail. Dans les années 60, le mouvement des droits civiques a permis aux minorités noires d'être écoutées et entendues parce qu'elles ont appris à négocier, c'est-à-dire à entrer en relation avec les autres, à sortir du ghetto, à sortir de l'isolement. Ces deux expériences peuvent servir dans le travail communautaire d'aujourd'hui.

NPS – *Et pour terminer, comment interpréter l'affaire Rodney King et les émeutes de Los Angeles que cette affaire a déclenchées en avril dernier ?*

H. Boyte – Il y a sûrement beaucoup de choses à dire et à analyser dans cette situation, mais je dirais brièvement ce que j'ai écrit dans le Los Angeles Times quelques jours après l'émeute :

The larger problem is that inner-city African-Americans, like poor Whites, Latinos and others, have lost the political tools through which to exercise responsible impact... Through mediating institutions, people gained a sense of ownership and a stake in the society... To do much about the devastation in Los Angeles and elsewhere will require new mediating political institutions[4].

---

4. Traduction libre : Le problème principal qui touche les Afro-Américains des centres-villes, de même que les Blancs ou les Latino-Américains des classes défavorisées, c'est de ne plus avoir accès à des dispositifs politiques qui leur permettraient d'avoir voix au chapitre... Par le biais d'organismes (ou groupes de pression) intermédiaires, les gens développent le sentiment d'avoir un certain contrôle et un rôle à jouer dans la société. Pour régler des problèmes du genre de ceux qui sont survenus à Los Angeles et ailleurs, la mise en place de nouvelles institutions politiques intermédiaires sera nécessaire.

Bibliographie

Boyte, H.C. (1984). *Community is Possible : Repairing America's Roots*, New York, Harper and Row.

Boyte, H.C., Heather Booth et Steve Max (1986). *Citizen Action and The New American Populism*, Philadelphia, Temple University Press.

Boyte, H.C. et Sara M. Evans (1986). *Free Spaces : The sources of Democratic Change in America*, New York, Harper and Row

Boyte, H.C. (1990). *Commonwealth, a Return to Citizen Politics*, New York, Free Press.

Doucet, L. et L. Favreau (1991). *Théorie et pratiques en organisation communautaire*, Sillery, Presses de l'Université du Québec.

King, M.L. (1986). *« Je fais, un rêve » : les grands textes du pasteur noir*, Paris, Éditions Le Centurion.

Portes, J. (1992). *L'histoire des États-Unis depuis 1945*, Paris, Repères/La Découverte.

Présentation
du dossier : relations
interethniques
et pratiques sociales

André JACOB
Département de travail social

Micheline LABELLE
*Département de sociologie
Université du Québec à Montréal*

La dernière décennie fut celle des réfugiés. Depuis 1985, le nombre de réfugiés dans le monde a doublé, de telle sorte que le Haut-Commissariat des Nations Unies pour les réfugiés estime à environ 20 millions ces apatrides à la recherche de la sécurité dans un pays d'adoption. Le visage de l'immigration a donc changé et continue de changer. Cette masse de gens en exil crée des pressions sur les pays occidentaux empêtrés dans d'inextricables contradictions dans leur gestion des relations et de la coopération internationales et dans leur perspective de développement social et économique à la grandeur de la planète. Le « nouvel ordre mondial » est synonyme de contrôle politico-militaire et développement inégal orchestré par les États-Unis et les autres pays occidentaux. L'Afrique, le Moyen-Orient, l'Asie du Sud-Est, l'Amérique centrale et les ex-pays d'Europe de l'Est sont devenus les nouveaux pays d'où proviennent les réfugiés. Paradoxalement, les ressortissants de ces régions frappent aujourd'hui à la porte des pays qui les ont colonisés ou qui, aujourd'hui, veulent les utiliser comme fournisseurs de produits de base et d'une main-d'œuvre bon marché ; pour ce faire, il faut les garder à vue...

Le Canada se prête facilement à ce grand jeu international. Au Canada, la Loi C-86 adoptée le 18 décembre 1992 traduit très bien la nouvelle situation. Elle a été adoptée après de longs débats ayant permis aux diverses coalitions d'organismes qui représentent les réfugiés de s'y opposer. Il s'agit d'une législation inique qui favorise d'abord les immigrants investisseurs et garde la porte presque fermée aux revendicateurs du statut de réfugié.

Tous ces mouvements migratoires massifs et forcés n'enlèvent rien à l'importance de l'immigration volontaire traditionnelle. Les deux phénomènes, la migration des réfugiés et l'immigration, posent toute la question de l'intégration des nouveaux arrivants à la vie sociale, économique, politique et culturelle de tous les pays développés. Les solutions magiques à l'intégration n'ont jamais existé et n'existent pas plus aujourd'hui. Gouvernements, professionnels et chercheurs sont constamment à la recherche de nouvelles perspectives et stratégies d'action. Ce dossier présenté par *Nouvelles pratiques sociales* offre une occasion de réflexion et présente des expériences d'intervention qui, sur un plan ou l'autre, contribuent à mieux développer le sens que nous donnons à l'intégration, en tant que société d'accueil. Plusieurs auteurs contribuent à tisser la voile qui fait avancer individus et institutions dans la réflexion et le développement de stratégies d'intégration sans cesse à renouveler. L'intégration des nouveaux arrivants, voilà donc l'axe central autour duquel se greffent tous les articles ! Tous les auteurs, même sans concertation préalable, se rattachent à cet axe. Les thèmes présentés, tant théoriques que pratiques, abordent la question de l'intégration, c'est-à-dire l'adhésion et la participation effectives des individus et des groupes à la vie sociale, économique, politique et culturelle de la société. Ils permettent aussi d'identifier les stratégies d'action qui facilitent et les barrières qui font obstacle à l'émergence de véritables processus d'intégration des réfugiés et des immigrants des deux sexes.

Dans les années d'après-guerre, l'ignorance de la réalité pluriethnique et l'exclusion systématique et structurelle des nouveaux arrivants de certaines composantes du système scolaire et de certains secteurs d'emploi (fonction publique, etc.) a nui à l'émergence de nouvelles stratégies d'intervention qui tenaient compte des exigences particulières des pratiques où les rapports interethniques prennent une place significative.

En premier lieu, l'article de Joseph Lévy *et al.* aborde des aspects aussi spécifiques que les pratiques préventives et contraceptives qui tiennent compte des variations socioculturelles. Les résultats de leur recherche indiquent des pistes pour le développement de stratégies d'intervention. Ils indiquent clairement que la perception des risques et les principes du sexe sécuritaire varie selon les groupes ethnoculturels. Ils concluent que les comportements sexuels ne sont pas congruents avec les perceptions variables selon les groupes ethnoculturels. En ce sens, leur analyse peut déboucher sur l'hypothèse suivante : le développement de stratégies d'intervention adaptées aux groupes cibles s'avère nécessaire. Les contraintes ethnoculturelles déterminent aussi le développement de stratégies d'intervention adaptées à la spécificité de chacun des groupes, spécificité qui doit se refléter dans les programmes proposés. Les intervenants y trouveront donc des pistes pour une intervention sociale préventive adaptée.

Dans la foulée de la réflexion sur l'intervention, André Jacob trace le portrait de l'évolution des pratiques sociales en milieu interethnique au Québec. Il permet de mieux comprendre le contexte du développement de divers modèles d'intervention et de diverses stratégies d'intervention sociale. Dans chaque institution, la culture organisationnelle influence directement les perceptions, les attitudes et les agirs de l'ensemble des professionnels et du personnel technique. Pourtant, une analyse systématique des interventions et du discours laisse paraître un écart significatif entre le discours institutionnel et les pratiques. Souvent, on parle beaucoup d'intégration et de grands moyens alors que dans la pratique, on fait porter le fardeau de l'action aux intervenants et intervenantes. Leur rôle est important certes, mais les institutions ont la responsabilité de tout mettre en œuvre pour soutenir leur action ; ceci implique des programmes de formation pour les intervenants et intervenantes et des programmes d'intervention adaptés aux exigences des nouvelles situations créées par une conjoncture en mouvement.

Si Joseph Lévy et ses collègues fondent leur approche de l'intervention sur le rapport entre les professionnels et les usagers, Ghislaine Roy fait porter son analyse sur le rapport entre les professionnels et les organisations bureaucratiques qui les emploient en opposition à la relation usagers et professionnels. Elle situe le cœur de l'intervention au plan des perceptions et des attitudes des intervenants et des intervenantes. Leur engagement « interculturel » suffirait à briser les barrières bureaucratiques et à développer leur enthousiasme devant l'inconnu. Évidemment, son hypothèse mérite considération et fait ressurgir un vieux débat qu'il est utile de renouveler dans le contexte d'une analyse des pratiques.

« L'approche interculturelle » telle que formulée par Ghislaine Roy et l'adaptation des pratiques, est-ce là une utopie, un défi ou une nouvelle approche de la réalité ? La réponse n'est pas simple. Il nous semble que la confrontation au réel ne suffit pas à créer les conditions pour le développement de pratiques adaptées ; nombre d'intervenants et d'intervenantes vivent les relations professionnelles dans un contexte pluriethnique sans élaborer automatiquement des perspectives et des stratégies qui saisissent bien les contours des situations sociales. La recherche des intervenants sociaux et des intervenantes sociales pour comprendre le phénomène de l'ethnicité ne va pas donc de soi et leurs pratiques silencieuses et leurs résistances passives seraient, pour Ghislaine Roy, le ferment de changements significatifs. Si pour elle, tout passe par la complicité significative avec le client, ce n'est pas le cas chez André Jacob qui estime que les politiques ont autant d'importance, sinon davantage, comme déterminant des pratiques que les liens affectifs et humains que l'on peut retrouver dans les relations vécues au niveau de l'intervention.

L'article de Micheline Labelle et Marthe Therrien, sans aborder cette dimension des rapports interpersonnels, vient ajouter au questionnement d'ensemble en démontrant que le sens de l'appartenance à un groupe auquel on s'identifie est sans doute plus important que le rapport aux institutions publiques et aux professionnels. Dans les résultats d'une étude sur les perceptions des dirigeants ou porte-parole des groupes haïtiens, elles notent que deux stratégies d'intégration s'affrontent : l'une met l'accent sur une stratégie particulariste qui vise le maintien de l'identité nationale et ethnique et la défense des intérêts de la communauté, l'autre se fonde sur une stratégie universaliste axée sur la participation à la société globale. Le sens idéologique de l'engagement des leaders ethniques illustre très bien la complexité des rapports entre membres d'un même groupe ethnoculturel et entre les ressortissants de divers pays avec les membres de la société majoritaire. On revient directement à la problématique de l'intégration. On est loin des dimensions émotives et strictement interpersonnelles.

Les deux auteures montrent bien la vivacité de l'identité ethnique et en soulignent l'importance. Si l'on compare leur position avec celles avancées par Eric Shragge et Linda Davis, on note l'importance de la spécificité du rôle des associations ethniques, notamment haïtienne, dans le contexte québécois pour favoriser l'intégration, l'une des quatre fonctions majeures des associations. En explicitant les diverses fonctions du mouvement associatif, elles font ressortir les contradictions entre les propos des dirigeants des associations haïtiennes et caraïbes. En ce sens, elles sont plus précises que Harry Goulbourne sur la signification de la centration sur la recherche de l'identité ethnique. Goulbourne laisse l'impression que la force centripète qui anime les associations à caractère ethnique constitue un mouvement vers la ghettoïsation, donc vers la centration sur l'identité ethnique au détriment de l'intégration à la société globale.

De leur côté, Eric Shragge et Linda Davies montent en épingle le problème de l'intégration et du racisme de façon crue en partant du postulat que la surreprésentation des jeunes Noirs dans le système des services sociaux anglophones constitue un symptôme d'inégalité structurelle qui serait, à long terme, fondée sur le racisme. Ils soulignent le fait que les idéologies racistes traversent les institutions sociales parmi lesquelles figurent celles chargées du respect de la loi et les services sociaux. Bien sûr, les professionnels qui représentent ces institutions sont aussi porteurs de ces idéologies. Les auteurs font ressortir le clivage entre « clients » et professionnels : » En dépit de la division évidente de services sociaux entre « clients » et « travailleurs sociaux », les services sociaux peuvent faire partie d'un processus de prise en charge communautaire à condition que les services offerts ne portent pas de jugement et ne constituent pas la seule ressource offerte par l'organisme communautaire. Au fond, ils posent toute la question des perceptions et des attitudes des professionnels dans leurs rapports avec les gens de diverses origines. Une analyse de ces réalités permettrait sans doute de nuancer les accusations trop faciles de racisme à leur égard.

Les institutions ne représentent pas le seul obstacle à l'intégration des immigrants des Caraïbes, de multiples facteurs structurels, notamment l'unilinguisme anglais, bloquent le processus d'intégration. La situation de la communauté noire anglophone est donc particulière et leurs difficultés d'intégration font en sorte qu'on retrouve une forte représentation de leurs membres dans les services sociaux. De là à conclure au racisme dans les services sociaux, il n'y a qu'un pas, pas franchi par les auteurs ; en pratique, les problèmes découlent d'abord de la situation sociale de la communauté ce qui se traduit par une présence marquée dans les services sociaux. Dans ce contexte, les auteurs estiment qu'il est important que les travailleurs sociaux soient sensibilisés aux besoins et aux problèmes des familles de la communauté caraïbe et que des projets communautaires viennent compléter leur action.

Pour sa part, Harry Goulbourne estime que la mobilisation ethnique autour des questions de justice sociale, d'égalité pour tous et de lutte contre la discrimination doit dépasser les intérêts culturels. La culture n'explique pas tout ; étant un construit social et idéologique, elle doit plutôt être expliquée. Dans le contexte québécois, on tente souvent de tout expliquer, y compris le racisme, par les « différences culturelles » et Goulbourne met de l'avant une critique du « culturalisme » qui enrichit le débat sur cet important enjeu idéologique, social et politique. Il pose l'éternelle question du processus conflictuel et souvent contradictoire de l'intégration, le tiraillement entre la recherche d'une nouvelle identité et la conservation des principaux traits de l'identité d'origine. Important aussi le fait de voir se développer les stratégies d'intégration dans un contexte postcoloniasliste comme celui de la Grande-Bretagne. Cette dimension ajoutée à la complexité du processus d'intégration ne fait pas partie de notre conjoncture socio-politique même si dans certains milieux conservateurs canadiens, on pense et on se comporte en néo-colonialistes.

Enfin, Michèle Duval présente un article sur les mères au foyer qui ajoute au débat sur l'intervention au sens large et, tout particulièrement, sur l'intervention féministe. La reconstruction d'un réseau personnel de sociabilité entre les femmes nouvellement arrivées tient compte de leurs expériences antérieures mais aussi des conditions de la société d'accueil ; de nouveaux rapports de solidarité et d'entraide se tissent entre elles, ce qui est très important pour leur santé et l'enrichissement du processus d'intégration qu'elles vivent. Michèle Duval estime que que les femmes immigrées puisent souvent leur dynamisme dans leurs échanges ; une approche communautaire fondée sur une intervention avec les groupes de femmes se situe en opposition aux approches fondées sur l'assistance ou sur la prestation de services traditionnels qui entretiennent la dépendance face aux intervenants, intervenantes et aux institutions. Au fond, au lieu de mettre l'emphase sur les rapports entre les professionnelles et les femmes, Michèle Duval ouvre la porte à une prise en charge et à l'autonomie des femmes ; elle considère qu'il est important qu'elles se reconnaissent entre elles, encore faut-il qu'elles aient l'occasion de se rencontrer. De telles occasions sont actuellement bien rares et il s'avère important et significatif de les provoquer ? Certaines intervenantes de CLSC et de centres communautaires vont de l'avant en ce sens et leur expérience mérite d'être mieux connue. En somme, il y a place pour une action communautaire qui tient compte des conditions concrètes vécues par les gens de diverses origines.

Dans l'ensemble du dossier, tous les articles s'inscrivent dans les débats de l'heure et nous espérons que les différents points de vue susciteront de nouveaux débats et de nouvelles expériences.

Pratiques contraceptives et préventives face au sida parmi un groupe de cégépiens de Montréal : variations interethniques

Joseph J. Levy
Université du Québec à Montréal

Eleanor Maticka-Tyndale
Foothills Hospital, Calgary

Viviane Annie Lew
Hôpital Louis-H.-Lafontaine

Parmi les problèmes auxquels les adolescents sont confrontés dans leur vie sexuelle, la contraception et le sida sont parmi les plus cruciaux. À partir d'une approche quantitative, cet article explore les variations ethnoculturelles dans ce domaine, parmi un groupe de cégépiens des deux sexes de Montréal et suggère des pistes d'intervention dans le champ des pratiques sociales.

Les facteurs complexes qui interviennent dans les configurations sexuelles adolescentes dépendent non seulement des conditions socioculturelles générales liées à la redéfinition des formes de contrôle social de la sexualité dans les sociétés postindustrialisées, mais aussi, à la présence de multiples sous-cultures qui font partie de plus en plus de la texture des sociétés contemporaines (Cortese, 1989). Ces variables interviennent significativement sur les niveaux de permissivité et les comportements sexuels (Reiss, 1967 ; Weinberg et Williams, 1988), la précocité de l'entrée dans l'activité coïtale (Zelnik et Kantner, 1980 ; Zelnik, Kantner et Ford, 1982 ; Padilla et O'Grady, 1987 ; DeAnda, Becerra et Fielder, 1988), la contraception (Smith, McGill et Wait, 1987 ; Reis, 1988 ; Reis et Hertz, 1989) ou les connaissances et les pratiques sécuritaires pour prévenir le sida et les MTS (Moore et Erickson, 1985 ; Baldwin et Baldwin,1988 ; Shafer, 1988a, 1988b).

Au Québec, comme au Canada, malgré la multiplication des travaux sexologiques sur l'adolescence (Dupras, Lévy et Cohen,1986 ; King *et al.*, 1988), peu de recherches ont été menées dans une optique transculturelle (voir Hobart, 1984), et ce, malgré les transformations significatives de la composition de sa population (Langlais, Laplante et Lévy, 1990). Dans cette perspective, cette recherche réalisée à Montréal avait pour objectif d'étudier les variations dans les scénarios des cégépiens des deux sexes et d'origines ethnoculturelles diverses quant aux attitudes et aux comportements sexuels, la contraception et le sida. Nous présenterons ici essentiellement les résultats concernant la contraception et les pratiques préventives concernant le sida, avant de proposer quelques pistes d'intervention.

MÉTHODOLOGIE

Les sujets

L'échantillon stratifié comprend des étudiants et étudiantes dont l'âge se situe entre 17 et 22 ans, provenant de trois cégeps anglophones et de quatre cégeps francophones de Montréal ; 866 questionnaires ont été auto-administrés et complétés dans cette étude effectuée à la fin de 1988 et au début de 1989. Un nombre suffisamment élevé de répondants et répondantes formaient sept groupes ethnoculturels distincts, en tout 707 sujets, nombre suffisant pour pouvoir faire une analyse quantitative. Les personnes d'origines grecque (37), haïtienne (63), italienne (106) et juive (45 anglophones et 27 francophones) ont été comparées à des sujets d'origines canadienne-française (257 sujets) et canadienne-anglaise (173 sujets). L'échantillon comprenait 58 % de femmes et 42 % d'hommes. Tous les scores ont été pondérés pour simuler une proportion égale d'hommes et de femmes dans chaque groupe. Le nombre total des sujets a été maintenu à sa taille actuelle. Le Standard socio-économique (SES) n'a pas été utilisé dans cette recherche parce qu'aucune des mesures utilisées (l'éducation, l'emploi et le revenu) ne pouvaient être comparées entre les groupes à cause des disparités entre les pays d'origine.

Le questionnaire

Le questionnaire, traduit de l'anglais au français, comprenait des questions sur un ensemble de dimensions portant sur la sexualité, la contraception et les pratiques préventives face au sida (Maticka-Tyndale et Lévy, 1992). L'expérience sexuelle a été mesurée grâce à l'échelle de DeLamater et MacCorquodale (1979). Les questions sur la contraception étaient les mêmes que celles utilisées par Bicher et Maticka-Tyndale (1985, 1986) dans une étude précédente. Deux études ont fourni des lignes directrices dans cette recherche sur les aspects touchant le sida : celle de Joseph *et al.* (1987) et celle de DiClemente, Zorn et Temoshok (1987). Toutes les mesures ont été testées pour connaître leur fiabilité et leur validité (Maticka-Tyndale et Lévy, 1992). La consistance interne a été mesurée par l'alpha de Cronbach et toutes les échelles ont une bonne cohérence interne. L'analyse statistique comprenait l'analyse de variance (ANOVA) avec l'utilisation du test de Duncan pour dégager les différences significatives entre les groupes, les t-test et le chi-carré selon le cas. Le cœfficient de contingence a été employé comme mesure d'association des données catégoriques.

RÉSULTATS

Activités sexuelles

Les groupes ethniques ont un score d'activités sexuelles significativement différent, ce qui peut avoir des répercussions sur les pratiques contraceptives et les risques de contracter le sida ($F(6,707) = 18,5$, $p < 0,001$). Le groupe grec a le score le plus bas (M = 3,5 sur 9) et diffère de tous les autres groupes, tout comme le groupe canadien-français qui s'avère le plus actif sexuellement (M = 7,2). Le groupe canadien-anglais (M = 6,4), quant à lui, diffère significativement des ensembles italien (M = 5,1) et juif anglophone qui (M = 5,4) rapportent un score d'activités sexuelles plus bas. Ni le sexe ni l'âge ne sont significatifs. À part le groupe italien où il existe une différence significative selon le sexe (les hommes étant plus actifs), aucune autre différence n'apparaît intraethniquement.

La fréquence des relations sexuelles est aussi dépendante du groupe ethnoculturel. Elle est la plus élevée (1 à 2 fois par semaine) dans les groupes canadien-français, anglais et juif anglophone et la plus faible parmi les groupes juif francophone et haïtien. Par contre, les variations dans le nombre de partenaires ne sont pas significatives. Ces données indiquent que les scénarios sexuels obéissent pour certaines dimensions à des configurations différentes, ce que l'on retrouve aussi au plan de la contraception.

Pratiques contraceptives

Deux aspects essentiels seront ici traités, soit l'efficacité et la régularité. Le niveau d'efficacité (qui va de l'absence de moyen contraceptif à l'emploi de contraceptifs oraux ou une combinaison de mousse et du diaphragme) varie selon le groupe ethnoculturel ($F(5,401) = 6,6$, $p < 0,0001$). Les groupes juif francophone ($M = 3,6$ sur 4) et canadien-français ($M = 3,5$) ont le score le plus élevé d'efficacité contraceptive alors que les Haïtiens ont le score le plus bas ($M = 2,4$). Ils diffèrent d'ailleurs significativement des groupes canadien-français et anglais ($M = 3,38$), juif anglophone ($M = 3,17$) et italien ($M = 2,91$). Ce dernier groupe révèle aussi une efficacité contraceptive moins grande que les Canadiens français et anglais. La régularité de l'utilisation des contraceptifs (de jamais à toujours) au cours des six derniers mois est aussi modulée selon le groupe d'appartenance ($F(5,401) = 7,1105$, $p < 0,0001$). L'ensemble canadien-français détient le score de régularité le plus élevé ($M = 3,21$ sur 4), suivi du groupe juif francophone ($M = 3,15$) alors que le score le plus faible – et il se distingue de tous les autres groupes – se retrouve dans le groupe haïtien ($M = 1,97$). En général, la régularité de l'utilisation coïncide avec l'efficacité des méthodes utilisées. Parmi les groupes qui ont le score d'efficacité le plus haut et la plus grande proportion d'utilisateurs de contraceptifs oraux, la régularité est la plus forte. Il existe aussi une différence significative reliée au sexe en ce qui concerne l'efficacité dans le groupe canadien-anglais, et parmi le groupe canadien-français sous le rapport de la régularité. Dans les deux cas, les femmes ont des scores plus élevés que les hommes.

Pratiques préventives concernant le sida

Les probabilités de diffusion du VIH parmi les adolescents nécessitent l'évaluation de leurs connaissances et de leurs pratiques préventives. Le pourcentage moyen des connaissances est élevé (83 %) et la seule différence significative apparaît entre le groupe italien qui a la moyenne la plus basse, et les autres groupes. Il n'y a pas de différences significatives entre les scores des femmes et des hommes. Cependant, ces connaissances ne se concrétisent pas, la plupart du temps, dans des comportements préventifs. La peur et la perception de la susceptibilité face au sida ne diffèrent pas selon les groupes. Les hommes haïtiens pensent cependant courir davantage le risque d'attraper le VIH que les femmes haïtiennes (Cœfficient de contingence = 0,35 ; p < 0,01), ce qui coïncide chez les hommes à une vie coïtale plus précoce et à des relations sexuelles avec un plus grand nombre de partenaires que chez les femmes de ce groupe.

La plupart des sujets ont évalué les risques qu'ils couraient d'être contaminés comme faibles ou nuls et personne n'a choisi la valeur maximale. L'absence de différences significatives entre les sujets sexuellement actifs ou non semble démontrer que les étudiants ne pensent pas qu'ils sont à risque à cause de leurs activités sexuelles.

Plusieurs des questions ont aussi tenté de cerner les changements subjectifs dans le comportement sexuel en réaction au sida : les répondantes et les répondants ont-ils des pratiques sécuritaires ? Leurs habitudes sexuelles ont-elles changé ? L'emploi de préservatifs s'est-il généralisé ? Le pourcentage des sujets sexuellement actifs qui disent avoir des pratiques sécuritaires diffère significativement selon les groupes ($X2 = 35,975$, dl = 6, p = 0,0001) : il est de 78 % parmi les répondantes et répondants juifs francophones et de 22 % parmi le groupe haïtien. Ce groupe diffère de tous les autres groupes, à l'exception des ensembles grec et canadien-français. Ces derniers, à leur tour, diffèrent des groupes juifs et canadien-anglais. Les hommes haïtiens sont plus portés à avoir des relations sexuelles sécuritaires que les femmes, et c'est la seule différence intraethnique significative.

Le pourcentage de ceux qui sont sensibilisés aux relations sexuelles sécuritaires et qui ont participé à des programmes d'éducation sur le sida ne varie pas selon le sexe ou l'expérience coïtale. Par contre, des différences significatives apparaissent entre les groupes ethnoculturels ($X2 = 154,503$, dl = 6, p = 0,0001). Une plus grande proportion de sujets canadiens-français (39 %) et haïtiens (38 %) déclarent avoir entendu parler du sexe sécuritaire. Ces pourcentages sont plus élevés dans les groupes canadien-anglais (88 %), grec (87 %) juif anglophone (87 %), juif francophone (74 %) et italien (71 %). Parmi les répondants et les répondantes sexuellement actifs, les réponses à la question sur les changements dans les pratiques sexuelles peuvent être regroupés en trois catégories. Le groupe juif anglophone (parmi lequel 68 % ne rapportent pas de changements) et francophone (parmi lequel 20 % ne signalent pas de changements) forment les deux extrêmes du continuum. Les autres groupes se situent entre ces deux pôles : 47 % des Canadiens français, 44 % des Canadiens anglais, 36 % des Haïtiens et 34 % des Italiens disent ne pas avoir modifié leurs pratiques sexuelles. Les femmes rapportent significativement moins de changements que les hommes parmi les groupes juif anglophone, haïtien et italien.

Cependant, si l'on mesure le degré effectif de protection contre le sida en tenant compte de l'indice le plus sûr, soit l'emploi du préservatif lors des relations coïtales ou anales, il apparaît que les pratiques sécuritaires ne sont pas encore bien établies, même si elles varient selon les groupes $(F(6,415) = 2,8028, p < 0,0110)$. Le score est le plus faible dans le groupe haïtien (M = 0,72 sur 4) et il diffère de celui de tous les groupes, à l'exception de celui du groupe canadien-français (M = 1,30). Le score le plus élevé (M = 2 sur 4) se retrouve dans l'ensemble juif anglophone et il diffère de celui du groupe canadien-français et juif francophone (M = 1,30). Cette configuration se retrouve dans le cas des répondantes et répondants italiens (M = 1,4). Des différences reliées au sexe n'apparaissent que dans le groupe juif francophone où les femmes utilisent beaucoup moins le préservatif que les hommes.

DISCUSSION

Ces résultats indiquent qu'il existe une variation ethnoculturelle, tant au plan de l'activité sexuelle que de la contraception et des risques de contracter le sida. Ils révèlent que la vague de libéralisation sexuelle rapportée par de nombreux observateurs de la société québécoise n'a pas été uniforme, mais qu'elle a rencontré des résistances ethnoculturelles qui ont atténué l'ampleur des activités sexuelles, en particulier dans les groupes méditerranéens.

On note aussi un modèle distinct d'utilisation des contraceptifs au point de vue de l'efficacité et de la régularité. Les groupes qui emploient les méthodes les moins efficaces sont aussi ceux qui utilisent les contraceptifs le moins régulièrement, complexifiant le problème de la prévention des grossesses. Par contre, ceux qui utilisent les méthodes les plus efficaces sont aussi protégés par une plus grande régularité d'utilisation. Ces configurations ne sont pas surprenantes, étant donné que la méthode la plus efficace et utilisée le plus communément est la contraception orale. C'est aussi l'une des méthodes les plus faciles à utiliser régulièrement, alors que celles qui sont moins efficaces exigent des manipulations lors des relations sexuelles et sont donc utilisées plus irrégulièrement.

Ces tendances influent cependant sur les risques de contracter le sida, dans la mesure où le recours à la pilule, le contraceptif le plus efficace, peut entraîner une résistance à l'emploi du préservatif comme protection contre les MTS et le sida. Malgré le taux élevé de connaissances, les pratiques sécuritaires sont loin d'être généralisées. De plus, les variations dans les taux d'activité coïtale selon les groupes ne s'accompagnent pas d'une perception des risques concomitante quant à la susceptibilité face au VIH et la peur de l'attraper. Du point de vue des modèles de croyances relatives à la santé (*Health Belief Model* de Becker, 1974), les faibles niveaux d'évaluation de la susceptibilité et de la peur ne motivent pas à réduire les risques. La pratique du sexe sécuritaire ne semble pas toujours obéir à la distribution des activités coïtales. Finalement, et c'est peut-être le résultat le plus important, la régularité actuelle dans l'emploi du préservatif est faible. Comme l'a montré ailleurs Maticka-Tyndale pour la même population (1990, 1991), celui-ci est plus souvent codifié comme un contraceptif que comme un moyen de prévenir la transmission du VIH. Ces programmes doivent donc améliorer l'utilisation des préservatifs dans le contexte des activités de groupes d'amis, valider leur emploi dans le cadre du sexe sécuritaire et potentiellement encourager l'ajournement de l'emploi des contraceptifs oraux au profit des préservatifs et ce, tant pour la contraception que pour la prévention des MTS.

Au plan des stratégies d'intervention, cette étude met en relief l'importance du champ des pratiques sexuelles dans la mise en place de pratiques contraceptives et préventives face au sida, ainsi que les répercussions que peuvent avoir les référents ethnoculturels dans la modulation des scénarios sexuels et de la prévention parmi les jeunes adultes. Ces résultats peuvent aider les intervenants dans le domaine de la santé et de la sexologie à mieux définir les objectifs des programmes d'intervention. Il conviendrait à cet égard de développer une double action en ce qui a trait à la contraception et à la protection contre les MTS et le sida. Il serait important de favoriser l'adoption d'une contraception efficace au sein des groupes qui n'ont pas encore intégré l'usage des contraceptifs, mais surtout de hâter la généralisation de l'emploi du préservatif comme moyen de prévention face aux risques de transmission du VIH. Les profils des groupes ethnoculturels montrent clairement que la perception des risques, les risques véritablement encourus et les principes du sexe sécuritaire ne sont pas toujours congruents avec les comportements sexuels, d'où l'importance de préciser les stratégies d'intervention en fonction des groupes cibles. La plupart des intervenants auprès des communautés ethnoculturelles (Gerald, 1988 ; Castro et Manoff, 1988 ; Matiella, 1988 ; Martin et Stroud, 1988 ; Mays, 1989 ; Aoki, Ngin, Mo et Ja 1989 ; Cochran, 1989) insistent à ce sujet non seulement sur la diversité des réponses et des résistances aux modifications des comportements sexuels, mais aussi sur les variations internes sur le plan socio-économique qui influencent les comportements, tout comme les scénarios liés au sexe. Des études plus précises sur ces dimensions sont donc souhaitables.

Les contraintes ethnoculturelles déterminent aussi les stratégies d'intervention adaptées à la spécificité de chacun des groupes, spécificité qui doit se refléter dans les programmes proposés. Ceux-ci n'ont pas simplement à reproduire ou à traduire les objectifs et le contenu appliqués aux groupes dominants, mais ils doivent surtout développer des approches originales (Matiella,1988) qui tiennent compte des processus de communication propres à chaque groupe ethnoculturel. Ainsi, une recherche sur le contenu des échanges de groupes de discussion (*focus groups*) composés de représentants de minorités ethniques américaines a montré que

> [...] les méthodes traditionnelles de communication ne sont pas efficaces et qu'une information et des stratégies culturellement spécifiques augmenteraient possiblement l'impact des messages à caractère préventif face au VIH. L'analyse des discussions a aussi révélé que les stratégies efficaces avec un groupe ne le sont pas avec d'autres (Wallace et Lasker, 1991 : 306).

Dans cette perspective, on peut supposer que l'intervention des personnes-ressources, originaires des groupes ethnoculturels ciblés, peut aider à mieux prendre en compte les différentes sensibilités. Les personnes-ressources sont les mieux placées en ce qui a trait à la compréhension des nuances langagières et des normes culturelles qui doivent être prises en considération dans la transmission de l'information nécessaire à la transformation des comportements à risque. De plus, il est essentiel d'associer les groupes cibles dans la planification, l'opérationnalisation des programmes et des messages spécifiques à transmettre. Selon Flora et Thoresen (1989), les approches d'intervention relatives à la contraception et au sida ne pourront réussir à long terme que si une approche systémique est favorisée, c'est-à-dire une approche synergique qui tient compte à la fois des niveaux individuels, des réseaux sociaux personnels (famille et groupe de pairs) et des institutions socioculturelles (école, organismes communautaires, etc.).

L'évaluation des programmes qui ont encouragé la convergence des interventions à de multiples niveaux pour favoriser une contraception efficace a montré l'intérêt d'une telle approche (Vincent, Clearie et Schlucheter, 1987). Celle-ci doit se conjuguer à l'incorporation des habiletés socio-sexuelles, liées à l'apprentissage des modes de résistance aux pressions de conformité sociale exercées par les pairs qui, nous l'avons constaté ailleurs (Maticka-Tyndale et Lévy, 1992), jouent un rôle très important dans le modelage des attitudes et des comportements sexuels. Le recours au groupe de pairs et aux leaders naturels peut aider à influencer les comportements, comme ce fut le cas, par exemple, dans les programmes de réduction de la consommation de tabac parmi les adolescents. Cependant, là encore, les facteurs ethnoculturels peuvent intervenir et moduler les effets de ces programmes. Les différences entre les groupes quant à la dynamique des interactions entre les pairs, les pratiques contraceptives et les attitudes face concernant la sexualité devront donc être prises en considération si l'on veut améliorer la santé sexuelle des jeunes adultes.

CONCLUSION

Les résultats de cette recherche exploratoire auprès de cégépiens montréalais montrent que leurs comportements sexuels, leurs pratiques contraceptives au plan de l'efficacité et de la régularité des méthodes, tout comme leurs réactions et leurs approches préventives face au sida, semblent être modulés par des contraintes d'ordre socioculturel. Il est donc important de dépasser une approche d'intervention sociosexuelle basée essentiellement sur le transfert d'une information préventive, pour favoriser une approche plus systémique qui nécessite le développement d'équipes multidisciplinaires. Dans ce domaine, beaucoup reste à faire si l'on veut assurer une expression moins problématique et plus responsable de la sexualité des jeunes adultes.

Bibliographie

AOKI, B., NGIN, C.P., Mo, B., et D.Y. JA (1989). « AIDS Prevention Models in Asian-American Communities », dans Mays,V., ALBEE, G.W. et S.F. SCHNEIDER, *Primary Prevention of AIDS, Psychological Approaches*, Newbury Park, Sage Publications, 290-308.

BALDWIN, J. et J. BALDWIN (1988). « Factors Affecting AIDS-Related Sexual Risk Taking Behavior Among College Students », *Journal of Social Research*, vol. 25, 181-196.

BECKER, M. (éd.) (1974). *The Health Belief Model and Personal Health Belief*, Healh Education Monographs, vol. 2.

BICHER, M. et E. TYNDALE (1985). *Sexual Revolution : Myth or Reality ?* Montréal, Vanier College Press, 37-41.

BICHER, M. et E. TYNDALE (1986). « Adolescent Sexuality : Revolution ? » dans DUPRAS A., LÉVY, J. et H. COHEN, *Jeunesse et Sexualité*, Montréal, Éditions Iris, 37-54.

CASTRO, K.G. et S.B. MANOF (1988). « The Epidemiology of AIDS in Hispanic Adolescents », dans QUACKENBUSH, M., NELSON, M. et K. CLARK, *The AIDS Challenge. Prevention Education for Young People*, Santa Cruz, Network Publications, 321-333.

COCHRAN, S.D. (1989). « Women and HIV Infection : Issues in Prevention and Behavior Change », in MAYS, V., ALBEE, G.W. et S.F. SCHNEIDER, *Primary Prevention of AIDS, Psychological Approaches*, Newbury Park, Sage Publications, 309-327.

CORTESE, A. (1989). « Subcultural Differences in Human Sexuality : Race, Ethnicity and Social Class », dans McKINNEY, K. et S. SPECHER, *Human Sexuality, the Societal and Interpersonal Context*, Norwood, Ablex Publishing Corporation, 63-90.

DEANDA, D., BECERRA, R.M. et E.P. FIELDER (1988). « Sexuality, Pregnancy, and Motherhood Among Mexican-American Adolescents », *Journal of Adolescent Research*, vol. 3, 403-411.

DELAMATER, J. et P. MACCORQUADALE (1979). *Premarital Sexuality : Attitudes, Relationships, Behavior*, Madison, Wisconsin, University of Wisconsin Press.

DICLEMENTE, R., ZORN, J. et L. TEMOSHOK (1987). « Adolescents and Aids : Survey of Knowledge, Attitudes and Beliefs About AIDS in San Francisco », *American Journal of Public Health*, vol. 76, 1443-1445.

DUPRAS, A., LÉVY, J. et H. COHEN (1986). *Jeunesse et sexualité*, Montréal, Éditions Iris.

FLORA, J.A. et C. E. THORESEN (1989).« Components of a Comprehensive Strategy for Reducing the Risk of AIDS in Adolescents », dans MAYS, V., ALBEE, G.W. et S.F. SCHNEIDER, *Primary Prevention of AIDS, Psychological Approaches*, Newbury Park, Sage Publications, 374-389.

HOBART, C.W. (1984).« Changing Profession and Practice of Sexual Standards :A Study of Young Anglophone and Francophone Canadians », *Journal of Comparative Family Studies*, vol. 15, 231-255.

JOSEPH, J. *et al.* (1987). « Perceived Risk of Aids : Assessing the Behavioral and Psychosocial Consequences in a Cohort of Gay Men », *Journal of Applied Social Psychology*, vol. 17, 231-250.

KING, A.J.C., BEAZLEY, R.P., ARREN, W.K., HANKINS, C.A., ROBERTSON, A.S. et J.L. RADFORD (1988). *Canada Youth and AIDS Study*, Kingston, Queen's University.

LANGLAIS, J., LAPLANTE, P. et J. LÉVY (1990). *Le Québec de demain et les communautés culturelles*, Montréal, Éditions du Méridien.

MARTIN, R.M. et F. STROUD (1988). « Delivering Difficult Messages : AIDS Prevention and Black Youth », dans QUAKENGUSH, M., NELSON, M. et K. CLARK, *The AIDS Challenge. Prevention Education for Young People,* Santa Cruz, Network Publications, 345-360.

MATICKA-TYNDALE, E. (1990). « I'm OK : Constructing Safe Sex Scripts », *SIECCAN Journal*, vol. 5, 12-25.

MATICKA-TYNDALE, E. et J. LÉVY (1992). *Comportements sexuels, contraception et sida chez les jeunes adultes : variations ethnoculturelles*, Montréal, Éditions du Méridien.

MATICKA-TYNDALE, E. (1991). « Sexual Scripts and AIDS Prevention : Variations in Adherence to Safer Sex Guidelines by Heterosexual Adolescents », *Journal of Sex Research*, vol. 25, 45-66.

MATIELLA, A.C. (1988). « Developing Innovative AIDS Prevention Programs for Latino Youth », dans QUACKENBUSH, M., NELSON, M. et K. CLARK, *The AIDS Challenge. Prevention Education for Young People,* Santa Cruz, Network Publications, 333-345.

MAYS, V.M. (1989). « AIDS Prevention in Black Populations : Methods of a Safer Kind », dans MAYS, V., ALBEE, G.W. et S.F. SCHNEIDER, *Primary Prevention of AIDS, Psychological Approaches*, Newbury Park, Sage Publications, 264-279.

MOORE, D.S. et P.I. ERIKSON (1985).« Age, Gender, and Ethnic Differences in Sexual and Contraceptive Knowledge, Attitudes and Behaviors », *Family and Community Health*, vol. 8, 38-51.

PADILLA, E.R. et K.E. O'GRADY (1987). « Sexuality Among Mexican American : A Case of Sexual Stereotyping », *Journal of Personality and Social Psychology*, vol. 52, 5-10.

REIS, J. (1988). « Contraceptive Orientation in Young Inner-City Adolescents :A Discriminant Analysis », *Journal of Early Adolescence*, vol. 8, 157-168.

Reis, J. et E. Herz (1989). « An Examination of Young Adolescents' Knowledge and Attitude Toward Sexuality According to Perceived Contraception Responsibility », *Journal of Applied Social Psychology*, vol. 19, 231-250.

Reis, I. (1967). *The Social Context of Premarital Sexual Permissiveness*, New York, Holt, Rinehart and Winston.

Shafer, M.A. (1988a). « High Risk Behavior During Adolescence », dans Schinazi, R. et A.J. Nahmias, *AIDS in Children, Adolescents and Heterosexual Adults : An Interdisciplinary Approach to Prevention*, New York, Elsevier, 325-328.

Shafer, M.A. (1988b). « The Problem of Sexually Transmitted Disease Education of Adolescents- A Current Review » dans Schinazi, R. et A.J. Nahmias, *AIDS in Children, Adolescents and Heterosexual Adults : An Interdisciplinary Approach to Prevention*, New York, Elsevier, 362-364.

Smith, P.B., McGill, L. et R.B. Wait (1987). « Hispanic Adolescent Conception and Contraception : Profiles : A Comparison », *Journal of Adolescent Health Care*, vol. 8, 352-355.

Wallace, B.M. et J.S. Lasker (1991). *AIDS Summary. A Practical Synopsis of the VIH International Conference*, San Francisco, Philadelphia Science Group.

Weinberg, M.S. et C.J. Williams (1988). « Black Sexuality : A Test of Two Theories », *Journal of Sex Research*, vol. 25, 197-218.

Zelnik, M. et J. Kantner (1980). « Sexual Activity, Contraceptive Use, and Pregnancy Among Metropolitan Area Teenagers : 1971-1979 », *Family Planning Perspectives*, vol. 12, 230-237.

Zelnik, M., Kantner, J. et K. Ford (1982). *Adolescent Pathways to Pregnancy*, Beverly Hills, Sage Publications.

Services sociaux et groupes ethnoculturels : le débat et les pratiques au Québec

André JACOB
Département de travail social
Université du Québec à Montréal

Les préjugés et stéréotypes sur les « voleurs de jobs » et « les voleurs de pays » ont beau être tenaces, bon an mal an, le Québec ouvre ses frontières à des milliers de nouveaux arrivants qui représentent une population en besoin de services sociaux. Partant de ce constat, l'auteur se propose de présenter les principales caractéristiques et les grandes étapes de l'adaptation des services sociaux à la présence des immigrants et des réfugiés, puis de dégager des pistes d'action pour l'avenir.

Dans une période de crise économique comme que celle des dix dernières années, la population fait souvent référence à la présence des immigrants et des réfugiés pour expliquer les causes de ses difficultés. Ces gens « différents » deviennent facilement des boucs émissaires, des souffre-douleur et, par le fait même, des victimes du racisme et de la discrimination.

Les préjugés et stéréotypes sur les « voleurs de jobs » et « les voleurs de pays » ont beau être tenaces, bon an mal an, le Québec ouvre ses frontières à des milliers de nouveaux travailleurs : 51 420 nouveaux arrivants en 1991 dont 15 501 réfugiés (MCCI, 1992 : 23). Aux prises avec de multiples difficultés, ces derniers représentent une population dont les besoins en services sociaux sont de plus en plus grands. Partant de ce constat, je me propose ici de présenter d'abord les principales caractéristiques et les grandes étapes de l'adaptation des services sociaux à la présence d'immigrants et de réfugiés, puis des pistes d'action pour l'avenir. Sur le plan méthodologique, l'opération se fonde sur une démarche descriptive pour bien délimiter les contours de l'évolution des services et fournir des bases d'analyse pour leur orientation.

Lors des études de la Commission Castonguay-Nepveu à la fin des années 60, personne n'introduisait le débat sur l'accessibilité des services sociaux et de santé aux groupes ethnoculturels. Fait historique intéressant, lors de la grande réforme des services sociaux et de santé en 1972, on ne tint pas compte non plus de cette problématique, même si le débat avait cours depuis un siècle. En fait, la question fut réellement posée en 1981, année où le Comité d'implantation du plan d'accès à l'égalité à l'intention des communautés culturelles (CIPACC), mis en place par le gouvernement du Parti québécois, entreprit une vaste consultation avant de proposer un plan d'action qui englobait l'accessibilité aux services sociaux et de santé. Depuis ce premier coup d'envoi par l'État, plusieurs débats et un bon nombre de mesures ont occupé l'avant-scène de la politique sociale (Gouvernement du Québec, 1981).

DES ÉLÉMENTS DE PROBLÉMATIQUE
DE LA CONFÉDÉRATION À LA DEUXIÈME GUERRE MONDIALE

Analyser des pans de l'histoire à grands traits comporte des risques importants, dont le principal est celui de la déformer ou de la tronquer au profit d'une interprétation trop globale. Ceci étant dit, il faut rappeler que jusqu'à la deuxième loi sur l'immigration, en 1910, le recrutement, l'accueil et « l'installation des immigrants » relevaient exclusivement du secteur privé. De leur côté, les grandes compagnies, comme la Canadian Pacific Railway Company et la British American Land Company, se chargeaient du recrutement et du placement (par exemple pour la construction des chemins de fer et l'installation sur des terres). De leur côté, les communautés philantropiques ou charitables (Settlement Houses, Hebrew Society, ordres religieux) se chargeaient de l'assistance de base, surtout des soins médicaux et des services sociaux. À l'époque, on se souciait peu ou pas du tout des conditions de vie et des problèmes psychosociaux des nouveaux arrivants ;

l'assistance matérielle suffisait. Les immigrants étaient donc pratiquement laissés à eux-mêmes ou pris en charge par des gens de même origine qu'eux déjà établis au Canada. Quant à l'État, il se contentait d'émettre quelques règlements sur le recrutement et de verser des subventions très parcimonieuses aux organismes qui venaient en aide aux nouveaux arrivants.

La Première Guerre mondiale (1914-1918), la Grande Crise économique de 1929 et la Deuxième Guerre mondiale firent baisser l'immigration presque à zéro, ce qui n'incita guère le gouvernement canadien à changer ses perspectives non interventionnistes. Le débat sur l'accueil des immigrants et des réfugiés commença vraiment après la Deuxième Guerre mondiale, lorsque les Semaines sociales du Canada (rencontres annuelles organisées à chaque année par les services sociaux diocésains), mirent à l'ordre du jour les questions relatives à l'accueil des immigrants. La réflexion et l'action s'imposaient ; le flux d'immigrants européens qui entraient au pays après la guerre était en effet impressionnant : environ 350 000 personnes chaque année.

Le Québec francophone de l'époque reste massivement catholique et l'Église y joue toujours un rôle très actif, notamment au plan de l'éducation et des services sociaux et de santé. Cette donnée sociopolitique est bien connue et a été analysée à plusieurs reprises. Dans la conjoncture des années 50, l'État québécois est absent du champ des services, même si la Commission Tremblay (1956) proposait déjà plus d'autonomie pour le gouvernement du Québec dans la gestion de l'immigration. L'Église catholique trouve son compte à investir le champ d'action des services sociaux. Les évêques, constatant que la masse des immigrants dirigent leurs enfants vers les écoles protestantes anglophones, veulent donner un coup de barre afin de se placer en situation d'influence sur ces milliers de nouveaux citoyens du Québec. De fait, les écoles catholiques étaient pratiquement fermées aux non catholiques. En ce sens, les textes de l'époque révèlent clairement la visée de l'Église catholique : faire des efforts pour offrir des services aux immigrants et aux réfugiés avec l'espoir qu'ils développeront un attachement aux institutions sous sa gouverne : « Le résultat de ces efforts est évidemment un attachement plus profond à l'égard des autorités religieuses et des autorités scolaires catholiques » (Caritas-Canada, 1954 : 29).

L'Église catholique crée alors des organismes nouveaux, par exemple le Centre Social d'aide aux immigrants qui existe toujours. En outre, le Service social diocésain de Montréal et le Service familial de Québec mettent en place un service « spécialisé », le Service d'accueil aux voyageurs et aux immigrants (SAVI). Pendant les années 60, ce type de service, établi à Québec et à Montréal, joue un rôle de premier plan en ce qui a trait à l'accueil des immigrants et des réfugiés, en offrant toutes les formes d'assistance dont les nouveaux arrivants pouvaient avoir besoin et en occupant tout le terrain.

Le vaste mouvement de réformes sociales qui caractérise le Québec des années 70 fait rapidement passer les services sociaux des perspectives charitables aux organisations bureaucratiques plus intégrées qui « responsabilisent » davantage l'État dans tous les secteurs, y compris dans le champ des services sociaux aux immigrants.

Au début des années 70, la Commission Castonguay-Nepveu laisse de côté toute la problématique de l'intégration des immigrants et des réfugiés et des services sociaux adaptés. À ce chapitre, l'Église et l'État semblent d'accord pour ne pas soulever de débat et pour conserver le statu quo. Au début des années 70, la situation change rapidement, avec l'arrivée de milliers de réfugiés en provenance des pays d'Amérique latine, des Antilles et d'Asie du Sud-Est (Chiliens à partir de 1973, Vietnamiens à partir de 1975, etc.). Il faut tourner la page et entreprendre une réflexion collective sur de nouvelles bases. Le nouveau ministère de l'Immigration du Québec, créé en 1968, jouera un rôle clé, surtout après l'élection du Parti québécois en 1976.

LES SERVICES ET LES POLITIQUES

Élu en 1976, le gouvernement du Parti québécois et son nouveau ministre de l'Immigration de l'époque, Jacques Couture, entreprennent une vaste consultation auprès des divers groupes ethnoculturels et des intervenants sociaux, afin d'élaborer une nouvelle politique d'immigration pour le Québec et de nouvelles stratégies d'accueil, notamment une politique de soutien financier aux organismes non gouvernementaux de groupes ethnoculturels. En mars 1981, le gouvernement présente son plan d'action *Autant de façons d'être Québécois* (Gouvernement du Québec, 1981). Ce plan d'action indique les pistes d'avenir.

On introduit la notion de « communauté culturelle » autour de laquelle on charpentera désormais toutes les politiques, y compris les stratégies d'accessibilité aux services sociaux. La « culture » devient alors l'axe d'organisation de toutes les actions gouvernementales. L'adoption de la notion de « communauté culturelle » doit, dans l'esprit ministériel, régler tous les problèmes épistémologiques et d'orientation dans les rapports de l'État avec les groupes ethnoculturels. Il n'en est rien. Le débat traverse les institutions du réseau des services sociaux et de santé. Les résultats d'une enquête auprès du personnel du Centre de services sociaux de Montréal métropolitain (CSSMM) révèlent un malaise au plan des orientations :

> Le personnel consulté a souligné le fait que le concept de communauté culturelle, tel que défini au sein du projet et tel que véhiculé par l'appareil gouvernemental, n'aide en rien les immigrants ou « les autres personnes venues

d'ailleurs » puisqu'il les maintient dans un contexte dont ils ne peuvent sortir :
« Immigrant une fois ! Immigrant toujours ! » [...]

En conséquence, le gouvernement, notamment le ministère des Services sociaux et de la Santé (MSSS), devrait pouvoir opter pour une définition qui corresponde davantage à la réalité des communautés culturelles et qui fasse référence à la vision que la collectivité ou le réseau de la santé et des services sociaux devrait avoir de ce phénomène. Ainsi, certains estiment que le terme communauté ethnique, par exemple, va plus loin que le terme communauté culturelle (Bisaillon, 1989 : 1).

Cette assertion indique que, dix ans après l'adoption d'une position politique par le Parti québécois, le débat est loin d'être terminé et les milieux de l'intervention sont soumis à un processus constant de redéfinition. Questionnements et débats n'ont cependant pas empêché les services d'évoluer. La situation de l'intervention sociale s'est modifiée de façon positive et rapide depuis quelques années : Commissions scolaires, Centres locaux de services communautaires, Centres de services sociaux, Communauté urbaine de Montréal, Ville de Montréal, etc., mettent les bouchées doubles pour adopter des politiques et des programmes d'intervention propres à favoriser une meilleure accessibilité aux services et le développement de services mieux adaptés à la réalité des groupes ethnoculturels. Tout cela va de pair avec la récurrence d'un problème de fond relié au fait que la plupart des réflexions et des programmes de formation sur l'intervention avec les réfugiés et les immigrants sont orientés presque exclusivement sur les relations interpersonnelles entre intervenants et usagers des services. On met en effet très peu l'accent sur les situations sociales vécues par les nouveaux arrivants, sur l'adaptation des services à de nouvelles réalités ou à l'adéquation entre les programmes et les modèles d'intervention et les besoins des immigrants et des réfugiés, sur le vécu prémigratoire, sur les modèles d'intervention « homoethniques » (services offerts par des intervenants issus des groupes ethnoculturels et, à l'occasion, collaboration avec des intervenants traditionnels sur les conceptions de la santé, de la maladie, de la vie et de la mort à la lumière de perspectives anciennes très différentes de celles véhiculées par la majorité des habitants du pays d'accueil). Les services sociaux se définissent donc dans une perspective « culturaliste ». Tous les programmes d'intervention et de formation des intervenants s'inscrivent encore dans ce créneau, même si plusieurs des groupes ethnoculturels contestent cette approche qui tend à tout réduire à la culture. En fait, on la critique parce que les obstacles à l'accessibilité ne sont pas que culturels ; ils sont aussi engendrés par les approches technocratiques des institutions, les modèles d'intervention utilisés, l'absence de perspectives communautaires, les conditions de vie des réfugiés qui les forcent à abandonner l'étude du français peu de temps après leur arrivée, le racisme et la discrimination, etc. Le questionnement reste donc posé tant sur le plan pratique que sur le plan théorique. Les porte-parole des groupes ethno-culturels remettent toujours en question la négation de l'ethnicité et des dimensions sociales et politiques aussi bien dans le discours politique que dans les orientations données aux politiques sociales.

Plusieurs études en ce sens remettent en question nos manières d'envisager les rapports professionnels interethniques. Ce questionnement s'impose, car il nous portera plus loin que les préoccupations étroitement culturelles. C'est là un défi et un enjeu fondamental pour les prochaines années. Certes, les années 80 ont été imprégnées des perspectives « culturalistes » adoptées sous le gouvernement du Parti québécois (1976-1985). Les orientations des services aux immigrants et aux réfugiés de la prochaine décennie se révéleront-elles, à la lumière de l'interethnicité, de l'interculturel ou d'une approche globale, plus structurelles et multidimensionnelles, en tenant compte du social, du culturel, de l'économique et du politique ?

À LA RECHERCHE DE NOUVELLES POLITIQUES

Un enjeu central dans les débats sur l'intervention sociale porte sur les rapports entre les services sociaux non gouvernementaux et les services publics et parapublics. La demande de services sociaux adaptés à la réalité pluriethnique est d'abord venue des ONG (organismes non gouvernementaux) et du mouvement associatif très développé dans les groupes ethnoculturels. Depuis une dizaine d'années, le ministère des Communautés culturelles et de l'Immigration du Québec (MCCI) a favorisé la création d'une cinquantaine d'organismes qui offrent des services aux réfugiés et aux immigrants de diverses origines. La plupart de ces organismes participent à trois grands réseaux, la Table de concertation des organismes de Montréal pour les réfugiés, le Conseil canadien pour les réfugiés et l'Alliance des communautés culturelles pour l'égalité dans la santé et les services sociaux du Québec (ACCESSS). Tous ces organismes vivent des situations similaires bien connues : financement précaire, personnel sous-payé, conditions matérielles difficiles (locaux trop étroits surtout), surutilisation des bénévoles, panoplie de services d'assistance et de dépannage à court terme.

Cette situation qui dure depuis des années a donné lieu à la création de l'ACCESSS, créée exclusivement pour revendiquer des services adaptés aux groupes ethnoculturels dans les services publics et parapublics (services sociaux et de santé). L'Association vise à offrir une réponse alternative et complémentaire aux ONG à partir d'un diagnostic rigoureux et constant sur leur réalité. L'ACCESSS a poussé plus loin ces visées politiques et les a transformées en revendications. Son lobbying et ses représentations portent essentiellement sur six revendications :

1) l'accessibilité des services à travers des mesures qui rendent le personnel des établissements plus compétent pour répondre de façon satisfaisante aux demandes dans les communautés ethniques ;

2) le regroupement des services via les CLSC (centres locaux de services communautaires) ;

3) l'identification de centres de triage (référence de demandes aux bons établissements) et la formation du personnel de CLSC ;

4) la participation des communautés culturelles aux conseils d'administration des CLSC ;

5) l'articulation des projets « jumelage », projets financés par le MCCI et qui devraient être transférés au MSSS ;

6) l'embauche de personnel issu de diverses communautés ethniques dans le cadre d'un programme d'accès à l'égalité.

Malgré toutes ces prises de position et ces revendications, la Commission des droits de la personnes du Québec (CDPQ) concluait, en 1987, à un échec dans les CSS :

> Globalement les CSS n'ont pas, en tant qu'établissements, adopté de politiques explicites visant à améliorer l'accessibilité de leurs services aux communautés culturelles : les besoins spécifiques des membres de ces communautés n'ont jamais fait l'objet d'une quelconque priorisation à l'exception des cas des réfugiés (Commission des Droits de la personne, 1987 : 47-48). Malgré des efforts plus soutenus dans certains CLSC, de façon globale la CDPQ constatait un taux d'insatisfaction aussi élevé à l'égard des CLSC que des CSS (CDPQ, 1987 : 41).

Ces dernières années, le MCCI et le MSSS ont favorisé l'éclosion de tout un réseau parallèle « à bon marché » à l'aide de programmes de subventions. Toutefois, le MSSS procède très lentement à des remises en question de ses services aux groupes ethnoculturels. Le « plan d'action » du MSSS sur l'accessibilité des groupes ethnoculturels aux services sociaux commence à peine à porter des fruits. En gestation depuis 1987, il souffre d'un manque de ressources financières et humaines chroniques. Depuis 1985, en chiffres absolus, les subventions accordées aux ONG par le MCCI sont à peu près restées les mêmes (Jacob et Blais, 1992 : 51).

L'ACCESSS a toujours déploré la précarité et la pauvreté des organismes communautaires. Les conditions difficiles de leur vécu les a conduits à revendiquer divers changements qui cristallisent les revendications de la plupart des ONG. L'émergence d'un important réseau non gouvernemental, par sa seule existence, fut presque suffisante pour remettre en question les services publics et parapublics. D'ailleurs, le gouvernement du Québec a repris à son compte nombre de ces revendications. Il y a dix ans, il attribuait les difficultés d'accès aux services sociaux aux barrières linguistiques et à la diversité des valeurs. On se limitait surtout à traduire dans diverses langues les documents d'information destinés au grand public, à former des banques d'interprètes et à souhaiter la présence des divers groupes ethnoculturels aux conseils d'administration des établissements du réseau des services sociaux et de santé (MCCI, 1981 : 32-33). Aujourd'hui, le MSSS situe d'abord les obstacles à l'accessibilité dans le manque d'information dans les diverses communautés, dans la représentation ethnique chez le personnel des établissements, les barrières linguistiques et culturelles, les lacunes dans la formation des intervenants, les difficultés d'évaluation des situations dans les communautés et la cohabitation mal définie de services publics et privés. (Gouvernement du Québec, 1989 : 8-9).

Cependant, les pressions et les nombreux débats ne furent pas vains, puisqu'ils ont amené le MSSS à élaborer un plan d'action sur l'accessibilité et à mettre en place des services spéciaux pour les groupes ethnoculturels (MSSS, 1989). Les mesures prises par le Ministère visent les dimensions suivantes : 1) l'intégration de la dimension interculturelle dans tous les programmes du Ministère ; 2) une meilleure communication avec la clientèle sur les plans linguistique et culturel ; 3) une plus grande présence des Québécois issus des diverses communautés ethnoculturelles minoritaires dans notre système sociosanitaire et ceci à tous les paliers ; 4) une reconnaissance du rôle et de l'expertise culturelle des organismes communautaires des communautés culturelles ; 5) la diffusion d'une information appropriée aux communautés culturelles sur les services et le fonctionnement du réseau ; 6) la promotion de la recherche pour connaître les besoins particuliers afin de développer des approches et des modèles d'intervention adaptés (MSSS, 1989 ; 12).

Fort de ce plan d'action, le MSSS a avancé de façon notable au cours des dernières années. Les mesures d'accès à l'égalité font maintenant partie des programmes de la plupart des établissements du réseau des services sociaux et de santé. En 1990, le CSSMM a adopté un plan d'action complet visant des changements majeurs dans les pratiques sociales. La Fédération des CLSC du Québec a emboîté le pas en organisant un colloque pour les intervenants. Au cours de l'année 1991, le MSSS a aussi procédé à l'élaboration d'un vaste programme de formation du personnel des établissements (MSSS, 1992). Trente-sept établissements du réseau des services sociaux et de la santé devront assurer une formation appropriée à leur personnel. Les visées annoncées parlent d'elles-mêmes :

> Le point de formation interculturelle du Ministère est un des moyens identifiés pour diminuer les barrières linguistiques et culturelles entre le personnel et la clientèle. Le projet se veut également un instrument de support à la démarche de réalisation et de suivi des plans d'accès aux services des établisse-

ments en favorisant un climat d'ouverture et de compréhension interculturelle à tous les niveaux du réseau (MSSS, 1992 : 2).

Parallèlement à cette gigantesque opération, le ministère des Communautés culturelles et de l'Immigration du Québec a fait connaître une nouvelle politique en matière d'immigration et d'intégration dans laquelle on précise que les services de santé et services sociaux aux membres des groupes ethnoculturels doivent être offerts dans le réseau (MCCI, 1991 : 38). Cette nouvelle politique va plus loin que les politiques antérieures et propose une stratégie globale d'intégration ambitieuse, peut-être un peu trop, si l'on tient compte de ses conditions concrètes d'application.

Afin de soutenir les immigrants et leurs descendants dans leur démarche d'intégration, les institutions publiques, parapubliques et privées doivent s'ajuster à la réalité pluraliste. Pour ce faire, elles devront, à partir d'une meilleure connaissance de leur clientèle, définir des services adaptés, assurer la formation interculturelle de leur personnel et développer leur partenariat avec les personnes-ressources et organismes des communautés culturelles (MCCI, 1991 : 55).

Dans le cadre de cette nouvelle politique, le MCCI a révisé en profondeur ses programmes de financement aux ONG. Il propose quatre volets : un programme de soutien à l'insertion en emploi, un programme d'adaptation des institutions, un programme de relations intercommunautaires et un programme d'accueil et d'établissement des immigrants. Ces programmes sont cependant critiqués par plusieurs organismes des groupes ethnoculturels, notamment par la Table de concertation des organismes de Montréal pour les réfugiés. Fondamentalement, le virage marqué du MCCI vers le privé comporte ses propres contradictions. D'un côté, on tient un discours éloquent sur le partenariat ; de l'autre, par les stratégies de financement, les ONG restent sous le contrôle du MCCI et doivent « réaliser » ses programmes :

> Les ONG doivent s'acquitter d'obligations alors que le MCCI n'est pas obligé de respecter les siennes et peut briser ledit contrat « sous réserves des crédits disponibles (Table de concertation des organismes de Montréal pour les réfugiés, 1992 : XI).

Autre lacune dans ces programmes, on note que les sujets visés sont les immigrants. La catégorie particulière d'immigrants que sont les réfugiés n'est pas prise en compte dans les politiques. Enfin, le virage notoire vers le privé encourage une prolifération des ONG de diverses tendances et rend difficile pour les services sociaux la tâche de répondre de façon satisfaisante aux problèmes d'intégration.

Cette tendance s'inscrit dans une conjoncture où le désengagement de l'État a dominé les politiques de la dernière décennie (Vaillancourt et al., 1987 : chap. 3). Le portrait de la privatisation se traduit en chiffres. En 1973, le nombre d'ONG appuyés par le MSSS était de 40 alors qu'il s'élève maintenant à 2 000. Mais les budgets n'ont pas augmenté en conséquence. En 1989-1990, le MSSS a attribué un peu plus de 45 millions de dollars au financement de 1 582 organismes, ce qui représente moins de 1 % du budget du Ministère. De ce contingent, nous avons relevé 52 organismes qui offrent des services aux réfugiés. En examinant une étude faite à partir d'un échantillon d'une quinzaine d'entre eux, nous en sommes venus à la conclusion que la moyenne des montants alloués fut de 5 562 $ seulement en 1990 (Jacob et Blais, 1992 : 63). Enfin, du côté du ministère des Communautés culturelles et de l'Immigration, on observe que la pratique ne suit pas nécessairement le discours. En effet, depuis 1985, soit depuis l'arrivée au pouvoir du gouvernement Bourassa, la part du budget affectée à l'ensemble des programmes d'aide a eu tendance à diminuer. En 1984-1985, le montant total des subventions était de 2 966 530 $, soit 10,3 %, alors qu'en 1989-1990, il s'élevait à 3 358 079 $, soit 6,8 %. En d'autres termes, les montants ont augmenté seulement de 4 000 000 $, alors que le nombre d'organismes est demeuré sensiblement le même (Jacob et Blais, 1992 : tableau 3).

Il serait fastidieux d'analyser les programmes de subvention du MCCI de façon élaborée. Nous noterons ici, malgré les critiques, un acquis positif global : les quatre programmes offrent l'avantage de tracer des balises plus claires pour délimiter les différents champs d'intervention.

Un point reste obscur cependant : Est-ce que ces programmes vont vraiment changer la nature et la qualité des services aux immigrants et réfugiés ? J'en doute. Pourquoi ? D'abord, parce que les ONG ne sont pas structurés de façon assez solide pour élaborer de véritables alternatives aux orientations « assistancialistes » du MCCI et du MSSS. Deuxièmement, comme les employés des ONG ne sont pas syndiqués, ils sont soumis à des normes et règlements qui les maintiennent dans des conditions de travail nettement inférieures à celles des travailleurs du réseau public des services sociaux et de santé. Troisièmement, l'État a tout intérêt à « atomiser » ses investissements dans de multiples projets modestes ; ainsi, les ONG ne peuvent se doter de leviers assez forts pour influencer les modèles d'intervention dans les établissements du réseau des services sociaux et de santé. Enfin, les ONG n'ont pas réussi à créer un véritable rapport de force avec les organismes du réseau des services sociaux et de santé.

Par conséquent, malgré des progrès importants qu'il faut reconnaître, le contexte reste vicié et l'ACCESSS maintient sa position de dénonciation de la politique de petits pas du gouvernement du Québec.

Quatre ans plus tard, pratiquement aucune des onze recommandations contenues dans cette politique (plan d'action du MSSS) n'a été mise en œuvre. Il est grandement temps que l'ACCESSS et les représentants de nos communautés ethnoculturelles passent à l'action et exercent davantage de pressions auprès du Ministre afin d'assurer que des programmes permanents soient établis et que des ressources adéquates soient offertes pour garantir l'égalité d'accès aux services publics de nos citoyens (Delgado, 1992 : 1).

Enfin, malgré le nouveau discours sur le partenariat entre les ONG et l'État, les pratiques de coopération restent encore très déficientes. Il faudra voir à long terme le sens pratique de la position du MCCI sur le partenariat :

> [...] le soutien aux organismes des communautés culturelles afin de leur permettre d'accentuer leur rôle de partenaires des institutions publiques, parapubliques et privées (MCCI, 1991 : 56).

DES PISTES POUR L'AVENIR ?

Le plan d'action du MSSS (1989), le plan de formation du personnel des institutions dans le réseau des services sociaux et de santé (MSSS, 1992) et le plan du CSSMM (1990) suscitent beaucoup d'espoirs et donnent crédit à tous les ONG qui réclament depuis une dizaine d'années des services mieux adaptés. « Le réseau doit s'ajuster pour répondre aux nouveaux besoins de la population y compris ceux de la clientèle multiethnique et multiraciale » (MSSS, 1989 : 10).

Des mesures concrètes ont été prises au plan des établissements, telles la nomination d'une coordonnatrice des services aux groupes ethnoculturels à la Fédération des CLSC en 1990 et la formation d'un comité de travail sur le même sujet au CSSMM en 1990. Dans d'autres établissements, par exemple l'Hôpital pour enfants de Montréal, le Département de santé communautaire (DSC) de l'hôpital Sainte-Justine, le DSC de l'hôpital Saint-Luc et divers autres à Montréal et dans les autres régions du Québec (dont celles de Québec, de l'Outaouais et de l'Estrie), on a adopté des mesures concrètes pour changer les orientations et les modèles d'intervention, afin qu'ils soient mieux adaptés aux réalités pluriethniques de leur territoire.

Les mesures administratives ne suffiront cependant pas à produire des changements fondamentaux dans l'accessibilité si les orientations viennent seulement des divers appareils d'État. De même, la participation de représentants des groupes ethnoculturels aux conseils d'administration ne suffira probablement pas à modifier les approches dans l'intervention. Les membres des C.A. ne sont pas nécessairement en contact avec les gens et ne connaissent pas nécessairement les situations sociales ; ils représentent souvent une « élite » (hommes d'affaires, professionnels, etc.) loin des problèmes sociaux vécus par la majorité des usagers des services sociaux et de santé. La seule formation du personnel à des changements d'attitude et à des habiletés à percevoir les différences « culturelles » ne suffit pas non plus à susciter l'émergence de modèles d'intervention adaptés aux réalités interethniques et interraciales. Y a-t-il donc des réponses ? Il faut en arriver à prendre en compte les conditions de l'immigration au Québec et les diverses dimensions structurelles qui font partie intégrante du vécu des immigrants et des réfugiés, tant dans le contexte prémigratoire que dans le processus d'intégration. Ce ne sont pas seulement les attitudes des intervenants qui sont en cause, mais surtout les programmes, les modèles d'intervention et les contraintes bureaucratiques. À mon avis, il faut que les intervenants des ONG et des services publics s'assoient plus souvent à la même table et discutent des possibilités d'une action communautaire redéfinie. Dans plusieurs groupes, les expériences dans l'agir communautaire sont très importantes et significatives, mais elles sont trop souvent ignorées. Est-ce que les institutions peuvent s'ajuster aux exigences du doute et de la recherche de nouvelles approches ?

Certaines balises fondamentales doivent guider les changements profonds qui restent à opérer : premièrement, une analyse en profondeur des relations interethniques dans le contexte du Québec contemporain et leur impact réel sur les pratiques. Plusieurs questions restent intactes : Quel est l'impact sur le développement social et économique de la politique québécoise d'ouverture aux investisseurs étrangers ? Quelles sont les perspectives de développement régional relatives à l'immigration ? Comment les immigrants et réfugiés vivent-ils la politique d'intégration québécoise à la société francophone ? Quel rôle et quelle place le Québec leur offre-t-il socialement, économiquement, politiquement ? Quelle est la place accordée aux réfugiés dans les institutions des services sociaux et de santé ?

Il faut aussi redéfinir des programmes d'intervention afin qu'ils collent davantage aux réalités sociales économiques, démographiques et politiques des nouveaux arrivants et répondent mieux aux exigences de leur processus d'insertion sociale. La structure actuelle des programmes d'intervention ne permet pas toujours d'analyser et de tenir compte de ces réalités. Dans la plupart des cas, les organismes du réseau ne sont pas équipés pour avoir l'heure juste sur des problèmes découlant de la migration chez des catégories particulières de gens (les femmes violentées, les adolescents réfugiés, les conflits parents-enfants, le phénomène des « gangs » formées sur une base ethnique, les victimes de torture, l'adaptation de personnes âgées parrainées, etc.).

Ces difficultés valent pour l'ensemble des politiques de l'État mais, dans leur application aux groupes ethnoculturels, un magistral coup de barre s'avère indispensable. Les politiques de financement des ONG méritent une révision profonde. Le discours de l'État vise à responsabiliser davantage les ONG tout en les associant dans un contrat piégé entre forces inégales et dans des cadres de coopération qui fixent les règles du jeu et les approches dans l'intervention.

Enfin, la formation des professionnels doit devenir plus fondamentale, plus suivie et plus complète. Le réseau gouvernemental, par exemple, compte surtout sur des ressources privées impliquées dans l'intervention en milieu interethnique pour garantir la formation de son personnel. Mais encore là, ce serait bien mal connaître la réalité de la pratique des ONG que de surutiliser leurs ressources dont le manque chronique ne leur permet pas de réaliser tout le mandat que l'État met sur leurs épaules. Les intervenants font d'énormes efforts pour parfaire leur formation, efforts qui ne semblent pas aussi constants chez les employés du secteur public. Ce jugement semble lourd et global ; pourtant, dans nos programmes de formation universitaires spécialisés en intervention en milieu interethnique, on retrouve, toutes proportions gardées, autant de gens des ONG que des services publics.

Il faut aussi approfondir notre réflexion collective sur la signification sociale et politique des rapports entre communauté majoritaire et communautés minoritaires dans notre société. Les programmes d'accès à l'égalité existent, leur implantation chemine, certes, mais l'impact de l'immigration contemporaine dans nos rapports sociétaux, donc des rapports entre majoritaires et minoritaires, à mon avis, est encore à la recherche d'une signification.

Un tel questionnement nous conduit directement à la considération de la nature des rapports qui doit empreindre l'orientation des services et de la formation. Enfin, l'implantation de procédures d'accueil dans diverses langues par du personnel compétent reste une exigence de base non appliquée encore dans de nombreux milieux.

En résumé, les débats et la définition de nouvelles approches dans l'intervention sociale se trouvent encore loin de la situation idéale. Depuis dix ans, des progrès ont été accomplis mais il faut déployer les grandes voiles si nous voulons avancer plus vite et rattraper le temps perdu.

Bibliographie

BISAILLON, Huguette (1988). *Étude de différents documents dont les travaux portent sur l'accessibilité des services de santé et des services sociaux aux communautés culturelles : 1979-1987*, Montréal, Centre des services sociaux du Montréal Métropolitain.

BISAILLON, Huguette (1989). « L'accessibilité des services aux communautés culturelles », Les résultats de la consultation du personnel du CSSMM, Montréal, Centre des services sociaux du Montréal Métropolitain.

CARITAS-CANADA (1954). *Les diocèses français du Canada et l'assistance aux immigrants*, août, 111 pages.

COMMISSION DES DROITS DE LA PERSONNE DU QUÉBEC (CDPQ) (1987). *Programmes d'accès à l'égalité des minorités aux services publics*, Montréal, Commission des droits de la personne du Québec, novembre.

CONSEIL DE LA SANTÉ ET DES SERVICES SOCIAUX DE LA RÉGION MÉTROPOLITAINE (CRSSSMM) (1982). *Politique d'accessibilité aux communautés culturelles du Montréal Métropolitain*, Montréal.

DELGADO, Pascual (1992). *Le dossier de l'accessibilité au point mort, que faire ?* document de travail, Montréal, Alliance des communautés culturelles pour l'égalité dans la santé et les services sociaux.

GOUVERNEMENT DU QUÉBEC (ou COMMISSION TREMBLAY) (1956). *Rapport de la Commission royale d'enquête sur les problèmes constitutionnels (Rapport Tremblay)*, Québec, Gouvernement du Québec.

GOUVERNEMENT DU QUÉBEC (1981). *Autant de façon d'être Québécois : Plan d'action du gouvernement du Québec à l'intention des communautés culturelles*, Québec, Ministère des Communautés culturelles et de l'Immigration du Québec, mars.

GOUVERNEMENT DU QUÉBEC (1992). *Plan de formation*, Québec, Gouvernement du Québec.

GOUVERNEMENT DU QUÉBEC (1991). *Projet de formation interculturelle dans le réseau de la santé et des services sociaux du Québec*, Québec, MSSS.

GREEN, Jannes W. (1982). *Cultural Awareness in the Human Services*, New Jersey, Prentice-Hall.

JACOB, André (1986). « L'accessibilité des services sociaux aux communautés ethniques », *Intervention*, n° 74, 16-25.

JACOB, André et Danielle BLAIS (1992). *Les réfugiés, tout un monde*, rapport de recherche, Montréal, UQAM, Département de travail social.

JACOB, André et Jocelyne BERTOT (1991). *Intervenir avec les immigrants et les réfugiés*, Montréal, Méridien.

MINISTÈRE DE LA SANTÉ ET DES SERVICES SOCIAUX (MSSS) (1989). *Accessibilité des services aux communautés culturelles : orientations et plan d'action 1989-1991*, Québec, MSSS, Bureau de la coordination des services aux communautés culturelles, mai.

MSSS (1992). *Projet de formation interculturelle dans le réseau de la santé et des services sociaux du Québec*, Québec, MSSS.

MINISTÈRE DES COMMUNAUTÉS CULTURELLES ET DE L'IMMIGRATION DU QUÉBEC (MCCI)(1988). *Rapport annuel du ministère des Communautés culturelles et de l'Immigration*, Québec, MCCI.

MCCI (1990a). *Programme d'accueil et d'établissement des immigrants : programme d'aide financière*, Québec, MCCI.

MCCI (1990b). *Enoncé de politique en matière d'immigration et d'intégration*, Québec, MCCI.

MCCI (1991). *Plan d'action gouvernemental en matière d'immigration et d'intégration*, Québec,

MCCI (1992). *Le Québec en mouvement : statistiques sur l'immigration. Montréal*, Québec, MCCI.

TABLE DE CONCERTATION DES ORGANISMES DE MONTRÉAL POUR LES RÉFUGIÉS (1992). *Dossier sur les nouveaux programmes de subventions du MCCI pour les ONG*, Montréal, document inédit.

VAILLANCOURT, Yves, BOURQUE, Denis, DAVID, Françoise et Édith OUELLET (1987). *La privation des services sociaux*, annexe n° 37 au *Rapport de la Commission Rochon*, Québec, Les Publications du Québec.

❖ Devons-nous avoir peur de l'interculturel institutionnalisé ?

Ghislaine Roy
Centre des services sociaux
Montréal-Métropolitain

Quand la pensée simplifiante défaille
apparaît la complexité.
E. Morin

Cet article essaie de rendre compte, à partir d'un ancrage bien particulier qui est celui de la position de l'auteure comme professionnelle-intervenante à l'intérieur d'une organisation bureaucratique de services sociaux, d'un mode de pensée complexe capable d'appréhender la réalité multidimensionnelle d'une pratique interculturelle.

Peut-être avez-vous remarqué dernièrement la multiplicité de débats portant sur des enjeux sociaux majeurs : le racisme, l'interculturel, la crise constitutionnelle, la guerre du Golfe, les Amérindiens, etc. Souvent, ces débats dégénèrent en grands discours d'accusation mutuelle, en langage bipolaire qui oppose, qui positionne chacun sur une défensive, qui paralyse tout en accroissant l'incompréhension.

Dans cet article/essai, à partir d'un ancrage bien particulier qui est celui de ma position de professionnelle-intervenante à l'intérieur d'une organisation bureaucratique de services sociaux, je veux rendre compte d'un mode de pensée complexe, d'une « pensée molle » capable de composer avec l'imprévisible et le mouvant. Ceci, parce que je m'insurge contre les modèles clos, réducteurs et enfermants, et que j'ai la ferme conviction que plusieurs vérités peuvent cœxister et se juxtaposer.

En privilégiant un seul pôle d'analyse, le pôle strictement organisationnel, par exemple, il y a absence d'articulation dialectique, absence de tension créatrice d'action. Il y a aussi un piège, celui de l'impuissance et de l'étiquetage avec ce que cela suscite de bonne ou de mauvaise conscience, d'enfermement et de préjugés. Au lieu d'une vision antagoniste des phénomènes sociaux, je suggère ici un mode d'appréhension particulier du réel, soit celui « de la pensée complexe » à la manière de E. Morin : « ... est complexe ce qui ne peut se résumer à une loi, ce qui ne peut se réduire à une idée simple » (1990 : 10) :

Ainsi, à partir de ma position privilégiée d'intervenante-professionnelle dans le champ des relations interculturelles, je voudrais soumettre un type d'analyse décloisonnée, multidimensionnelle, complexe. Parce que la réalité de la pratique interculturelle n'est pas réductible à deux camps bien délimités, mais est foisonnante – et cela, peu importe d'où provient cette pratique –, nuancée, riche de forces, de faiblesses, de limites et de possibilités. Parce que comme l'écrivait N. Ollivier (1990) dans cette même revue, il faut reconnaître le caractère pluriel du social, l'absence de « front uni » dans l'ensemble de la réalité sociale.

Je voudrais donc illustrer comment, dans une institution bureaucratique, tel un Centre de services sociaux, il y a à la fois le côté ombre et le côté lumière d'une pratique interculturellle, comment il y a malgré tout possibilité de rencontre interculturelle, comment à l'instar des personnages de Michel Tremblay (1989) dans *Le vrai monde*, il y a cohabitation du vrai monde et du monde imaginé.

Dans le quotidien des travailleuses sociales, il y a du vrai monde et leur transposition en codes organisationnels les rend similaires au monde imaginé. Les intervenantes sociales jouent constamment entre ces deux pôles : le pôle du monde réel et celui du client. De leur habileté à respecter le réel dépend la richesse de leur pratique.

QU'EST-CE QUE L'INTERCULTUREL INSTITUTIONNALISÉ ?

« L'heure où l'interculturel s'institutionnalise de plus en plus [...] » disait ce communiqué-invitation au colloque d'avril 1991 sur *L'Interculturel : philoso-*

phies et pratiques des organismes non-gouvernementaux[1] ». C'était la première fois que je me rendais compte de l'existence de deux « interculturels » : l'un institutionnalisé et l'autre non institutionnalisé. Ainsi, l'interculturel institutionnalisé semblait être cette pratique psychosociale faite par des intervenants et intervenantes travaillant dans une organisation bureaucratique de services sociaux et qui s'adresse à une clientèle appartenant à des communautés ethnoculturelles. Bien que le texte du communiqué ait été davantage d'ordre informatif et que son sens pouvait viser à reconnaître que les institutions bureaucratiques se préoccupent de l'adaptation de leurs structures et pratiques à leurs clientèles pluriethniques, il n'en demeure pas moins que le ton général des débats pouvait faire apparaître un certain clivage entre les intervenants et intervenantes selon leurs lieux de pratique.

Voyons un peu comment une analyse stratégique peut éclairer une réalité, celle-là que Paul R. Bélanger (1990 :3) définit comme une analyse capable de rendre un système vivant et de le faire apparaître « non comme un ensemble de règles impersonnelles ou de logiques implacables mais comme un organisme agi par une multiplicité d'acteurs ».

Prenons d'abord le pôle organisation bureaucratique. Une organisation bureaucratique que nous appelons souvent une institution, est un outil rationnel institué en vue d'une fin donnée (Friedberg, 1972). À côté de sa fonction officielle, une organisation remplit d'autres fonctions latentes ou informelles : par exemple, elle offre des modèles de comportement, des lieux de socialisation et d'intégration au système social total. La création des organisations bureaucratiques est un phénomène général des sociétés modernes et elles ont comme caractéristique principale le fait d'être subjectives.

L'analyse stratégique examine le rapport créé entre le facteur humain, par exemple les professionnelles d'une organisation bureaucratique, et la structure de cette même organisation. Il ressort de cette articulation que les travailleuses d'une organisation bureaucratique demeurent des individus libres, poursuivant leurs propres buts ; que l'organisation bureaucratique, le CSS par exemple ou l'Université, est un corps vivant, « habité » par des individus libres jouant leur jeu en fonction de leurs objectifs propres ; et enfin, que l'imprévisibilité, que le niveau de connaissance intellectuelle et pratique de ces individus peut menacer la cohésion de l'organisation bureaucratique. D'où les stratégies institutionnelles complexes que les intervenants et intervenantes sont amenées à développer.

---

1. Colloque organisé par l'Institut interculturel de Montréal en collaboration avec trois autres organismes, dans le cadre de la semaine interculturelle nationale du 5 au 12 avril 1991.

L'utilisation d'une analyse stratégique et complexe nous entraîne loin d'une vision monothéiste où l'appréhension de l'organisation bureaucratique est considérée comme un bloc unidimensionnel et univoque de structures, bloc qui apparaît figé, voire dangereux. C'est à cette vision unidimensionnelle que pouvait faire référence la phrase citée au début de cet article quant à l'institutionnalisation de l'interculturel. Mais la pensée complexe fait apparaître l'autre pôle, celui de l'humain professionnel, celui de l'acteur, ce qui a pour conséquence la découverte (et l'utilisation) d'un pouvoir administratif en même temps que celle d'un pouvoir professionnel. Ce dernier est moins visible structurellement, mais n'en demeure pas moins agissant. C'est la tension constante entre l'articulation des deux modes de pouvoir, entre l'instituant (ce qui veut bouger) et l'institué (ce qui veut se fixer) qui fait exister l'organisation bureaucratique. Mouvement des formes sociales, à l'intérieur desquelles il y a possibilité de jouer (Chevalier, 1981 ; Crozier, 1977). Ici encore, la notion de complexité force un décodage différent des situations à analyser, un décodage fait de multiple et de désordre. C'est ce que E. Morin (1990) appelle le défi du complexe et qui est l'antithèse d'un regard simplificateur et mutilant.

DUALITÉ STRUCTURE/PRATIQUE

Les auteurs Laforest et Redjeb (1983) ont dressé un très bon historique de la mise en place du modèle organisationnel des services sociaux dans les années 80. Pour eux, la notion de type management de la gestion des services sociaux a eu des effets sur la pratique professionnelle des intervenants et intervenantes sociales. Ils ont bien démontré que ceux qui proposaient les structures de la réforme des services sociaux à l'origine n'étaient pas familiers avec les types de pratique et inversement, les intervenants et intervenantes ne possédaient pas le type de connaissances d'où découlaient la logique et la forme de ces structures. Parmi les principaux effets, il y a eu celui de la représentation par les intervenants et intervenantes sociales d'une pratique marquée par le caractère technogestionnaire.

De son côté, en analysant les conséquences de l'entrée en vigueur de la *Loi de la protection de la jeunesse* sur la pratique professionnelle, P. Racine (1989) conclut à un impact sur le plan formel des pratiques en même temps qu'à un non-impact sur la rationalité professionnelle. Brillante démonstration d'une étonnante imperméabilité des professionnelles des services sociaux face à la technocratie. Mintzberg (1984) parlerait ici de professionnelles davantage fidèles à leur profession qu'à l'organisation bureaucratique qui les engage. Toutefois, admettre qu'il existe deux pôles dans une organisation bureaucratique, le pôle administratif et le pôle professionnel, ne signifie pas pour autant que l'on soit aveugle au danger que représente la lourdeur du facteur organisationnel.

Ainsi, quand A. Jacob (1985) mentionne que l'institution doit « tenir compte des problèmes structurels et de la nature même des situations vécues par les immigrants », il a tout à fait raison. Mais en ne regardant que le pôle formel, visible de l'institution, en ne regardant qu'un aspect de l'organisation, soit l'aspect « organisme », l'aspect programmes, l'aspect modèles de gestion, il y a danger de ne percevoir qu'une partie de la réalité. En fait, qu'en est-il des approches utilisées par celles-là mêmes qui sont engagées quotidienne-ment dans la rencontre avec l'autre, c'est-à-dire les intervenantes sociales ? Pourquoi confondre celles-ci avec l'organisation bureaucratique qui les engage ?

C'est bien cette identité de pensée prêtée aux intervenantes sociales (sans aucune vérification) qui provoque malaise et désenchantement chez ces dernières quand elles se savent victimes d'un tel discours réducteur.

ZONES D'INCERTITUDE

Une organisation bureaucratique est, comme nous pouvons le voir, « agie » par une multiplicité d'acteurs qui ont leurs intérêts propres. Parmi ces acteurs, il y a les intervenantes sociales souvent silencieuses au sujet de leurs méthodes de travail, mais dont on commence à entrevoir la forte allégeance profession-nelle et la complicité avec les clientèles. S'il y a utilisation de ces deux der-nières caractéristiques des intervenantes sociales, allégeance professionnelle et complicité avec les clientèles, c'est-à-dire s'il y a apprentissage ou intuition de l'analyse stratégique, nous voilà dans l'univers fabuleux des zones d'incertitude (Mintzberg, 1983). Ces zones d'incertitude sont en fait des inters-tices de liberté inhérentes à tout type d'organisation et qu'il suffit d'apprendre à reconnaître et à utiliser. C'est le retour en force de l'acteur (Crozier, 1977 ; Soulet, 1985). Est-ce une coïncidence si parallèlement, il y a résurgence dans le domaine méthodologique, de la recherche qualitative « sorte de tête cher-cheuse en ces temps incertains » (Deslauriers, 1985) ?

Ainsi, à la fois sur le plan méthodologique et sur le plan de la pratique, il y a ces temps-ci un langage similaire. Chez certains chercheurs, on parle de « fin des certitudes » (Soulet, 1985), de « pensée criblée de trous » (Morin, 1991), de « quitter son quant-à-soi au péril de ses certitudes » (Medam, 1986) pour tenter de penser le réel. Du côté de certaines praticiennes travaillant dans le champ de l'interculturel et dans une organisation bureaucratique, il y cet enthousiasme devant l'inconnu ; cet esprit d'invention devant les contrain-

tes bureaucratiques (Roy, 1991) ; cette place à prendre pour la systématisation d'une approche interculturelle et d'une adaptation des pratiques
(Bisaillon, 1989) ; cette recherche constante opérée par les intervenantes
sociales pour comprendre le phénomène de l'ethnicité (Bibeau, 1987). Il y a
aussi ce repérage des « pratiques silencieuses » (Deslauriers, 1989), pratiques
rebelles faites de ruses et de complicité avec le « vrai monde ». Bref, il semble
y avoir actuellement un bouillon de culture, pour prendre une expression à la
mode, source de fermentation privilégiée où il pourrait se percevoir une
acceptation de non-uniformité et de déviance.

Par exemple, si je reprends l'idée de l'utilisation de la notion de
l'allégeance professionnelle, ainsi qu'il est mentionné plus haut, c'est possible
d'entrevoir une autre réalité de l'organisation bureaucratique : celle d'une
dynamique où il y a en jeu une source de légitimité professionnelle et une
source de légitimité administrative. Oublier l'identité professionnelle des
intervenantes sociales constitue une grave carence parce que c'est justement
sur cette identité professionnelle couplée à une identité d'employé salarié
qu'est fondée la marge de manœuvre nécessaire pour utiliser ces zones
d'incertitudes (Lesemann, 1991).

Quant à la complicité avec les clientèles, il y a ce magnifique hommage
fait aux intervenantes sociales par J.-P. Deslauriers (1989). Pour cet auteur, il
est possible pour les intervenantes sociales de conserver leur espace d'autonomie. Différentes stratégies sont utilisées : cela va d'une forme de résistance
passive jusqu'au développement de pratiques silencieuses faites par bon
nombre d'intervenantes sociales et qui témoignent une fois de plus de la force
de la vie.

PRATIQUES SILENCIEUSES

C'est en 1982 que, pour la première fois, j'ai été sensibilisée à la notion
de pratiques silencieuses. C'était lors d'une communication faite par
F. Mispelblum, professeur invité par l'École de service social de l'Université de
Montréal. Pour cet auteur, qui ébauchait à cette époque une méthode
d'analyse et d'intervention socio-économique en travail social (Mispelblum,
1982), les pratiques silencieuses sont « celles qui, dans le travail social individuel, tentent d'expliciter l'enjeu social des situations auxquelles elles sont
confrontées ». Ce sont des pratiques dites silencieuses, parce que non specta-
culaires, non officielles, mais qui « participent à une transformation chez les
clients, des normes existantes » (Mispelblum, 1982). Ce sont des pratiques où
il existe une alliance, une complicité avec le client. Ici je réfère au « Portrait
d'une pratique interculturelle » dressé à partir d'interviews que j'avais réalisés

(Roy, 1991 : 59-63) auprès d'intervenantes et d'intervenants sociaux de deux Centres de services sociaux et dont une des principales caractéristiques résidait dans les moyens privilégiés par celles-ci et ceux-ci, à savoir : les visites à domicile, l'implication personnelle de l'intervenante, la reconnaissance de l'intuition, la découverte de plusieurs vérités, etc. Ces moyens en apparence anodins ajoutent à la pratique interculturelle des intervenantes sociales appartenant à une organisation bureaucratique, de la créativité, de l'inattendu et de la complexité. Ici, aucune formule toute faite : c'est la plongée dans le confus, l'anarchique, « l'inextricable brouilli » que sont occasionnellement les « épisodes-problèmes » de vie des clients.

Pour éclairer et supporter ces situations compliquées, mouvantes, contradictoires, il y a bien sûr l'appareillage technique provenant à la fois de la formation universitaire et de l'organisation bureaucratique : par exemple, l'utilisation pertinente de certains articles de la *Loi de la protection de la jeunesse*, ou la connaissance du protocole sociojudiciaire, ou des connaissances appropriées, de telle ou telle approche psychosociale. Ceci est d'une importance majeure et dénote une habileté professionnelle certaine mais encore faut-il dépasser l'aspect technique des problèmes et y ajouter des particularités d'intervention allant de l'utilisation différente de la notion du temps à la capacité d'intégrer la notion du doute, d'insécurité.

Tout cela, fait aussi partie des pratiques silencieuses que J.-P. Deslauriers qualifie également de nouvelles pratiques. Pour ce chercheur sensible au quotidien des intervenantes sociales, les nouvelles pratiques ne sont habituellement pas soutenues par l'organisation bureaucratique, quoique cela dépende énormément des gestionnaires et du moment d'insertion des nouvelles pratiques en question. Ainsi, à cause du climat politique favorable à l'interculturel actuellement, il est plus facile de justifier une nouvelle approche professionnelle qu'il y a dix ans, par exemple. Si j'ajoute à ce facteur circonstanciel un autre élément qui est celui, pourrais-je dire, d'une sympathie déjà acquise pour la cause de l'interculturel de la part d'un directeur général d'une organisation bureaucratique, cela donne plus de légitimité aux nouvelles pratiques, tant du point de vue organisationnel que du point de vue professionnel.

Par exemple, quand le dernier directeur général est entré en fonction au CSSMM, il arrivait tout juste d'Afrique et découvrait un Montréal « qui prenait de plus en plus couleurs et sons de la planète » (Poulin, 1991). Pour lui, il était urgent de penser et de développer des services sociaux qui tiendraient compte des valeurs des clientèles ethnoculturelles de ce Centre de services sociaux. Résultats de cette convergence conjoncturelle : adoption au conseil d'administration d'un plan triennal d'action pour concrétiser la démarche ; mise sur pied de sessions intensives de formation à la communication interculturelle données par des formatrices-intervenantes du CSS jouxtées à des formatrices-intervenantes provenant d'organismes extérieurs ; publication d'un numéro spécial du journal de l'établissement sur les communautés culturelles ; participation du personnel du Service migrants-immigrants à l'élaboration d'un document de travail sur la systématisation d'une approche interculturelle spécifique à une clientèle de requérants au statut de réfugiés ; par-dessus tout, possibilités pour les équipes d'intervenantes professionnelles de différents points de services, de provoquer des discussions génératrices de virements majeurs en ce qui concerne les pratiques interculturelles.

Tous les éléments de cette énumération ne constituent pas des pratiques silencieuses : au contraire, elles sont visibles et relèvent de l'ordre du pôle formel. Toutefois, si l'on ajoute à ces pratiques visibles, l'énergie et l'intelligence des pratiques silencieuses des intervenantes sociales, il y a là un contexte favorable à la découverte, à la recherche et à la synergie, ingrédients nécessaires à une évolution des règles du jeu dans le champ de la pratique interculturelle. Ingrédients composés d'ordre et d'une apparence de désordre, dialoguant constamment entre eux et constituant une appréhension complexe d'une organisation bureaucratique de services sociaux.

COMPLEXITÉ DE LA PRATIQUE INTERCULTURELLE

L'interculturel institutionnalisé, celui-là même qui se pratique quotidiennement par les intervenantes sociales apparaît, comme nous le voyons, multiple et complexe parce que produit par des acteurs différents aux enjeux différents, parce que, s'appliquant à des réalités de vie, celles de nos clientèles, enracinées dans le réel mouvant, contradictoire, difficilement épuisable. Parce qu'enfin, il baigne dans une dynamique d'ombre et de lumière, de primarité et de secondarité.

Position complexe que celle des intervenantes sociales : à cheval entre le social construit et les vicissitudes de la vie quotidienne des clientèles, qui constituent les chronologies des dossiers qui remplissent les classeurs des intervenantes, en mouvement perpétuel entre le côté lumière (les normes organisationnelles) et le côté ombre (quotidienneté particulariste et concrète des situations de vie) de la pratique.

Les intervenantes et les intervenants sociaux sont les « praticiens de l'ordinaire » (Lavoué, 1986), acteurs symboliques de l'aide, en même temps que traducteurs-transmetteurs d'un ensemble de normes et de plans sociaux. Toujours à l'instar des personnages de Tremblay, les deux mondes cohabitent : le monde réel et le monde imaginé. Quelquefois, il y a une troublante ressemblance entre les deux. N'est-ce-pas là une des fonctions des intervenantes sociales que d'essayer de faire correspondre ces deux univers ?

DÉFINITIONS DE LA PRATIQUE INTERCULTURELLE

Je dis que la pratique interculturelle est complexe, même celle effectuée dans une organisation bureaucratique. Mais en quoi consiste au juste cette pratique interculturelle ? Le Service migrants-immigrants du CSSMM, par le biais de sa conseillère aux programmes, M. Chiasson-Lavoie (1991) la définit globalement du point de vue d'un rapport mutuel entre l'intervenante et la clientèle dans leurs dimensions culturelles, ethniques, territoriales, sociales et politiques. De leur côté, quatre travailleuses sociales, dans le cadre d'un groupe de travail mis sur pied par la Corporation professionnelle des travailleuses sociales du Québec, définissent la pratique interculturelle comme une forme de remise en question de l'intervention traditionnelle (Matthey *et al.*, 1990). Pour elles, la réponse à chercher se situe davantage dans le « comment percevoir » que dans le « comment faire ».

D'où l'importance de se donner au plus vite des instruments adéquats de collecte de données, de grilles d'évaluation qui dépasseraient les formulaires standardisés de l'établissement. Là-dessus, un groupe de travail piloté par M. Naltchayan, professionnelle et chef de division au CSSMM, se penche sur la production éventuelle d'un formulaire d'évaluation qui tiendrait compte des exigences d'une compétence culturelle. Quant aux intervenantes interviewées lors de mon enquête-terrain dont je parlais plus haut, elles définissent la pratique interculturelle comme « une sorte de va-et-vient entre la culture de l'autre et la sienne propre [...] ; comme une ouverture à la différence, une capacité d'écouter, de prendre le temps de donner une place réelle à cette différence » (Roy, 1991). C'est sciemment que je cite des intervenantes sociales pour tenter de définir leur pratique, car mieux que quiconque elles peuvent le faire, immergées qu'elles sont dans l'intervention.

Ainsi, que l'on parle de processus d'échanges culturels continuels ou de va-et-vient entre deux cultures, il y a consensus sur un mouvement de décentration et d'apprivoisement d'un univers inconnu. Il y a aussi une recherche d'adaptation des techniques appartenant à la profession et des méthodes d'intervention, à la réalité ethnoculturelle des clientèles, et cela, autant du point de vue gestionnaire que professionnel.

NOTIONS UTILES POUR APPRÉHENDER LA COMPLEXITÉ DE LA PRATIQUE INTERCULTURELLE

Le virage interculturel semble amorcé dans les pratiques professionnelles et dans certaines pratiques de gestion : de plus en plus, les intervenantes sociales parlent de « culturisation des problématiques psychosociales » et tentent d'élaborer des façons nouvelles d'en concevoir la réalité. Pour bien comprendre la complexité des pratiques interculturelles dans une organisation bureaucratique, il faut recourir à des notions différentes : pensons ici à la notion d'analyse stratégique, telle que déjà suggérée précédemment. Pensons également à la notion de l'organisation bureaucratique elle-même, avec ce que cela comporte de connaissance des zones d'incertitudes, de tiraillements, et de jeux d'intérêt multiples, et enfin, à la notion de pratiques silencieuses qui recèlent un foisonnement de gestes et de prises de contact avec l'autre considéré comme sujet actif.

Donc, vouloir poser un regard critique et même porter un jugement sur l'interculturel institutionnalisé, nécessite l'appréhension de ces différents éléments et le recours à une multiplicité de notions nouvelles à intégrer à nos analyses. Une autre notion fort utile pour porter un regard critique sur l'interculturel institutionnalisé est celle de la socialité qui est, d'après M. Maffesoli (1988), sociologue à la théorie relativiste, une « forme d'expression quotidienne et tangible de la solidarité de base ». La socialité permet de débusquer la part d'ombre qui structure la société, l'être-ensemble comme dit cet auteur. C'est la socialité qui permet de rendre compte du souterrain, du désordre, de l'informel, et qui continue de subsister, même dans des organisations bureaucratiques apparemment les mieux structurées.

Le social est donc traversé de socialité. L'intervenante sociale est travaillée elle-même par la dynamique de la socialité, c'est-à-dire, que malgré son rôle formel, officiel de superviseure des conduites sociales, elle peut, grâce à la socialité, créer un lien affectif et humain non négligeable et ainsi, provoquer une rencontre interculturelle véritable. G. Renaud (1990), adepte fidèle de la démarche maffesolienne, parlera de « pratiques de socialité silencieuse » pour dire qu'au bout du compte « le travail mécanique du social se perd dans la rencontre de l'autre ». C'est lui aussi qui rappellera aux intervenantes sociales la pratique de la main tendue en lieu et place d'une pratique strictement technocratique. C'est encore lui, qui qualifiera la pratique des intervenantes sociales comme devant utiliser « l'immoralisme éthique », notion maffesolienne développant la ruse et le jeu pour résister aux contraintes quelles qu'elles soient.

CONCLUSION

Dans le titre de cet article, je me demandais s'il fallait avoir peur de l'interculturel institutionnalisé. Si nous réduisons l'interculturel institutionnalisé à des pratiques de régulation de contrôle de populations administrativement ciblées, oui, il faut en avoir peur. Si nous ne percevons dans l'analyse organisationnelle que l'aspect rationalisation de l'assistance, oui, il faut en avoir peur.

Longtemps, l'idée a été entretenue que la déprofessionnalisation des travailleuses sociales (Renaud, 1978) en faisait des « zombis domestiqués », des espèces d'exécutantes débiles et serviles. Mais, depuis quelques années, il est de plus en plus question de décloisonnement des connaissances, de multidisciplinarité, de pluralisme. Plusieurs vérités peuvent cœxister. Le « social vivant est insaisissable » (Lesemann, 1991). Les intervenantes sociales ne sont pas inscrites uniquement dans une dépendance administrative mais participent activement à la mise au jour de leur pluri-identité et de leur pluri-appartenance. Par le fait même, il y a émergence et utilisation des zones d'incertitude. Il y a la constatation d'une dynamique souterraine, vivante et passionnée, qu'est la socialité. Il y a du mouvement, de la tension contradictorielle, de l'ambiguïté fondamentale dans tout phénomène humain.

Il y a surtout des intervenantes sociales immergées dans le monde des petits gestes, des interrelations, ancrées donc dans l'espace des relations quotidiennes tout en participant à une logique institutionnelle (Lavoué, 1986). Paradoxe et complexité qui se jouent sur les modes de l'union et de la distanciation ; va-et-vient permanent entre les différents pôles du social et les multiples discours du social. À cause de tout cela, il ne faut pas avoir peur de l'interculturel institutionnalisé, mais il faut l'appréhender différemment.

Bibliographie

BÉLANGER, P.R. (1990). « Santé et services sociaux au Québec : un système en otage ou en crise ». De l'analyse stratégique aux modes de régulation », *Revue internationale d'action communautaire, 20/60, 145-156.*

BIBEAU, G. (1987). *À la fois d'ici et d'ailleurs : les communautés culturelles du Québec dans leurs rapports aux services sociaux et aux services de santé*, Commission d'enquête sur les services de santé et les services sociaux, Québec, Les Publications du Québec.

BISAILLON, H. (1989). *L'accessiblité des services aux communautés culturelles*, Montréal, Centre des service sociaux du Montréal métropolitain

CHEVALIER, J. (1981). « L'analyse institutionnelle », *L'Institution*, Paris, Presses universitaires de France, 3-12.

CHIASSON-LAVOIE, M. (sous la direction de) (1992). *L'approche interculturelle auprès des réfugiés et des nouveaux arrivants*, Montréal, Centre des service sociaux du Montréal métropolitain.

CROZIER, M. et E. FRIEDBERG (1977). *L'acteur et le système*, Paris, Éditions du Seuil.

DESLAURIERS, J.-P.(1985). « Introduction », dans *La recherche qualitative : résurgence et convergences*, Chicoutimi, Université du Québec, 1-11.

DESLAURIERS, J.-P. (1989). « Honneur aux rebelles », *Service Social*, vol. 38, n°s 2-3, 263-269.

FRIEDBERG, E.(1972). « L'analyse sociologique des organisations », *Pour*, n° 28, 1-29.

JACOB, A. (1985). « Services sociaux et communautés ethniques au Québec », *Revue canadienne de service social*, 83-99.

LAFOREST, M. et B. REDJEB (1983) *Le service social dans les Centres de services sociaux au Québec : une double réalité*, Québec, Université Laval, École de service social.

LAVOUÉ, J.(1986). « Du "sens" des pratiques d'intervention et de changement chez les travailleurs sociaux », *Les cahiers de la recherche sur le travail social*, Université de Caen, n° 11, 1-23.

LESEMANN, F.(1991) « Réflexions sur la formation et l'intervention dans un contexte de pauvreté croissante », *Intervention*, n° 88, 83-88.

MAFFESOLI, M.(1988). « La socialité contre le social », *Le temps des tribus*, Paris, Méridiens - Klincksuck.

MATTHEY, G., FREDELING, Y., DA SILVA, M. et S. BELFORT (1990). « Les pratiques en milieu interculturel », *Le Travailleur Social*, vol. 58, n° 4, hiver, 193-197.

MEDAM, A. (1986). « Des grilles et des vies », *Revue internationale d'action communautaire*, 15/55, 149-157.

MINTZBERG, H.(1982). *Structure et dynamique des organisations*, Montréal, Agence d'Arc.

MISPELBLUM, F.(1982). « Pratiques socio-historiques en travail social », *Revue internationale d'action communautaire*, 8/48, 177-189.

MORIN, E.(1991). « Organiser les trous de la pensée », entrevue donnée au journal *Le Devoir* et article écrit par S. Tramier, 21 octobre.

MORIN, E.(1990). *Introduction à la pensée complexe*, Paris, ESF Éditeur.

OLLIVIER, N.(1990). « Individualisme et mouvements sociaux », *Nouvelles pratiques sociales*, vol. 3, n° 1, 53-60.

POULIN, M. (1991). « Plan triennal d'action : un important virage au CSSMM », *Info 9*, vol. 12, n° 5, janvier, 1.

RACINE, P.(1989). « La loi sur la protection de la jeunesse : son impact sur les professionnels », *Intervention*, n° 84, novembre, 5-15.

RENAUD, G. (1990). « Travail social, crise de la modernité et post-modernité », *Revue canadienne de service social*, vol. 7, n° 1, 27-48.

RENAUD, G. (1978). *L'éclatement de la profession en service social*, Montréal, Éditions coopératives Albert Saint-Martin.

ROY, G. (1991). *Pratiques interculturelles sous l'angle de la Modernité*, École de service social, Université de Montréal, mémoire de maîtrise. Ce mémoire remis en 1990 a été publié par le Centre des services sociaux du Montréal métropolitain en 1991.

SOULET, M.-H.(1985). « La recherche qualitative ou la fin des certitudes », dans *La recherche qualitative : résurgence et convergences*, Chicoutimi, Université du Québec à Chicoutimi, 12-29.

TREMBLAY, M.(1989). *Le vrai monde*, Montréal, Éditions Leméac.

❖   Le mouvement associatif haïtien au Québec et le discours des leaders

Micheline LABELLE *et Marthe* THERRIEN
Département de sociologie
Université du Québec à Montréal

L'article analyse la participation de leaders d'origine haïtienne dans le mouvement associatif haïtien et leur discours concernant ce mouvement. Effectuée à partir de 20 entrevues auprès de leaders de la communauté, l'analyse du discours révèle deux visions de l'intégration. L'une met l'accent sur une stratégie d'intégration particulariste, alors que l'autre insiste sur la légitimité d'une stratégie universaliste. L'article conclut que le discours des leaders d'origine haïtienne est plus orienté vers l'idéologie d'intégration à la société d'accueil que vers une idéologie différentialiste.

Les résultats dont fait état cet article s'inscrivent dans le cadre d'une recherche comparée du discours de leaders d'associations communautaires de la région de Montréal. Les thèmes abordés par ces leaders ont porté sur les enjeux de l'immigration, des relations interethniques et du racisme, de même que sur les divers aspects de l'intégration économique, politique et culturelle des membres de leur groupe d'appartenance dans la société québécoise[1].

---

1. La recherche, intitulée « Ethnicité et pluralisme : le discours de leaders d'associations à caractère ethnique de la région de Montréal », a été subventionnée par l'Université du Québec à Montréal, par le Conseil de recherches en sciences humaines du Canada, par le ministère de la Citoyenneté et du Multiculturalisme et par la Fondation Thérèse-Casgrain.

Pour les fins de cet article, nous nous limiterons à l'étude de la participation et du discours de leaders d'origine haïtienne au mouvement associatif défini autour d'une identité haïtienne ou pluriethnique. Plusieurs études réalisées au Québec et au Canada témoignent de la vivacité de l'identité ethnique chez les membres de certaines communautés ethniques et du rôle prépondérant que jouent à cet égard leurs associations. Le mouvement associatif et l'identité de la diaspora haïtienne en Amérique du Nord ont suscité peu de recherches jusqu'ici (Déjean, 1978 ; Labelle, 1984 ; Massé, 1983 ; Glick Schiller et al., 1987 ; Icart, 1987 ; Morin, 1990). Cependant, le même constat vaut pour l'analyse des points de vue des leaders d'associations à caractère ethnique au Québec (Lefebvre et Ruimy, 1985 ; Chan, 1987 ; Tardif, 1991 ; Aboud, 1992 ; Labelle, 1992a).

Après avoir dégagé les perspectives d'analyse du discours d'intervenants d'origine haïtienne sur le mouvement associatif, puis présenté la méthodologie utilisée et le profil des leaders interrogés, nous traiterons des caractéristiques de la participation communautaire des répondants et des conditions ayant favorisé leur engagement. Nous analyserons enfin le discours de ces leaders sur les fonctions des regroupements communautaires et identifierons les contradictions inhérentes à leurs pratiques.

L'ANALYSE DU MOUVEMENT ASSOCIATIF À CARACTÈRE ETHNIQUE

Un courant de l'anthropologie sociale voit dans le développement communautaire un prolongement du mode d'organisation sociale existant dans le pays d'origine des migrants, basé sur les structures de parenté, de voisinage et de convivialité. Cette structuration est propre à faciliter l'adaptation à court terme des immigrants et des réfugiés (Rex, Joly et Wilpert, 1987 ; Indra, 1987 ; Dorais, 1988, 1990, 1991 ; Ouaknine et Lévy, 1989). De son côté, la recherche culturaliste fait de l'autonomie organisationnelle (*institutional completeness*) une condition et une dimension de la solidarité, de la loyauté et de la cohésion ethniques (Herberg, 1990). Selon Radecki (1976), la majorité des associations ethniques au Canada ne cherchent pas à faciliter l'insertion de leurs membres dans la société globale mais travaillent plutôt à maintenir l'identité ethnique et nationale de leurs membres et à assurer la spécificité culturelle du groupe. L'association est ici un lieu privilégié de production de l'ethnicité (Schœneberg, 1985).

Le courant « politiste » analyse le groupe ethnique et ses associations à partir de la prémisse selon laquelle l'ethnicité est une catégorie politique. Les associations sont un important lieu de mobilisation pour affronter la compétition individuelle et collective et pour se défendre contre toutes les formes d'exclusion, notamment contre une discrimination éventuellement associée au statut de groupe minoritaire (Breton, 1991 ; Higham, 1979 ; Elazar et Waller, 1990 ; Schœneberg, 1985 ; Drury, 1992).

Les approches d'inspiration marxiste et radicale s'intéressent à l'articulation des processus liés à l'ethnicité, à la « racialisation[2] », au sexe (gender) et à la classe sociale, qu'elles jugent devoir être pris en considération dans toute analyse de la mobilisation identitaire collective. Ces approches accordent une place prépondérante aux contradictions internes de classe qui structurent les communautés (Miles et Phizaclea, 1977 ; Painchaud et Poulin, 1988 ; Stasiulis, 1989 ; Labelle, 1990a ; Goulbourne, 1991 ; Vorst et al., 1989 ; Miles, 1992). Des études canadiennes mettent en évidence le rôle de l'État dans la gestion des rapports ethniques par le biais de la politique du multiculturalisme ; elles analysent l'impact de cette politique sur l'autonomie des organisations communautaires, sur l'ethnicisation et sur la racialisation des groupes sociaux (Stasiulis, 1980, 1991 ; Anderson et Frideres, 1981 ; Moodley, 1987 ; Ng, 1988 ; Ng et al., 1990 ; Aboud, 1992). Sutton et Chaney (1987), postulant l'interpénétration du système mondial et illustrant ainsi la dynamique qui fait des migrants des acteurs dans deux systèmes – le pays d'origine et le pays d'immigration – montrent que cette dynamique se manifeste dans la vie associative et se caractérise par la multiplicité des références identitaires (Catani et Palidda, 1987 ; Campani, 1991).

Dans la perspective de la sociologie tourainienne, l'ethnicité est une ressource utilisée pour mobiliser des mouvements communautaires qui peut, sous certaines conditions, contribuer à produire des mouvements sociaux à condition d'orienter l'action autour de référents universalistes (Wieviorka, 1992a). Lapeyronnie (1987) soutient que la mobilisation identitaire des jeunes Maghrébins en France, dans les années 80, provenait de l'expérience vécue de la ségrégation et du racisme, et s'expliquait non par la marginalité ou la déviance mais par l'assimilation. Schnapper (1991) soutient que la double appartenance des immigrés (illustrée par le mouvement associatif) s'inscrit dans une identité d'abord française, ces modes d'intégration n'entrant pas en contradiction avec l'État-nation (Wieviorka, 1992b).

Dans le contexte québécois, les leaders des minorités ethniques constituées et des groupes d'immigration récente participent à la construction du discours et des représentations relatives aux catégories d'ethnicité, de « race » et de nation, et participent aux débats sur ces idéologies de gestion de

---

2. La racialisation consiste à attribuer une signification à des traits biologiques humains, et de là à construire des collectivités sociales distinctes, fictives et hiérarchisées. La racialisation est un procès idéologique et historique. Elle peut susciter une mobilisation de résistance autour de cette identité construite socialement (OMI et WINANT, 1987 ; MILES 1989).

l'ethnicité que sont le multiculturalisme, la convergence culturelle, l'inter-culturalisme et l'intégration (Labelle, 1990b, 1992b). À titre de représentants ou de porte-parole des communautés ethniques, ces leaders, issus d'une migration professionnelle et qualifiée, engagés qu'ils sont dans l'action sociale et politique, contribuent à la définition d'identités particulières et sont porteurs de revendications, lesquelles sont elles-mêmes fonction des rapports de force existant entre des sous-groupes dont les intérêts matériels, politiques et idéologiques peuvent diverger. Parmi les lieux privilégiés où s'exprime cet engagement figurent les regroupements monœthniques ou pluriethniques, fondés sur une identité racialisée ou sur une catégorisation de sexe, ou encore les organismes sans but lucratif et les institutions du secteur public ou para-public canadien et québécois.

Nous posons comme hypothèse de recherche que l'ensemble du discours des leaders d'origine haïtienne interviewés est marqué par la diversité des orientations. Cette diversité renverrait aux intérêts (de classe, de sexe, etc.) des groupes sociaux qui constituent la communauté haïtienne, à la construc-tion identitaire, à la polarisation entre l'idéologie de la différence culturelle et l'idéologie de l'intégration à la société québécoise et/ou canadienne, etc. L'analyse qui suit cherche à dégager les points forts de ce discours.

MÉTHODOLOGIE DE LA RECHERCHE ET PROFIL DES LEADERS

La nature de notre objet nous a conduites à adopter une approche qualitative fondée sur l'enquête par entretiens en profondeur. Une telle enquête posait d'abord la question du choix des communautés elles-mêmes. Ont été retenues les communautés italienne et juive, haïtienne et libanaise, en fonction de con-sidérations relatives à leur poids démographique, à leur durée d'implantation, à la composition et au caractère de leurs vagues migratoires internes, à la visi-bilité phénotypique et socialement définie de leurs membres[3], à leur intégra-tion linguistique et à l'existence d'un mouvement associatif structuré de façon variable (Labelle, Therrien et Lévy, 1993a).

---

3. Emploi et Immigration Canada définit les minorités visibles comme des « personnes autres que les autochtones qui ne sont pas de race blanche ou qui n'ont pas la peau blanche et qui se reconnaissent comme telles auprès de leur employeur ». Par ailleurs, dans une étude effectuée par Multiculturalisme et Citoyenneté Canada à partir des données du recensement de 1986 (*Les minorités visibles au Canada en 1986. Présentation graphique*, mars 1989), il est noté que « les groupes définis comme minorités visibles par la loi sont les Noirs et/ou les Antillais, les Chinois, les Sud-Asiatiques, les Arabes et les Ouest-Asiatiques, les Asiatiques du Sud-Est, les Latino-Américains et les individus originaires des îles du Pacifique ». En 1992, les Libanais ont été ajoutés à cet ensemble racialisé.

La communauté haïtienne comprend plus de 50 000 personnes et leur immigration est plus récente puisque les premiers immigrants sont arrivés à la fin des années 60 : la plus grande proportion d'entre eux se sont établis au cours des années 70 et 80. Son insertion linguistique est en principe francophone, mais la réalité est plus complexe, étant donné la dominance du créole dans les couches populaires de cette population. Définie comme minorité visible, cette communauté, parce qu'il lui faut se coaliser avec les autres communautés « noires » anglophones de Montréal, subit un processus de « racialisation », à l'instar des communautés haïtiennes de New York et de Miami. Elle comprend une cinquantaine d'associations mais aucune fédération, et son leadership est en voie de se renforcer sur une base ethnique et racialisée (Déjean, 1978 ; Massé, 1983 ; Labelle, Larose et Piché, 1983 ; Labelle, 1984 ; Therrien, 1992).

L'échantillon par choix raisonné regroupe des leaders d'associations ethniques des deux sexes, identifiés au moyen d'une « analyse basée sur la réputation » (Herberg, 1990). La méthode vise à évaluer le degré d'élaboration et d'articulation des thèmes du discours et la diversité des points de vue, tout en gardant un certain contrôle, de par la saturation de l'information, sur les sources de variance du discours. Cette stratégie ne vise ni la représentativité du leadership communautaire, ni celle du leadership dans son ensemble puisque le leadership communautaire ne constitue qu'une fraction de l'intelligentsia organique de chaque communauté. La recherche ne présente pas non plus une étude structurelle des associations.

Dans une première phase, nous avons procédé à l'identification et à la sélection des regroupements ethniques de la région de Montréal correspondant aux groupes choisis[4]. Une deuxième phase a servi, grâce à l'aide des informateurs clés ou des personnes-ressources, à identifier les leaders communautaires dont on jugeait la participation et la reconnaissance sociale significatives[5]. Un premier critère de sélection tenait donc compte des respon-

---

4. Les associations ethniques sont définies comme des regroupements volontaires d'individus identifiés soit à une communauté ethnique donnée, soit à un regroupement de communautés ethniques, possédant une structure organisationnelle, poursuivant des objectifs spécifiques de représentation des minorités ethniques et/ou racialisées, et reconnues dans leur communauté. Nous avons ainsi retenu les organismes dont la vocation est d'offrir des services et/ou de se porter à la défense d'intérêts politiques, économiques et socioculturels de leur communauté ou d'un regroupement de communautés (DORAIS, 1987). Plusieurs sources ont servi à identifier ces associations (répertoires du ministère des Communautés culturelles et de l'Immigration du Québec, de consulats, d'associations, informateurs clés dans chaque communauté).

5. Selon la définition adoptée dans le cadre de cette recherche, les leaders sont des hommes et des femmes, définisseurs de situation et d'opinion, œuvrant comme membres actifs et influents en raison de postes de responsabilité occupés dans le cadre de regroupements communautaires à caractère ethnique ou du rôle informel qu'ils y jouent.

sabilités (membre d'un conseil d'administration, d'un comité consultatif, de comités *ad hoc, etc.*) assumées par les leaders et à leur influence au sein des organisations, et un second, à la représentation selon le sexe. La majorité des personnes choisies œuvrent dans des organismes de leur propre communauté, même si nous avons retenu un certain nombre de personnes militant dans des organismes pluriethniques ou des organismes de consultation ou de concertation rattachés au secteur public ou parapublic de la société québécoise ou canadienne. Par ailleurs, les personnes interviewées ne l'ont pas été à titre de porte-parole de leur association ou de leur communauté d'origine mais en tant qu'intervenants, porteurs d'ethnicité, du fait de leur fonction ou de leur rôle au sein de regroupements à vocation ethnique. Au cours de 1990 et de 1991, nous avons réalisé 83 entrevues au total, dont 20 auprès de membres de la communauté haïtienne.

Les 20 leaders rencontrés (onze hommes et neuf femmes) proviennent en majorité de Port-au-Prince et des villes de province d'Haïti (Tardif, 1992). Leur âge moyen est de 45,8 ans. La majorité se déclare de langue maternelle créole et utilise à la maison le français et le créole. Les répondants vivent au Québec depuis 20,7 ans en moyenne. Dix-neuf d'entre eux ont au moins un diplôme universitaire. La plupart sont issus des couches modestes ou aisées de la petite bourgeoisie ; certains sont d'origine paysanne ou appartiennent à la bourgeoisie commerciale haïtienne. À leur arrivée au Québec ou à l'étranger, près de la moitié d'entre eux se sont prolétarisés dans les manufactures, la restauration, la construction, ou les services. Ils se retrouvent maintenant dans le secteur public de l'enseignement et des services sociaux, dans le secteur des organismes à but non lucratif ou dans la pratique privée d'une profession libérale. Ils gagnent en moyenne 41 700 $ par année.

PARTICIPATION COMMUNAUTAIRE ET INSTITUTIONNELLE DES RÉPONDANTS [6]

Les 20 répondants interviewés participent au total à 84 organismes, soit à 61 organismes distincts et pour chacun à 4,2 organismes (hommes : 4,7, femmes : 3,8) : 42 % des participations des leaders d'origine haïtienne ont pour cadre des organismes de l'ensemble de la société québécoise ou canadienne ; 35 %, des associations haïtiennes ; 12 %, des organismes pluriethniques fondés sur une identité noire ; 12 %, des associations pluriethniques, etc.

---

6. Les données que nous présentons ici permettront de situer le contexte dans lequel s'insère le discours des leaders interviewés sur la vie associative de leur communauté. Cependant, elles ne permettent pas d'en inférer, sur le plan de la représentativité, à l'ensemble du leadership de la communauté.

Si l'on considère l'activité principale des organismes, on constate que 43 % des 84 participations recensées se rapportent à des organismes d'entraide, 27 %, à des organismes de consultation, de concertation, d'information et autres, 23 %, à des organismes à caractère politique ou de défense des droits humains et 7 %, à des organismes à caractère culturel, éducatif ou religieux. Les femmes se concentrent davantage dans les associations d'entraide (60 %), les organismes consultatifs et de concertation ou ceux à caractère politique (38 %), tandis que la participation des hommes est plus diversifiée.

Dans la catégorie relevant des associations et organismes d'entraide figurent plusieurs organismes communautaires qui offrent des services à des groupes divers, tels le Bureau de la communauté chrétienne des Haïtiens de Montréal et la Maison d'Haïti, ou réalisent des interventions plus spécifiques (l'Association des travailleuses et travailleurs haïtiens au Canada ou ATTAK, le Centre haïtien de regroupement et d'intégration à la société canadienne et québécoise ou CHRISOCQ, le Centre haïtien d'action familiale, la Maison L'Ouverture, etc.). Certains leaders participent à des associations d'entraide à l'extérieur de la communauté haïtienne comme le centre communautaire Harambee, le Service d'aide aux néo-Québécois et aux immigrants, etc.

Les associations d'entraide comprennent également des associations professionnelles dont celles des infirmières et des enseignants et des associations fondées sur une appartenance régionale (Gonaïves, Cap-Haïtien, Jacmel, etc). Les associations de femmes font également partie de cette catégorie (le Ralliement des infirmières et infirmières auxiliaires, le Point de ralliement des femmes haïtiennes) ou des regroupements de femmes (le Congrès des femmes noires du Canada, le Collectif des femmes immigrantes du Québec, etc.).

Les leaders participent à des organismes à caractère éducatif, comme le Centre d'alphabétisation N-A Rivé de Montréal, à des organismes à caractère socioculturel pluriethniques comme le Centre de recherche-action sur les relations raciales. Les associations religieuses regroupent les membres d'églises protestantes : selon les leaders interrogés, ces dernières seraient en progression constante, phénomène lié à l'augmentation de l'influence américaine en Haïti depuis la décennie 1970. Cette influence explique les liens qu'entretiennent les pasteurs du Québec avec les organisations dont le centre se situe aux États-Unis.

Les associations et organismes à caractère politique auxquels participent les leaders comprennent des organismes de solidarité avec Haïti, d'initiative haïtienne ou québécoise (les Amis du Père Aristide à Montréal, le Comité initiative urgence solidarité) et des partis politiques ou des mouvements politiques haïtiens, tous ces courants étant représentés dans la communauté haïtienne. Sont également inclus les partis politiques canadiens et québécois.

Enfin, les leaders participent également à des mouvements de défense des droits humains et sont présents dans des organismes parapublics ou de concertation comme les comités consultatifs de la Ville de Montréal, de la Communauté urbaine de Montréal, du gouvernement provincial et fédéral. Certains participent à des tables de concertation qui regroupent des organismes de la région de Montréal sur des questions comme la politique familiale, les problèmes des familles monoparentales, des jeunes et des réfugiés.

CONDITIONS D'ÉMERGENCE DE L'ENGAGEMENT DANS LE MOUVEMENT ASSOCIATIF

Le contexte politique haïtien a exercé une profonde influence sur un certain nombre de leaders en ce sens qu'il a sensibilisé très tôt certaines personnes à la pauvreté, à l'exploitation et à la dictature, et suscité chez elles un engagement profond envers leur pays d'origine. Plusieurs des répondants et des répondantes ont eu maille à partir avec le régime duvaliériste ou ont été les témoins directs de représailles exercées sur des amis ou des proches. La très grande majorité des répondants fait également référence à un milieu familial anti-duvaliériste ayant joué un rôle lors des élections de 1957 ou par la suite. Certains pères ont consacré plusieurs années de leur carrière à l'éducation des jeunes ; certaines mères ont été actives dans des organismes à caractère social ou dans la Ligue d'action féminine, la première organisation du féminisme égalitaire en Haïti. Le tiers des répondants rapportent que leur père a été emprisonné ou assassiné.

Les mouvements de jeunesse, les mouvements étudiants et la participation à des activités sportives ou culturelles en Haïti, au Québec ou à l'étranger, ont constitué les premières expériences d'engagement de plusieurs répondants. Mais ce qui ressort le plus fortement des témoignages concerne leurs expériences vécues à l'âge adulte, de par leur situation d'immigrants. La discrimination subie au sein de la société globale, évoquée dans la revue des modèles théoriques de cet article comme le principal facteur à l'origine du mouvement associatif, est diverse : discrimination de classe, de sexe, de race.

Le combat contre la dictature en Haïti et contre la déportation des Haïtiens ayant un statut d'illégaux au Québec dans les années 70 ont joué un rôle crucial dans l'émergence et la dynamique des deux principales organisations, soit la Maison d'Haïti et le Bureau de la communauté chrétienne des Haïtiens de Montréal. La recomposition de l'immigration haïtienne dans les années 80, l'établissement permanent de ces immigrants et la question des jeunes nés ici ou en Haïti, ont incité certains leaders à se consacrer davantage à l'adaptation immédiate des immigrants et des réfugiés : alphabétisation des jeunes et des adultes, apprentissage linguistique, formation professionnelle, aide sociale, aide aux familles, droits des travailleurs.

Les leaders qui ont choisi d'œuvrer dans des associations pluriethniques ou dans des organismes plus largement définis, soit en dehors des réseaux communautaires haïtiens, justifient leur pratique au nom des orientations idéologiques que sous-tendent le rapprochement interculturel ou la lutte anti-raciste ; ils le font pour participer à la vie politique (à titre de candidats sur la scène provinciale, de conseillers municipaux ou scolaires), pour échapper à l'enfermement social de leur communauté ou au paternalisme « machiste » qui imprégnerait les organisations. Ainsi, plusieurs des femmes rencontrées font partie de regroupements de femmes haïtiennes, noires ou immigrantes, ou encore participent à des comités sur la condition féminine au sein d'orga-nismes de la société québécoise, bien que plusieurs exercent des fonctions importantes dans certains organismes de la communauté haïtienne.

Ces orientations idéologiques émaillent le discours interprétatif et évaluatif des leaders sur le rôle du mouvement associatif à caractère ethnique ou immigré.

LE DISCOURS SUR L'ETHNICITÉ ET LE MOUVEMENT ASSOCIATIF

Il nous faut maintenant analyser l'évaluation que font nos interviewés de la fonction sociale des associations, que celles-ci soient propres à une seule com-munauté, pluriethniques, à identité racialisée, ou à des organismes de la société globale. Deux visions de l'intégration traversent ici le discours, s'articulant, se complétant ou se polarisant : l'une met l'accent sur une stratégie d'intégration particulariste, visant surtout le maintien de l'identité nationale et ethnique haïtienne et la défense des intérêts de la communauté haïtienne ; l'autre insiste sur la légitimité d'une stratégie universaliste (Wieviorka, 1992), mettant en relief la participation à la société globale, la minimalisation de la différence, la défense d'intérêts communs axés davantage sur les mouvements sociaux que sur les mouvements communautaires. Le problème est rendu plus complexe en raison de la persistance de liens solidaires avec le pays d'origine, laquelle fonde la double appartenance des communautés haïtiennes en diaspora.

Rôle des associations à caractère ethnique

Le discours des répondants fait ressortir quatre fonctions des associations à caractère ethnique, fonctions qui peuvent d'ailleurs s'exprimer dans des types d'activités ou dans des orientations diversifiées (entraide, vocation politique, culturelle, éducative, etc.), ou qui recoupent une pratique particulière.

L'intégration à la communauté ethnique ou à la société globale constitue le premier leitmotiv normatif du discours et s'inscrit dans la problématique générale du discours public sur l'immigration et sur les minorités au Québec, discours systématisé dans l'énoncé de politique du gouvernement du Québec (1990). Les associations favoriseraient l'adaptation de certaines catégories nouvelles de population (nouveaux arrivants, réfugiés) ou de certaines populations ayant des besoins particuliers, en termes de services, de revendications ou d'application de droits sociaux : jeunes, femmes, personnes âgées, travailleurs. Les associations monoethniques servent à faire comprendre le fonctionnement du système organisationnel ainsi que le système de valeurs de la société d'accueil. Plusieurs leur reconnaissent un rôle de dépannage à court terme, de liaison avec la société d'accueil et de décodage des mœurs, des lois et des modes de consommation. On les juge nécessaires à cause des problèmes particuliers d'intégration que vivent les membres récemment arrivés, mais on pense que ces associations devraient prolonger les services gouvernementaux et non les remplacer.

Une deuxième fonction renvoie à l'importance de préserver l'identité culturelle du groupe par le biais des associations éducatives, culturelles, régionales, sportives, etc. Pour certains répondants, une intégration réussie doit se faire par l'intermédiaire de la communauté de manière à prendre en compte les valeurs culturelles et l'identité ethnique. Cependant, dans un certain nombre d'organisations, la préservation de l'identité haïtienne passe également par une profonde remise en question des valeurs de la socialisation dans le pays d'origine : violence, rapports hommes/femmes, autoritarisme.

Une troisième fonction concerne la représentation politique ou la défense des membres de la communauté. Ici, la mobilisation repose sur l'ethnicité, perçue comme une des dimensions de l'action (Wieviorka, 1992). Se posent les questions de la représentation par d'éventuels rôles de porte-parole, la défense des droits et de l'image de la communauté, la lutte contre la discrimination, l'accès aux services sociaux et à l'égalité dans l'emploi, la participation politique aux institutions de la société globale, l'orientation politique de la communauté sur le débat constitutionnel ou sur les questions relatives à la politique québécoise ou canadienne, l'orientation de la politique extérieure canadienne et québécoise en matière de relations avec Haïti[7]. On fait réfé-

---

7. Le vœu exprimé par plusieurs leaders de voir se mettre sur pied une fédération des associations haïtiennes du Québec est en voie d'être réalisé. En effet, une première conférence nationale avait lieu en octobre 1992 dans le cadre d'un nouvel organisme, le Conseil national des citoyens et citoyennes d'origine haïtienne du Canada (KONACOH) en vue de faire le bilan des trente années de la communauté haïtienne au Canada et de dégager les perspectives d'avenir, en particulier en matière d'activités d'entraide et d'organisation de la communauté.

rence aux modèles organisationnels juif et italien dont les Congrès sont les interlocuteurs des divers gouvernements et des groupes de pression ; toutefois, on insiste plus sur la nécessité d'une coordination entre les associations de la communauté que sur la constitution de puissants lobbies. Les leaders reconnaissent que les rapports avec le pays d'origine ont changé et excluent les retours massifs en Haïti. L'élection d'Aristide était perçue comme un facteur susceptible de favoriser la concertation entre les organismes, car dans la mesure où un cadre légal et démocratique serait susceptible de s'imposer en Haïti, les retombées qu'il aurait sur la diaspora faciliteraient les contacts avec le Consulat d'Haïti, en dépit des tensions qui pourraient subsister parmi les associations communautaires.

Une quatrième fonction, reliée à la précédente, renvoie à la solidarité ou aux liens avec le pays d'origine : fonds d'aide pour le développement économique des villages, liaison syndicale. Cette fonction demeure incontournable pour la majorité des répondants. Les associations haïtiennes ont presque toutes un volet Haïti. Une partie de l'aide matérielle et financière provient notamment du Fonds délégué AQOCI-Haïti, c'est-à-dire des subventions reçues par l'Association québécoise des organismes de coopération internationale pour des projets de coopération en Haïti. L'opinion n'est d'ailleurs pas unanime sur la fonction des associations régionales : certains pensent qu'il faut plutôt travailler à résoudre le problème haïtien dans son ensemble que se préoccuper seulement de sa région d'origine. D'autres organismes s'occupent de la solidarité avec Haïti : les Amis du Père Aristide à Montréal, VOYAM et le Comité initiative urgence solidarité ou CIUS, ou encore la Confédération des associations régionales haïtiennes du Québec qui regroupe 27 associations régionales.

L'internationalisation des espaces migratoires et cette solidarité ont entraîné la définition de « nouvelles frontières », la question de double référence ou de la multiplicité des références (Schnapper, 1990 ; Catani et Palidda, 1987 ; Campani, 1991), comme le laissent entendre les notions de « diaspora », de « dixième département » par lesquels se désignent les communautés haïtiennes du Québec, de New York, de Miami, de Paris, etc. (Sutton et Chaney, 1985). Ce processus explique que la mobilisation identitaire fluctue entre une ou des identités nationales (les Haïtiens par rapport à Haïti, au Québec et/ou au Canada), une identité ethnique (les Haïtiens comme membres d'une communauté ethnique dans les sociétés d'accueil) ou une identité racialisée (les Haïtiens comme composante de la ou des communautés noires).

En dépit de la reconnaissance par les leaders de l'importance des associations à caractère ethnique, certaines personnes qui œuvrent en milieu pluriethnique ou dans des organismes plus largement définis formulent des réserves et critiquent le rôle de ces associations. On évoque les dangers de la ghettoïsation et la nécessité de lier les revendications de certaines catégories de la communauté haïtienne (femmes, jeunes, etc.) aux revendications d'autres communautés et de la société globale, dans une perspective de participation et d'insertion dans des mouvements sociaux plus larges. On souligne la concurrence entre les organismes, les « batailles de territoires », largement fondées sur les contradictions du leadership qui existent en référence à la politique haïtienne ou aux modes d'insertion dans la société canadienne ou québécoise.

Rôle des regroupements pluriethniques ou à identité racialisée

Une minorité de leaders privilégie les associations pluriethniques, c'est-à-dire composées de membres issus des minorités ethnoculturelles. Ils y voient la possibilité d'assurer des services à l'ensemble des immigrants, de former des coalitions sur des problèmes communs aux minorités ethnoculturelles, d'éviter la ghettoïsation, et d'assurer l'intégration des immigrants et de leurs descendants à la société québécoise. Certains pensent qu'elles peuvent jouer un rôle de « rapprochement interculturel » entre les diverses communautés du Québec, dont la « communauté francophone », suivant en cela le discours culturaliste du gouvernement du Québec. Plusieurs jugent leur dynamisme limité compte tenu des particularités des revendications communautaires.

Quant aux organismes fondés sur une identité racialisée, la plupart des répondants les considèrent nécessaires comme instruments de revalorisation ainsi que de lutte contre la discrimination (bien qu'on perçoive leurs limites à cet égard). En aucun cas, on ne leur attribue une fonction de promotion de la négritude, comme le font certaines organisations afro-américaines, ou de promotion d'un « pluralisme culturel » vu comme une expression de protestation contre l'hégémonie d'une monoculture dominante (Goulbourne, 1991). L'accent est mis sur la lutte contre les inégalités et la discrimination, et sur l'intégration. L'unité autour de la catégorie de « Noirs » n'est d'ailleurs pas sans susciter des questions à propos des alliances politiques possibles avec les Québécois ou les Canadiens noirs anglophones, au sujet des droits des minorités au Québec, de la question constitutionnelle, etc. La plupart des leaders rejettent cependant la notion de « minorités visibles » sous laquelle ils ont été subsumés par l'État fédéral canadien, suivant en cela plusieurs mouvements d'opinion dans l'ensemble canadien (voir la critique de cette notion dans Moodley, 1987 ; Stasiulis, 1991).

Organismes de la société d'accueil

L'analyse de la participation effective des répondants a montré que plusieurs des personnes fortement engagées dans des associations de leur communauté le sont également dans toutes sortes d'organismes québécois. Ces personnes soulignent toutefois les limites de leur insertion. L'enjeu concerne ici la représentation et la participation réelle aux prises de décisions dans ces organismes. Les leaders dénoncent le fait que, trop souvent, la présence des membres des minorités dans ces organismes se limite aux organismes dont le mandat est purement consultatif. Ainsi, invités à s'exprimer sur le rôle d'organismes parapublics comme le Conseil des communautés culturelles et de l'immigration du Québec et les comités consultatifs des municipalités, certains leaders font ressortir que ces organismes constituent une plate-forme pour les débats, une courroie de transmission des besoins des minorités, un lieu de formation pour eux-mêmes, où l'on peut prendre le pouls des enjeux et des questions qui se posent. Par ailleurs, les critiques font valoir que ces conseils constituent le domaine des petites élites ethniques, n'ayant pas ou peu de représentants de la majorité francophone, qui défendent le statu quo et sont utilisés à des fins électorales. Bref, ils ne favoriseraient pas l'intégration et la participation sur des bases universalistes. La participation dans les syndicats, les partis politiques, les postes de direction de la fonction publique paraît beaucoup plus importante.

Quelques leaders dénoncent l'intervention d'agents externes dans le processus de sélection et de promotion d'individus particuliers à des postes d'autorité, ou encore dans l'attribution de subventions, la racialisation du discours (les Noirs, les « minorités visibles »), l'incorporation des leaders dominants dans les réseaux de la majorité (selon les intérêts de classe, le statu quo), la récupération, la cooptation, car certains organismes de la société globale et les organismes des communautés ethniques s'intègrent à un système interorganisationnel qui traite des questions relatives à l'ethnicité ou à la racialisation (Breton, 1991).

ÉVALUATION DU LEADERSHIP COMMUNAUTAIRE

Les questions de la représentativité des élites, du leadership et de la démocratie au sein des organismes communautaires, de la relation au pouvoir politique, des rapports hommes/femmes, des contradictions à l'intérieur de la communauté et par rapport à la société globale constituent les enjeux du mouvement associatif haïtien.

Certaines personnes interviewées souhaiteraient que leur communauté soit mieux organisée, de manière à répondre efficacement aux problèmes posés par l'adaptation des nouveaux immigrants, démunis pour une bonne part. D'autres lui reprochent d'avoir longtemps travaillé davantage au retour en Haïti qu'à l'intégration des immigrants issus de couches populaires au Québec. Le pouvoir des leaders des Églises protestantes, caractérisé par une prise en charge presque complète de leurs fidèles, est évoqué comme un obstacle à l'intégration.

On souligne les contradictions au sein des regroupements fondés sur une identité racialisée. En effet, le mouvement associatif haïtien accorde beaucoup d'importance à l'identité nationale haïtienne et ne se laisse pas aisément réduire et subsumer sous la catégorie racialisée de « Noirs ». En ce sens, il voit d'un mauvais œil le développement de nouvelles identités à l'instar de la communauté haïtienne et des autres communautés caraïbes de New York (Sutton et Makiesky-Barrow, 1985 ; Glick Schiller *et al.*, 1985), qui s'inscrivent d'ailleurs dans le discours et les politiques des gouvernements en matière de « race, de racisme et de minorités visibles » (Stasiulis, 1991). Ainsi, les leaders ont été amenés à faire alliance avec des organisations montréalaises ou canadiennes de langue anglaise, fondées sur une identité racialisée associée à une idéologie de la résistance, afin de se mobiliser autour de revendications qui concernent les relations des Noirs avec la police, les programmes d'accès à l'égalité en emploi, l'entrepreneuriat, et de participer aux comités consultatifs sur les relations raciales formés aux échelons fédéral, provincial et municipal. Dans cette veine, les contradictions entre le leadership noir anglophone et le leadership noir francophone dans le contexte québécois reflètent également, à l'instar de ce que l'on observe dans la communauté juive entre Sépharades et Ashkénazes, des tensions qui renvoient à des positions souvent divergentes sur la question linguistique, les pratiques linguistiques (écrites et parlées) au sein des organisations, et aux attitudes politiques concernant la question nationale.

Parmi les facteurs qu'elles jugent à l'origine des associations de femmes, certaines répondantes mentionnent le rôle secondaire des femmes dans la vie politique haïtienne, l'absence de reconnaissance de leurs capacités de leadership par les leaders communautaires au Québec, les besoins de formation, de sensibilisation et de services pour les femmes haïtiennes. Les femmes qui choisissent de militer dans des associations haïtiennes distinctes des associations féministes de la majorité expliquent leur orientation par les particularités culturelles des femmes noires et/ou haïtiennes, par la nécessité de réagir à l'image des femmes haïtiennes véhiculée et imposée dans la communauté haïtienne elle-même, et également par certaines contradictions vécues au sein des organisations féministes de la société québécoise, par exemple quant à l'impact du racisme sur la condition des femmes, à l'utilisation des rapports familiaux dans l'interprétation faite de la condition des femmes, etc.

La contradiction évoquée plus haut au sein des regroupements fondés sur une identité racialisée se retrouve dans les questionnements des associations de femmes. Selon une leader, si le mouvement des femmes haïtiennes revendique une identité propre différente de celle des hommes haïtiens, il attache cependant, à l'instar de ces derniers, beaucoup d'importance à la nationalité. Cette caractéristique différencie les Haïtiens, hommes et femmes, des autres populations considérées comme « noires » et leur pose certaines difficultés dans leurs relations avec les mouvements noirs, au Québec et au Canada.

CONCLUSION

Le discours des leaders d'origine haïtienne rencontrés témoigne d'une part, d'une certaine diversité d'intérêts et de contradictions internes, qu'il s'agisse de contradictions de classe ou de sexe et de contradictions externes entre femmes ou entre « Noirs », etc. D'autre part, le mouvement associatif haïtien semble se mouvoir autour d'une multiple mobilisation identitaire : nationale à plus d'un titre, comme québécois et canadien, ou s'inscrivant dans les liens internationaux qui unissent les Haïtiens de la diaspora à la patrie d'origine et à ses combats pour la démocratie et la lutte contre le sous-développement ; ethnique, à savoir la communauté haïtienne de Montréal ou du Québec, s'articulant autour des différents enjeux de l'intégration des Québécois d'origine haïtienne et de leurs descendants ; racialisée, autour du discours relatif à la catégorie politique de « Noirs » dans la société canadienne et québécoise.

Cependant, nous pensons que le discours des leaders d'origine haïtienne est davantage orienté vers l'idéologie de l'intégration à la société québécoise et/ou canadienne que vers une idéologie différentialiste, noire ou haïtienne : il est plus axé sur l'instrumentation et sur l'intégration égalitaire et antiraciste aux structures économiques et sociales de la société québécoise que sur l'affirmation raciale ou ethnoculturelle. Un leadership communautaire certain s'est rapidement consolidé avec la première vague d'immigration. Un leadership nouveau est en émergence avec les jeunes de la deuxième génération. Ce leadership, encore informel, aura comme clientèle des individus de milieux sociaux différents, et s'exerce par le biais des travailleurs de rue communautaires par exemple, ou à propos de la création d'emploi et de la formation professionnelle, ou par le biais des jeunes intellectuels engagés dans la production de l'ethnicité symbolique propre à la deuxième ou à la troisième génération (Gans, 1979).

Enfin, au Québec s'ajoute une autre dimension, et non des moindres. Nous pensons que la question nationale constitue un élément fondamental de brouillage dans la construction des identités et dans l'évaluation des enjeux auxquels est confronté le mouvement associatif d'origine haïtienne, comme dans d'autres communautés, parce qu'elle implique des choix linguistiques, une allégeance politique et des idéologies particulières en matière de politique d'immigration et d'intégration des immigrants et des minorités, lesquelles se traduisent par des rapports politique et matériel contradictoires avec l'État fédéral et avec l'État provincial (ce que nous avons développé ailleurs, voir Labelle *et al.*, 1993b). Les confrontations qui ont eu lieu dans les « communautés noires » à la suite de la position prise par la Ligue des Noirs sur l'entente constitutionnelle de Charlottetown, lors du référendum du 26 octobre 1992, illustrent notre propos.

Bibliographie

ABOUD, B. (1992). *Community Associations and their Relations with the State. The Case of the Arab Associative Network of Montréal, Montréal*, Université du Québec à Montréal, Département de sociologie, mémoire de maîtrise.

ANDERSON, A.B. et J. FRIDERES (1981). *Ethnicity in Canada. Theoretical Perspectives*, Toronto, Butterworths.

BRETON, R. (1991). *The Governance of Ethnic Communities*, New York, Greenwood Press.

CAMPANI, G. (1991). *Pluralisme culturel en Europe. Cultures européennes et cultures des diasporas. L'exemple de la diaspora italienne*, Paris, texte ronéotypé.

CATANI, M. et S. PALIDDA (1987). *Le rôle du mouvement associatif dans l'évolution des communautés immigrées*, Paris, FAS, DPM, Ministère des Affaires sociales.

CHAN, K.B. (1987). « Perceived Racial Discrimination and Response : An analysis of Perceptions of Chinese and Indochinese Community Leaders », *Canadian Ethnic Studies*, vol. 19, n° 3.

DÉJEAN, P. (1978). *Les Haïtiens au Québec*, Montréal, Presses de l'Université du Québec.

DORAIS, L.J., CHAN, K.B. et D. INDRA (1988). *Ten Years Later : Indochinese Communities in Canada*, Ottawa, Association canadienne des études asiatiques.

DORAIS, L.J. (1990). *Les associations vietnamiennes à Montréal*, Québec, Université Laval, Département d'anthropologie.

DORAIS, L.J. (1990). « Les réfugiés d'Asie du Sud-Est à Québec », dans SIMON-BAROUH I. et P.J. SIMON, *Les étrangers dans la ville*, Paris, L'Harmattan.

DRURY, B. (1992). *Ethnic Mobilization : Some Theoretical Considerations*, Conference on Ethnic Mobilization in Europe in the 1990s, University of Warwick, Center for Research in Ethnic Relations.

GANS, H. (1979). « Symbolic Ethnicity : The Future of Ethnic Groups and Cultures in America », dans GANS, H. *et al.*, *On the Making of Americans*, University of Pennsylvania Press.

GLICK SCHILLER, N. *et al.* (1987). « All in the Same Boat ? Unity and Diversity in Haïtian Organizing in New York » dans SUTTON, C. et E.M. CHANEY (sous la direction de), *Carribean Life in New York City : Sociocultural Dimensions*, New York, Center for Migration Studies.

ELAZAR, D.J.et H.M. WALLER (1990). *Maintaining Consensus. The Canadian Jewish Polity in the Postwar World*, The Jerusalem Center for Public Affairs, University Press of America.

GOULBOURNE, H. (1991). « New Issues in Black Politics », paper presented for *La recomposition des espaces sociaux : migrations, réseaux, diasporas*, Paris, ERENI-CNRS, CHRYSEIS.

HERBERG, E.N. (1989). *Ethnic Groups in Canada. Adaptations and Transitions*, Toronto, Nelson Canada.

HIGHAM, J. (sous la direction de) (1978). *Ethnic Leadership in America*, Baltimore and London, John Hopkins University Press.

ICART, J.C. (1980). « La communauté haïtienne de Montréal », *Relations*, juillet-août.

ICART, J.C. (1991). « Le piège du racisme », *Relations*, octobre.

ICART, J.C. (1987). *Négriers d'eux-mêmes*, Montréal, CIDIHCA.

LABELLE M. et R. RAVIX (1984). « Pistes et réflexions sur les regroupements de femmes haïtiennes de Montréal », *Collectif Paroles*, n° 28.

LABELLE, M. (1990a). « Femmes et migration au Canada : bilan et perspectives », *Canadian Ethnic Studies*, special issue on « The State of the Art », vol. 22, n° 1.

LABELLE, M. (1990b). « Immigration, culture et question nationale », *Cahiers de recherche sociologique*, n° 14, printemps.

LABELLE M. (1992a). *Problématique de la recherche* « Ethnicité et pluralisme. Le discours de leaders d'associations ethniques de la région de Montréal », Université du Québec à Montréal, Département de sociologie, Groupe de recherche sur l'immigration, les relations ethniques et le racisme.

LABELLE M. (1992b). « Immigration, intégration et identité du Québec », *L'Action nationale*, vol. 82, n° 1.

LABELLE, M., THERRIEN, M. et J. LÉVY (1993a). « La question nationale dans le discours de leaders d'associations ethniques de la région de Montréal », *Canadian Ethnic Studies*, à paraître.

LABELLE, M., BEAUDET, G., TARDIF, F. et J. LEVY (1993b). « Ethnicité et question nationale. Le discours de leaders d'associations ethniques de la région de Montréal », *Cahiers de recherche sociologique*, n° 21, à paraître.

LABELLE, M., LAROSE, S. et V. PICHÉ (1983). « Émigration et immigration : les Haïtiens au Québec », *Sociologie et sociétés*, vol. 15, n° 2, 73-88.

LANGLAIS, J., LAPLANTE, P. et J. LÉVY (1989). *Le Québec de demain et les communautés culturelles*, Montréal, Méridien.

LEFEBVRE, M.L. et H. RUIMY (1985). *L'école et l'intégration des communautés ethnoculturelles au Québec : une étude des perceptions des leaders ethniques*, Montréal, Université du Québec à Montréal et Université McGill.

LAPEYRONNIE, D. (1987). « Assimilation, mobilisation et action collective chez les jeunes de la seconde génération de l'immigration maghrébine », *Revue française de sociologie*, vol. 28.

LÉVY, J. et L. OUAKNINE (1989). « Les institutions communautaires des Juifs marocains à Montréal » dans LASRY J.C. et C. TAPIA, *Les Juifs du Maghreb. Diasporas contemporaines*, Montréal et Paris, Les Presses de l'Université de Montréal et L'Harmattan.

MASSÉ, R. (1983). *L'émergence de l'ethnicité haïtienne au Québec*, Université Laval, thèse de doctorat.

MILES, R. et A. PHIZACLEA (1977). « Class, Race, Ethnicity and Political Action », *Political Studies*, vol. 25, n° 4.

MILES, R. (1992). *Class, Culture and Politics : Migrant Origin Youth in Britain*, Conference on Ethnic Mobilization in Europe in the 1990s, University of Warwick, Center for Research in Ethnic Relations.

MOODLEY, K. (1987). « The Predicament of Racial Affirmative Action », dans DRIEDGER, L.(sous la direction de) *Ethnic Canada*, Toronto, Copp Clark Pitman.

MORIN, F. (1990).« Les Haïtiens à New York », dans SIMON-BAROUH I. et P.J. SIMON, *Les étrangers dans la ville*, Paris, L'Harmattan.

NG, R. (1988). *The Politics of Community Services. Immigrant Women, Class and State*, Toronto, Garamond Press.

NG, R., MULLER, J. et G. Walker (1990).*Community Organisation and the Canadian State*, Toronto, Garamond Press.

OMI, M. et H. WINANT (1986). *Racial Formation in the United States*, New York et London, Routledge and Kegan Paul.

PAINCHAUD C. et R. POULIN (1988). *Les Italiens au Québec*, Hull, Critiques.

REX, J., JOLY, D. et C. WILPERT (1987). *Immigrant Associations in Europe*, Gower.

REITZ J. (1980). *The Survival of Ethnic Groups*, Toronto, McGraw-Hill Ryerson.

SCHNAPPER, D. (1991). *La France de l'intégration*, Paris, Gallimard.

SCHOENEBERG, U. (1985). « Participation in Ethnic Associations : the Case of Immigrants in West Germany », *International Migration Review*, vol. 19.

STASIULIS, D. (1980). « The Political Structuring of Ethnic Community Action : a Reformulation », *Canadian Ethnic Studies*, vol. 12, 19-44.

STASIULIS, D. (1989). « Minority Resistance in the Local State : Toronto in the 1970s and 1980s », *Ethnic and Racial Studies*, vol. 12, n° 1.

STASIULIS, D. (1991). « Symbolic Representation and the Number Games : Tory Policies on «Race» and Visible Minorities », dans ABELE, F. (sous la direction de), *The Politics of Fragmentation : How Ottawa Spends 1991-1992*, Ottawa, Carleton University Press.

SUTTON, C.R. et S. MAKIESKY-BARROW (1987). « Migration and West Indian Racial and Ethnic Consciousness », dans SUTTON, C.R. et E.M. CHANEY (sous la direction de), *Carribean Life in New York City : Sociocultural Dimensions*, New York, Center for Migration Studies.

SUTTON, C.R. et E.M. CHANEY (sous la direction de) (1987). *Carribean Life in New York City : Sociocultural Dimensions*, New York, Center for Migration Studies.

TARDIF, F. (1991). *Le discours de leaders de regroupements multiethniques sur la société québécoise et les relations interethniques au Québec*, Montréal, Université du Québec à Montréal, Département de sociologie, mémoire de maîtrise.

TARDIF, F. (1992). (sous la direction de Micheline LABELLE), *Profil socio-démographique de leaders d'origine haïtienne de la région de Montréal*, Université du Québec à Montréal, Département de sociologie, Groupe de recherche sur l'immigration, les relations ethniques et le racisme, rapport de recherche.

THERRIEN, M. (1992). *Vie associative et ethnicité. Le discours de leaders d'origine haïtienne de la région de Montréal*, Université du Québec à Hull, Département de sociologie, Groupe de recherche sur l'immigration, les relations ethniques et le racisme, rapport de recherche.

VORST, J. (sous la direction de) (1989). *Race, Class, Gender : Bonds and Barriers*, Toronto, Socialist Studies, Between the Lines.

WIEVIORKA, M. (1992a). *Ethnicity as Action*, Conference on Ethnic Mobilization in Europe in the 1990s, Coventry, University of Warwick, Center for Research in Ethnic Relations.

WIEVIORKA, M. (1992b). *La France raciste*, Paris, Seuil.

Jeunes noirs sous protection : une prise en charge communautaire

Linda D*AVIES* *et Eric* S*HRAGGE*
École de service social
Université McGill

Cet article porte sur un projet communautaire de protection de la jeunesse mis sur pied par le Conseil de la communauté noire du Québec en 1988. Il s'agit d'un projet pilote qui s'adresse directement aux familles noires anglophones de Montréal pour répondre de façon concrète aux conséquences du racisme sur la vie familiale des Noirs. L'article brosse le tableau de l'immigration noire au Canada ainsi que des problèmes sociaux qui en ont résulté et fournit une description des services offerts dans le cadre de ce projet – le *Black Family Support Project*. L'article se termine par une discussion sur le rapport entre ce projet communautaire et la lutte plus globale contre le racisme.

INTRODUCTION

Dans cet article, nous examinons un projet communautaire de protection de la jeunesse mis sur pied par le Conseil de la communauté noire du Québec en 1988. Il s'agit d'un projet pilote qui s'adresse directement aux familles noires anglophones de Montréal pour répondre de façon concrète aux conséquences du racisme sur la vie familiale des Noirs, tant sous sa forme historique qu'actuelle. Le projet examine ces conséquences sous deux plans. Tout d'abord sous le plan de leur expression au sein de chaque famille, puis sous le plan du processus de prise en charge communautaire effectuée par la communauté noire anglophone dans son ensemble.

Le Black Family Support Project (BFSP) a pour objectif de réduire le nombre de jeunes Noirs aux prises avec le système de protection de la jeunesse et de fournir des services sociaux différents à ce groupe de personnes ainsi qu'aux autres membres de la communauté. La prestation de services sociaux est néanmoins une question politique difficile en soi à cause de la tension qui existe entre l'autonomie du projet et les restrictions qui lui sont imposées par les organismes subventionnaires extérieurs (Davies, Mastronardi et Shragge, 1991). Le projet a été lancé par le Centre de services sociaux Ville-Marie et continue de fonctionner en collaboration avec ce dernier. La plupart des cas sont statutaires et le Service de protection de la jeunesse de Ville-Marie doit procéder à l'examen des dossiers. Les clients ne sont pas des volontaires mais préfèrent néanmoins le BFSP aux services offerts par Ville-Marie. L'intervention des travailleurs sociaux du projet est sujette à l'examen de la DPJ, ce qui limite leur créativité et leur autonomie. Ce partenariat, dans le cadre de services de protection de la jeunesse à l'échelle communautaire, présente toutefois un certain nombre d'avantages pour Ville-Marie, le Conseil de la communauté noire du Québec (CCNQ) et ses clients. Pour Ville-Marie, la collaboration avec le CCNQ détourne, dans une certaine mesure, les accusations de racisme portées contre lui en raison de la grande proportion d'enfants noirs que le Centre place en dehors de leur cadre familial. Ce projet permet également de traiter de nombreux cas en souffrance. Pour le CCNQ, le partenariat avec le Centre de services sociaux Ville-Marie lui a permis de lancer le projet et de le légitimer aux yeux du Conseil régional qui est chargé de le subventionner. Pour les clients, le BFSP est un service implanté dans leur périmètre qui est par conséquent plus accessible et moins menaçant que le Centre de services sociaux Ville-Marie. Puisque le personnel se compose de travailleurs sociaux noirs, cela permet une approche culturellement sensible aux besoins des clients. À mesure que le BFSP s'est fait connaître au sein de la communauté, on a d'ailleurs observé un afflux de clients que la *Loi sur la protection de la jeunesse* ne concernait pas nécessairement et qui souhaitaient se prévaloir de leur propre chef des services offerts dans le cadre du projet. Ce phénomène a accru l'autonomie du projet par rapport à Ville-Marie, lui permettant d'être moins dépendant des cas qui lui étaient confiés, les nouveaux clients n'ayant rien à voir avec le Centre de services sociaux Ville-Marie. Si ce phénomène a permis au BFSP d'acquérir une plus grande indépendance pour ce qui est de la clientèle, il a néanmoins quelque peu déstabilisé les modalités de subventionnement, lesquelles dépendent de son partenariat avec Ville-Marie et des cas liés à la *Loi sur la protection de la jeunesse.*

Le partenariat cultivé par le CCNQ a servi de point de départ utile. La présence de services sociaux communautaires différents est désormais bien établie au sein de la communauté noire. Le CCNQ s'est engagé à multiplier ses services et à lier leur prestation à une prise en charge communautaire pour combattre le racisme, ce qui constitue d'ailleurs son principal objectif.

Dans les pages qui vont suivre, nous brosserons brièvement le tableau de l'immigration noire au Canada et des problèmes sociaux qui en ont découlé, puis nous décrirons certains aspects des services offerts dans le cadre du BFSP. Enfin, nous ferons une analyse des liens qui existent entre ce projet communautaire et la lutte plus globale contre le racisme.

RACISME ET IMMIGRATION NOIRE AU CANADA

La question que nous voulons poser pour commencer est la suivante : quel rapport existe-t-il entre la surreprésentation des jeunes Noirs dans le système des services sociaux et les caractéristiques historiques de l'immigration noire au Canada ? En d'autres termes, nous postulons que la surreprésentation des jeunes Noirs dans le système des services sociaux constitue un symptôme d'inégalité structurelle à long terme fondée sur le racisme.

Bolaria et Li (1985) prétendent que le racisme est une catégorie historiquement bien définie qui trouve son origine dans les conditions matérielles dans lesquelles les groupes dominants ont un intérêt direct, à savoir l'exploitation de la main-d'œuvre et des ressources. Cela suppose que le groupe dominant a le pouvoir d'opprimer et que le groupe dominé n'a pas les ressources pour résister à l'oppression. Le lien entre ces deux groupes est défini par ces rapports inégaux, lesquels prennent naissance dans la sphère économique. Les idéologies racistes, particulièrement la justification de la position du groupe minoritaire, sont par conséquent enracinées dans le processus de production matérielle et sont étayées par les institutions sociales parmi lesquelles figurent celles chargées du respect de la loi et de la prestation des services sociaux. Les idéologies et pratiques racistes sont le fruit de ce contact historique initial qui définit le contexte et le contenu des relations raciales.

Même si cette analyse porte plus particulièrement sur le volet social du racisme, il est essentiel cependant de souligner au moins deux de ses limites. Premièrement, la question de la différence des sexes en est absente. Ng (1989) indique que le processus de production ne peut être séparé du processus de reproduction en précisant que « [...] les relations entre les sexes sont essentielles et fondamentales à tout débat sur la main-d'œuvre dans une société donnée [...] la différence des sexes étant le moyen fondamental d'organisation des activités productives et reproductives » (Ng, 1989 : 14). L'évolution de la formation des groupes ethniques et des relations entre les sexes est parallèle à celle du capitalisme au Canada, particulièrement à travers l'histoire de la colonisation et des politiques d'immigration dont les modifications visaient à répondre aux impératifs de la construction de la nation. Par ailleurs, les femmes du tiers monde étaient traitées de manière tout à fait particulière dans le cadre de ce processus, la majorité d'entre elles faisant leur entrée au Canada à titre de domestiques munies d'un permis de travail temporaire ou d'immigrantes « de la catégorie de la famille » qui dépendaient d'un chef de famille ou d'un parrain (Ng, 1989). Le rôle spécifique des femmes dans le débat sur le racisme mérite d'être pris en compte, notamment en raison des tendances récentes affichées par l'immigration noire au Canada. La question des sexes est également essentielle à tout débat sur la protection de la jeunesse étant donné que les rapports que les travailleurs sociaux entretiennent avec les familles se résument très souvent à des contacts avec les mères.

La deuxième question que nous voulons poser est celle du déterminisme économique et social. Nous acceptons les liens entre les relations raciales et l'évolution des sociétés capitalistes ; cependant, la lutte pour les droits collectifs contre la discrimination (droits de l'homme) cadre difficilement avec un modèle qui commence et se termine avec la sphère économique. L'histoire a démontré que les luttes antiracistes transcendaient le lieu de travail. Par conséquent, même s'il est possible d'attribuer les origines du racisme à un contact économique spécifique sur le plan historique, d'autres aspects ont joué un rôle important dans la résistance au racisme.

Les premiers immigrants noirs au Canada (avant 1800) étaient essentiellement des esclaves ou des domestiques sous contrat non résiliable (Bolaria et Li, 1985 ; Williams, 1989). Même si l'esclavage n'a jamais été très répandu au Canada, l'idéologie raciste qui l'étayait a néanmoins permis de reléguer les Noirs du Canada aux couches les plus basses du marché du travail. Au début des années 1800, parallèlement à une nouvelle vague d'immigration, les Noirs ont été confrontés au chômage, au racisme et à la ségrégation notamment dans les écoles et les églises. Pendant la guerre civile aux États-Unis, un grand nombre d'anciens esclaves sont venus s'installer au Canada, mais la plupart d'entre eux sont retournés aux États-Unis après l'abolition de l'esclavage. Entre la Première et la Deuxième Guerre mondiale, l'immigration au Canada a été pratiquement interrompue même si quelques Noirs ont immigré dans les Maritimes pour travailler dans les mines, sur les chemins de fer ou comme domestiques.

Simmons et Turner (1990 : 4) définissent l'immigration caraïbe comme une « migration familiale conduite par les femmes ». Selon eux, le phénomène à l'origine de cette migration est le fruit de la détérioration économique des îles, particulièrement dans les années 70 et 80. Jusqu'à la moitié des années 50, le nombre d'immigrants en provenance des Caraïbes était minime (Hampton, 1991 ; Bolaria et Li, 1985). Entre 1961 et 1981, il a connu une croissance rapide pour atteindre près de 150 000 personnes et, en 1990, on comptait près de 200 000 immigrants (Hampton, 1991). La plupart de ces nouveaux immigrants sont très scolarisés et spécialisés, mais ils font face à beaucoup de discrimination sur le marché du travail. L'attitude des Canadiens face aux Noirs des Caraïbes se reflète dans les deux types d'emplois qui leur sont offerts : travailleur agricole et domestique. Ces deux types d'emplois leur permettaient de venir s'établir au Canada de façon temporaire seulement et les assujettissaient à une dépendance étroite à leur employeur (Bolaria et Li, 1985 ; Hampton, 1991 ; Williams, 1989). La situation des domestiques sera étudiée de plus près, car pour un grand nombre d'immigrants ce type d'emploi constituait leur premier contact avec le Canada et revêt beaucoup d'importance relativement aux problèmes auxquels font face aujourd'hui les femmes noires et leurs enfants dans le Canada d'aujourd'hui, notamment les familles touchées par la *Loi sur la protection de la jeunesse*.

Le travail domestique est généralement le type d'emploi que refusent les Blancs alors que les Canadiens blancs vivant en dehors du Canada dans des circonstances économiques difficiles acceptent d'accomplir ce type de travail de façon temporaire seulement. Dans le but de satisfaire cette demande, le gouvernement canadien a instauré un programme en 1955, lequel visait à recruter des femmes « jeunes, de bon caractère et célibataires » (Bolaria et Li, 1985 : 178). Ces femmes bénéficiaient du statut d'immigrant reçu, mais ne pouvaient travailler pour leur employeur que pendant un an. Pendant les premières années, ces immigrantes étaient souvent enseignantes, secrétaires ou exerçaient des professions connexes et la plupart d'entre elles se sont prévalues de ce programme, car il constituait la seule voie d'accès au Canada, compte tenu des pratiques d'immigration en vigueur à l'époque. Le faible nombre d'ouvertures et les critères inhérents au permis de séjour au Canada plaçaient ces travailleuses dans des situations très précaires. Alors qu'elles étaient en quête d'une vie meilleure, la plupart d'entre elles se sont retrouvées assujetties à un employeur ou victimes des aléas de la médiocrité salariale et de l'instabilité professionnelle.

CONSÉQUENCES SUR LA VIE FAMILIALE DES NOIRS

Ces caractéristiques ont exercé une influence importante sur les familles noires du Canada. Dès leur arrivée au Canada, les femmes noires font en effet l'objet d'une pression considérable. En dépit de leur participation marquée sur le marché du travail, le type d'emplois qui leur sont offerts se limite aux emplois traditionnellement réservés aux femmes (Simmons et Turner, 1990 ; Williams, 1989 ; Hampton, 1991). Les familles caraïbes du Canada dépendent très souvent du revenu d'une seule femme et sont victimes de la pauvreté car, à l'instar de leurs homologues canadiennes, les femmes sont victimes de discrimination sexuelle sur le marché du travail. Les difficultés économiques actuelles et la suppression à grande échelle de postes dans les industries qui employaient traditionnellement des Noirs, comme le chemin de fer, ont frappé la communauté noire de plein fouet. Les perspectives professionnelles sont inexistantes, tout particulièrement pour les jeunes qui font leur entrée sur le marché du travail, ce qui conduit à une marginalisation tant économique que sociale. Lorsque les femmes ont quitté leurs îles, elles ont confié de très jeunes enfants à certains membres de leurs familles. Les difficultés que ces femmes ont dû surmonter en tant que domestiques et la médiocrité de leur salaire ont compromis pendant longtemps les possibilités de réunification familiale. Par conséquent, de nombreux enfants noirs se sont trouvés confrontés à des problèmes très graves, lorsqu'ils ont finalement pu immigrer au Canada pour y retrouver leur mère. Il peut s'agir, par exemple, d'une nouvelle famille car leur mère vit avec un nouveau conjoint et/ou d'autres enfants, d'un nouveau système scolaire – souvent dans une autre langue - dans lequel ils doivent s'intégrer au début de l'adolescence, et enfin d'une nouvelle culture.

Simmons et Turner (1990 : 18) ont décrit l'expérience d'un petit échantillon de familles canadiennes anglophones originaires des Caraïbes et vivant à Montréal, qui avaient cherché à obtenir des services de counseling. Leur expérience met en lumière les problèmes auxquels de nombreuses familles se trouvent confrontées et parmi lesquels figurent les conséquences négatives de la récession économique sur leur vie comme le chômage, la perte de leurs économies et de leur confiance en soi ; le racisme prévalant, particulièrement pour obtenir des logements et des emplois ; les séparations familiales prolongées ; les nouveaux rôles sexuels qui donnent lieu à des conflits familiaux ; l'impossibilité, notamment pour les jeunes gens, de réussir quelque chose.

Le CCNQ a tenté de jouer un rôle avant-gardiste dans l'élaboration de services sociaux permettant de régler les problèmes des membres de sa communauté mais les subventions et les ressources étant insuffisantes, il vient tout juste de s'atteler à la tâche. Dernièrement, la tension a monté du fait de la répression policière contre les jeunes Noirs et des frictions entre francophones et Noirs, ce qui a fait connaître le problème aux médias. Les problèmes paraissent considérables, compte tenu de l'arrivée relativement récente à Montréal de nombreux immigrants des Caraïbes, du racisme structurel inhérent au processus d'immigration relativement aux domestiques et aux travailleurs sous-payés, de l'importance du chômage et de l'absence de soutien pour les organismes communautaires noirs. Passons à présent à l'examen des interventions et des méthodes que le BFSP du CCNQ a mises en place en vue de résoudre ces problèmes.

CONSEIL DE LA COMMUNAUTÉ NOIRE DU QUÉBEC – BLACK FAMILY SUPPORT PROJECT

Le CCNQ, en collaboration avec le principal centre de services sociaux anglophone, le Centre de services sociaux Ville-Marie, s'est associé en 1988 au Conseil régional de la santé et des services sociaux, dans le but de mettre sur pied un programme de soutien familial pour la communauté noire anglophone de Montréal.

Le Black Family Support Project (Projet de soutien familial, BFSP) doit son origine au fait qu'une grande proportion de jeunes Noirs sont touchés par le service de protection de la jeunesse du Centre de services sociaux Ville-Marie. Alors que les Noirs constituent environ 8 % de la population de Montréal, 40 % des jeunes du bassin de population relevant du Centre de services sociaux Ville-Marie sont Noirs et plus de la moitié d'entre eux sont placés dans des centres d'accueil (CCNQ, 1990 : 2). Comme nous l'avons indiqué précédemment, cette situation est la manifestation d'une crise profonde au sein de la communauté noire au chapitre de la vie familiale, particulièrement en ce qui concerne les difficultés d'adaptation des nouveaux arrivants dans leur pays d'accueil. En l'absence d'un système d'intégration et de soutien communautaire, le premier contact qu'établissent de nombreuses familles avec les services sociaux se fait par le biais du système de protection de la jeunesse.

Le CCNQ prétend que les organismes gouvernementaux ne sont pas en mesure de répondre convenablement aux caractéristiques culturelles spécifiques et à l'histoire de la communauté noire, notamment en ce qui a trait à l'immigration, au système de valeurs et à la dynamique familiale. En 1988, le CCNQ a négocié un projet communautaire pilote qui lui a permis de s'occuper des cas référés par le Centre de services sociaux Ville-Marie et de travailler avec les familles noires concernées au sein même de la communauté. Le Conseil régional de la santé et des services sociaux a fourni un financement limité à ce programme. En plus de créer un projet de soutien familial, le CCNQ a mis en œuvre d'autres stratégies et tactiques en vue de résoudre ces problèmes. Parmi celles-ci, figurent l'organisation de réunions d'associations de la communauté noire dans le but de parler de ces problèmes et d'obtenir une participation locale en vue de les régler ainsi que le recours à une campagne médiatique pour sensibiliser la population au problème du traitement des jeunes Noirs au sein des services sociaux. Ces deux opérations relèvent d'une campagne plus vaste visant à remplacer les services sociaux et à légitimer le BFSP, tout en obtenant les subventions nécessaires à son existence.

La description des activités organisées dans le cadre du projet qui fait suite dans ces pages procède de différentes sources : notamment, la participation des auteurs au Comité de liaison CCNQ-École de service social de McGill, des contacts avec les étudiants de service social en stage dans le cadre du Projet, des documents écrits du CCNQ et des entrevues que les auteurs ont menées avec le personnel du BFSP en octobre 1991.

OBJECTIFS DU BLACK FAMILY SUPPORT PROJECT

Les objectifs du projet sont les suivants :

1. Offrir un service communautaire capable de répondre aux besoins des familles noires et d'intervenir avant que leurs enfants soient placés en dehors du cadre familial.

2. Faire participer la communauté noire, particulièrement les organismes membres du CCNQ dans plusieurs quartiers, à des audiences publiques sur la protection de la jeunesse et à l'élaboration de services locaux pouvant répondre aux besoins des familles noires.

3. S'assurer la participation active de la communauté noire, en collaboration avec le réseau de services sociaux, dans le but de défendre la communauté noire, de former et de sensibiliser des travailleurs sociaux aux besoins et aux problèmes des familles noires.

4. Créer, à plus long terme, un service communautaire permanent et un modèle de pratique qui réponde aux problèmes particuliers de la communauté noire et donne à cette dernière le pouvoir de répondre aux besoins de ses membres par le biais d'un contrôle plus étroit des ressources.

TYPES DE FAMILLES QUI FORMENT LA CLIENTÈLE DU BFSP ET DESCRIPTION DE LEURS PROBLÈMES

Le BFSP compte deux travailleurs sociaux et, à l'occasion, des étudiants en service social de l'Université McGill et des cégeps de Montréal. Les cas qui leur sont confiés se rapportent tant à des jeunes touchés par le système de protection de la jeunesse qu'à des conflits entre parents et adolescents. Le problème le plus courant de ce groupe de clients est l'adaptation à différents stress culturels : désir de préserver sa propre culture, adaptation à leur nouvelle situation au Québec, adaptation à la culture nord-américaine. Entre 1988 et 1989, vingt-neuf clients ont bénéficié des services offerts dans le cadre de ce projet, la plupart étant des immigrants des Caraïbes. Parmi les difficultés auxquelles ces familles devaient faire face, mentionnons : 1) de longues séparations entre les parents et les enfants attribuables au processus d'immigration ; 2) une nouvelle existence dans une famille reconstituée au sein de laquelle l'un des parents s'était remarié avec une personne ayant déjà des enfants ; 3) des conflits entre parents et enfants exacerbés par des degrés différents d'acculturation des membres de la famille ; 4) des difficultés économiques importantes, notamment un pourcentage de chômage très élevé, les emplois disponibles étant mal rémunérés et irréguliers (57 % de ces familles bénéficiant des prestations de bien-être social) (CCNQ, mai 1990 : 25).

Sur les 29 familles dirigées vers le projet par le Centre de services sociaux Ville-Marie entre 1988 et 1989, 26 ont été en mesure de rester intactes ; en d'autres termes, elles ont évité le placement de leurs enfants. Toutes ont participé volontairement au projet du CCNQ. Dans ces cas, l'intervention novatrice du CCNQ et l'utilisation de groupes ont permis de réduire les conflits auxquels devaient faire face ces familles (CCNQ, mai 1990 : 19). Le succès considérable de la phase initiale du projet a été très encourageant. Pour l'heure, 40 familles y participent ; 25 sont des cas actifs parmi lesquels figurent 15 cas de protection de la jeunesse qui ont été référés par le Centre de services sociaux Ville-Marie et ont été pris en charge par le CCNQ, et 10 cas qui se sont adressés directement aux intervenants du projet et sont issus de la communauté noire (entrevue avec le personnel du CCNQ, 8 octobre 1991).

PRATIQUES NOVATRICES DU BLACK FAMILY SUPPORT PROJECT

Dans le cadre de ses interventions auprès des familles noires, le BFSP a mis au point avec succès une approche novatrice à l'écoute des origines culturelles de ses clients.

L'évaluation de la famille est entreprise par les travailleurs sociaux noirs qui connaissent les origines de leurs clients, leurs pratiques et leurs valeurs culturelles. Cette connaissance approfondie, fruit d'une expérience culturelle commune, donne des évaluations qui permettent de tracer un profil précis de la situation des clients. Les situations typiques décrites dans les pages suivantes illustrent l'importance de la compréhension culturelle dans le cadre du processus d'évaluation. Tout d'abord, au sein de la communauté noire, tant au Québec que dans les Caraïbes, il n'est pas rare que les responsabilités inhérentes aux soins à prodiguer aux enfants soient partagées entre plusieurs membres de la famille. L'enfant peut vivre avec sa famille immédiate, avec ses grands-parents ou encore avec ses oncles et tantes, etc. Ces modalités sont souvent le résultat des différentes responsabilités professionnelles des parents ou de l'emplacement des écoles où sont inscrits les enfants. Le personnel du projet précise par exemple que le terme « baby-sitter » qui implique le transfert temporaire d'une responsabilité primaire, est une expression étrangère à la communauté caraïbe. De fait, dans les Caraïbes, les soins et l'éducation des enfants sont des responsabilités qui incombent à l'ensemble de la communauté plutôt qu'à la famille nucléaire. L'enseignant, par exemple, peut faire partie de ce réseau étendu et l'on attend de lui, tout particulièrement, qu'il discipline les enfants turbulents, même si les comportements indésirables ne se manifestent que dans leur foyer. Ces pratiques culturelles doivent leur origine à la petitesse géographique et à l'étroite imbrication des villages insulaires. Ainsi, le fait que des enfants ne vivent pas dans leur famille immédiate, mais plutôt dans un réseau familial étendu, n'est pas nécessairement le signe d'un problème ou d'une pathologie familiale, mais plutôt le fruit d'une pratique culturelle normale et acceptée en ce qui a trait à l'éducation des enfants.

De plus, les membres du personnel du BFSP connaissent précisément le type de problèmes auxquels doivent faire face les familles caraïbes lorsqu'elles quittent leur pays d'origine et doivent s'adapter à l'Amérique du Nord et au Québec en particulier. Les parents, à savoir la mère dans la plupart des cas, arrivent au Canada en premier, y trouvent du travail et économisent suffisamment d'argent pour pouvoir faire venir leurs enfants. En attendant de retrouver leurs parents, les enfants vivent avec leurs grands-parents ou d'autres membres de la famille. Ces séparations prolongées, qui s'étendent parfois sur plusieurs années, entraînent souvent des difficultés lorsque la famille se réunit. Les membres du personnel du projet sont également capables d'évaluer les contextes culturels, aussi bien de l'enfant qui vient de quitter son île que des parents qui viennent tout juste de s'installer dans le pays hôte. Ils ont conscience des perceptions ou mauvaises représentations culturelles que les parents et les enfants peuvent avoir à ce chapitre. L'enfant peut, par exemple, se faire des illusions sur les possibilités en matière de consommation qu'offre le nouveau pays. Le personnel du projet peut également mesurer l'isolement et la douleur que peuvent occasionner la perte de son histoire, la séparation d'avec certains membres de la famille et des amis, peine qu'éprouvent les immigrants et qui se traduit par des difficultés à développer un sentiment d'appartenance au nouveau pays. Ce phénomène est exacerbé au Québec en raison de la langue. En réponse à ces problèmes culturels spécifiques, le projet offre des services d'aide par le biais de séances individuelles et collectives. Les interventions peuvent revêtir plusieurs formes dont l'utilisation de génogrammes pour retracer la généalogie de la famille, lesquels sont utilisés dans un sens spécifique sur le plan culturel. De grandes réunions de famille doivent également être organisées pour construire ces génogrammes. Cela permet aux membres de la famille de retracer leur histoire culturelle et familiale et donne aux enfants l'occasion de développer une certaine estime de soi, tout en réconciliant les générations séparées par l'immigration. Les séances du groupe peuvent permettre de collectiviser les problèmes qu'éprouvent les familles individuelles. Des groupes de soutien permanents sont également offerts aux parents pour parler des problèmes qu'ils ont en commun et pour apprendre certaines techniques qui pourront les aider à surmonter leurs problèmes. Dans les Caraïbes, par exemple, la discipline verbale et physique très rude est acceptée alors qu'en Amérique du Nord, elle est officiellement désapprouvée. Il s'agit par conséquent d'un ajustement culturel que les familles caraïbes doivent impérativement faire. Les groupes de soutien familial comportent également un volet pédagogique qui permet aux participants d'apprendre à résoudre les conflits et d'acquérir de nouvelles techniques de communication.

Le projet du CCNQ comporte également un autre volet novateur que les membres du personnel apprécient énormément et qui consiste en une intervention collective auprès des familles. Plutôt que de confier chaque cas à un seul travailleur social, deux ou plusieurs membres du personnel participent en effet aux interventions avec différents membres de la famille à différents moments, selon les besoins. Cela évite le développement d'un sentiment de propriété des « cas » et permet des interventions plus intensives et créatives. Avant toute intervention, chaque cas est examiné par l'ensemble de l'équipe et les membres décident s'il convient ou non de s'en occuper. L'inconvénient de cette technique qui requiert la participation de plusieurs membres du personnel réside bien sûr dans les contraintes que cela impose sur le temps de travail ; cependant, le partage des responsabilités est positif tant pour les travailleurs sociaux que pour les clients.

Le Black Family Support Project est aujourd'hui une présence tangible au sein de la communauté noire et attire des clients qui ne tombent pas nécessairement sous le coup de la *Loi sur la protection de la jeunesse* et qui souhaitent bénéficier des services offerts dans le cadre de ce dernier. Comme cela est typique de la plupart des organismes communautaires efficaces et qui ont du succès, le projet souffre d'une pénurie chronique de fonds et de ressources en personnel, ce qui l'empêche de répondre de façon satisfaisante aux demandes croissantes de services.

Le BFSP participe également à la défense de certaines questions propres à la population noire. Il a mené une campagne publique sur la surreprésentation des Noirs placés en dehors du cadre familial et victimes du système de détention, et il poursuit cette campagne par le biais d'une série d'audiences publiques sur la question.

ORIENTATIONS FUTURES

Dans la mesure où le processus d'immigration engendre des problèmes et des questions prévisibles, le projet de soutien familial a mis au point un certain nombre d'initiatives de prévention. Il a, par exemple, établi un système de liaison avec les services sociaux jamaïquains de manière à ce que, lorsqu'un enfant arrive au Canada pour y rejoindre son père ou sa mère, l'évaluation de la situation de l'enfant dans son pays et de la situation familiale à laquelle il devra faire face une fois arrivé puisse être connue des travailleurs sociaux et des deux côtés du réseau familial. D'autres initiatives visent la réunion de familles qui passent par le même processus d'immigration et de réinstallation afin d'échanger des conseils, d'offrir des services de soutien et de réduire le sentiment d'isolement.

Le BFSP envisage la création d'un centre de services sociaux parallèle et indépendant qui agirait comme ressource permanente pour la communauté noire anglophone de Montréal. L'objectif est de faire en sorte que le projet appartienne à la seule communauté noire. Il existe un fort sentiment de partage au sein de la même communauté, lequel, dans une certaine mesure, outrepasse les divisions entre travailleurs sociaux et clients. Il est d'ailleurs révélateur qu'un comité consultatif auquel siégeront des clients soit prévu dans le cadre de ce projet.

CONCLUSIONS

Dans la première partie de cet article, nous avons expliqué que le racisme est fondamentalement lié aux conditions qui régissent les premiers contacts entre la minorité spécifique et le groupe dominant, particulièrement dans le cadre de la division sociale du travail. À l'origine, les Noirs ont été acheminés au Canada en tant qu'esclaves et ils se sont toujours situés en marge du marché du travail. Cette situation persiste encore aujourd'hui, particulièrement du fait de l'importation de femmes noires comme domestiques, seul emploi mal rémunéré qui leur soit offert, et du chômage qui frappe de nombreux membres de la communauté noire. Plusieurs conséquences en résultent. L'expérience des femmes noires conduit à la fois à la pauvreté et à un processus difficile d'adaptation familiale, comme nous l'avons décrit précédemment. Pour les enfants, la mobilité sociale est très réduite et la pauvreté est pour de nombreux jeunes Noirs la seule perspective qui s'offre à eux aujourd'hui. Cette marginalisation sociale et économique conduit à des conflits avec les institutions blanches comme la police et les services sociaux.

La marginalisation économique de la communauté noire freine également la création d'institutions communautaires noires. Cette dernière n'a pas encore de classe moyenne/professionnelle ou de bourgeoisie. En l'absence de cette base économique, le subventionnement autonome de services communautaires indépendants s'en trouve compromis. Compte tenu de l'arrivée relativement récente d'une plus vaste proportion de membres de la communauté noire et de la structure limitée des possibilités qui s'offrent à eux, ces institutions et services n'ont pas encore pu prendre forme. Les services qui sont offerts à l'heure actuelle dépendent des subventions des organismes publics et parapublics (Centraide par exemple), d'où un sous-financement grave et chronique des initiatives envisagées. Le BFSP et d'autres services communautaires noirs font par conséquent face à des problèmes importants et disposent de très peu de ressources pour les résoudre.

La lenteur qui caractérise la création d'organismes communautaires noirs est également attribuable en grande partie à la restructuration des services sociaux au Québec, intervenue à la fin des années 60 à la suite du *Rapport* de la Commission Castonguay-Nepveu. Ces services ont été centralisés au début des années 70, période qui coïncide avec l'immigration massive de Noirs. La tradition voulant que les communautés ethniques mettent au point leurs propres institutions a été freinée par cette centralisation gouvernementale. À la suite de l'application de la *Loi sur la protection de la jeunesse* et de la *Loi sur les jeunes contrevenants*, les services statutaires ont remplacé les services volontaires et préventifs, ce qui a contribué à définir les rapports entre l'État et la communauté noire largement comme un contrôle social. Il existe très peu de soutien en matière d'acculturation et les Noirs n'ont guère le pouvoir de participer à l'élaboration de politiques et de services sociaux susceptibles d'avoir un impact important sur leurs familles et leur communauté.

L'élaboration de services sociaux indépendants au sein de la communauté noire constitue une forme de prise en charge communautaire. Labonté (1990) juge que cette prise en charge est un processus continu qui prend origine au plan personnel et se poursuit par le biais d'une action politique collective. Selon lui, la prestation de services sociaux dans ce contexte peut faire partie de ce processus de prise en charge si les « clients » sont considérés comme « [...] des sujets capables d'assumer leur propre prise en charge et d'en être responsables » (Labonté, 1990 :67). En dépit de la division évidente des services sociaux entre « client » et « travailleur social », les services sociaux peuvent faire partie d'un processus de prise en charge communautaire à condition que les services offerts ne portent pas de jugement et ne constituent pas la seule ressource offerte par l'organisme communautaire. Le CCNQ a tenté de mettre au point une technique de prise en charge au niveau individuel et collectif. Le fait de travailler avec les personnes dirigées vers le projet lie le problème des familles noires à des structures sociales plus larges et, par le biais de séances collectives, favorise la solidarité entre les membres de la communauté. Les problèmes sont alors perçus non plus comme des problèmes « d'éducation », mais davantage comme des problèmes d'adaptation à une société qui n'est pas particulièrement à l'écoute des différences culturelles, qui offre très peu d'opportunités économiques et qui est raciste à bien des égards. Par ailleurs, la présence d'un organisme de services sociaux au sein de la communauté noire permet d'aborder le problème de la surreprésentation des familles noires dans le système de services sociaux gouvernemental. De plus en plus, cette présence prend une dimension politique qui remet en question l'hégémonie du service social gouvernemental. Le CCNQ a démontré que sa méthode communautaire est légitime et mérite d'être appuyée. Le processus de prise en charge comprend la création d'une institution au sein de la communauté noire qui serait en mesure de proposer une alternative à un système gouvernemental beaucoup plus punitif. Enfin, la communauté noire dispose d'un organisme capable de défendre ses intérêts et de redresser les inégalités structurelles inhérentes à la société canadienne et québécoise.

Bibliographie

Conseil de la communauté noire du Québec (CCNQ) (1990). Hamilton, Leith (consultant). *Status Report of the Black Family Support Project*, n° 2, Montréal, CCNQ, mai.

CCNQ (1990). *Proposal for a Black Family*, Montréal, CCNQ, 14 décembre

CCNQ (1991). *Entrevue avec Yenka Renner et Glenda Abrahams*, membres du personnel du projet, Montréal, CCNQ, 8 octobre 1991.

Bolaria, B. Singh et Peter Li (1985). *Racial Oppression in Canada*, Toronto, Garamand Press.

Davies, L., Mastronardi, L. et E. Shragge (1991). « Youth Protection : State or Community Control », *Canadian Review of Social Policy*, n° 27.

Hampton, Judith (1991). *Through Parents' Eyes : Experiences of West-Indian Parents with Re-Settlement, Education and Social Services in Montreal*, mémoire de maîtrise en service social, Northhampton, Mass., Smith College School of Social Work.

Labonté, R. (1990). « Empowerment : Notes on Professional and Community Dimensions », *Canadian Review of Social Policy*, n° 26.

NG, Roxana (1989). « Sexism, Racism and Canadian Nationalism », *Race, Class, Gender : Bonds and Barriers*, Social Studies, A Canadian Annual, n° 5.

SIMMONS, Alan et Jean TURNER (1990). *Caribbean Immigration to Canada 1967-1987, Unequal Development and Transcultural Family Experience*, Toronto, York University, Centre for Research on Latin America and the Caribbean, non publié.

WILLIAMS, Dorothy W. (1989). *Blacks in Montreal 1628-1986 : An Urban Demography*, Québec, Les Éditions Yvon Blais inc.

La mobilisation ethnique et les minorités d'origine asiatique et caraïbe[1]

Harry GOULBOURNE
Université de Warwick, Coventry
Angleterre

L'article examine les processus d'intégration en Grande-Bretagne, au cours des trente dernières années, des communautés ethniques d'origine caraïbe (495 000 habitants) et asiatique (1 500 000 habitants). Ces processus d'intégration s'apparentent à la fois à la construction d'une nouvelle identité ethnique et la préservation, dans la mesure du possible, de l'identité d'origine. En dépit de leurs différences sur le plan notamment de leur capacité de s'adapter à la société britannique, les minorités caraïbe et asiatique ont dû l'une et l'autre se mobiliser pour préserver leurs caractères ethniques propres. Elles ont eu recours à des stratégies de lutte remarquablement similaires pour contrer diverses formes de discrimination et d'exclusion auxquelles elles étaient exposées dans la société d'accueil.

1. La traduction du texte a été faite au départ par Philippe A. Cauchy, chargé de cours au Département de travail social de l'Université du Québec à Montréal. Elle a ensuite été révisée par Yves Vaillancourt, puis par Gislaine Barrette.

INTRODUCTION

Pendant la plus grande partie des trois dernières décennies, les Britanniques d'origine asiatique et caraïbe, au nombre de près de deux millions, ont dû s'atteler à la double tâche de se créer une nouvelle identité tout en préservant, autant que possible, les aspects de leur identité d'origine qui leur paraissaient les plus importants. En questionnant et en réaffirmant ce qu'elles sont, les minorités se sont mobilisées autour de ce qui est considéré, par elles et par les autres, comme étant leurs caractères ethniques propres. Malgré leurs différences, ces deux plus grosses communautés ethniques, dont la terre patrie n'est pas en Europe, ont eu des réactions remarquablement similaires en ce qui a trait à l'identité culturelle, à la discrimination et à l'exclusion en Grande-Bretagne. Centré autour des questions de solidarité ethnique et des diverses formes de luttes, cet article présente quelques éléments de réponse aux questions soulevées ci-dessus.

L'ETHNICITÉ NOUVELLE ET ANCIENNE

La partie anglophone des Caraïbes d'où proviennent les immigrants en Grande-Bretagne, s'étend du Bélize sur l'isthme américain aux Bermudes dans l'Atlantique et de la Jamaïque près du centre de la mer des Caraïbes à la Guyane en Amérique du Sud. C'est un monde défini par sa culture et qui est répandu sur un territoire plus grand que l'actuel territoire géographique des Caraïbes ; il embrasse une entité culturelle qui, elle-même, possède une diversité d'origines pouvant, dans certain cas, s'enraciner aussi profondément que dans d'anciennes sociétés de l'Afrique de l'Ouest, du sous-continent indien, de la Chine, du Moyen-Orient et de l'Europe. La culture dominante dans cette population demeure africaine[2] ; mais la culture créole qui se développa, bien que considérablement influencée par les cultures africaine et européenne, doit beaucoup aux cultures chinoise, indienne, etc. Toutefois, dans une très grande majorité de cas, c'est du groupe créole d'origine africaine que proviennent les immigrants en Grande-Bretagne. En immigrant, leur statut passe, de majoritaires dans une population de près de six millions, à un autre de minoritaires avec plusieurs identités culturelles dont celles de la Jamaïque, de Sainte-Lucie, des Barbades, de Trinidad, de la Guyane, etc. Ils totalisaient près de 495 000 personnes (y compris leurs enfants nés en Grande-Bretagne) vers la fin des années 80 (Peach, 1990 et 1982).

---

2. En Trinidad et en Guyane, les descendants des travailleurs en apprentissage et provenant du sous-continent indien constituent le plus gros groupe.

Au cours des années toutefois, un nouveau sens du caractère ethnique a émergé et a été imposé par la société britannique en général, en donnant à ces groupes une identité commune. D'un côté, les Caraïbes ont cherché à maintenir leur identité « nationale ». D'un autre côté, ils sont passés de l'identification « gens de couleurs » à la dénomination de « Noirs », puis à une autre « d'Afro-Caraïbes » et, de plus en plus, suivant en cela l'exemple des Afro-Américains, à celle de « Caraïbes d'origine africaine ». À l'exception de l'étiquette de « Noir », peu de gens dans les Caraïbes reconnaissent d'emblée ces différentes étiquettes, parce que, en dépit des efforts particuliers de deux générations ou plus d'écrivains, de musiciens et d'autres artistes pour évoquer et raviver le passé africain, la prépondérance de la culture créole ne facilite pas ce que Malinowski (1961 : 21) décrit comme étant une « rétro-référence[3] » à une autre culture. En Grande-Bretagne, les Caraïbes se sont dotés d'une identité qui n'existe pas dans les Caraïbes elles-mêmes – soit une identité d'*Africains* mais ayant en commun un héritage caraïbe. Tout comme pour les Européens « romantiques », la « rétro-référence » est associée à un passé africain imaginé et mythique ; mais, sur un plan plus pratique, la « rétro-référence » se fait en direction des Caraïbes. Un processus dynamique de rupture, tout autant que de continuité, dans les habitudes culturelles est évident ici, un processus qui a été « filtré » par l'expérience britannique post-impériale.

La complexité de cette identité a pu évoluer sur une période relativement courte, des années 50 aux années 80, et dans un environnement relativement hostile qui, bien sûr, a contribué à former cette nouvelle identité en développement par des Africains créolisés et dispersés dans le monde. À titre d'exemple, l'expression de la culture chez les Britanniques d'origine caraïbe a tendance à être exclusive, du moins dans le ton ; elle est parfois même agressive dans le ton et les images auxquelles elle se réfère. En général, l'identité noire des Britanniques d'origine caraïbe semble aller à contre-courant de la tradition culturelle d'inclusion et de tolérance que l'on retrouve dans les Caraïbes. Cet aspect négatif peut être vu comme inévitable dans le processus d'établissement d'un contenu et de frontières ethniques dans un monde où il est tout aussi « naturel » de proclamer une identité ethnique que d'avoir une paire de mains, un nez, deux yeux et deux pieds. Cet aspect ne doit toutefois pas faire l'objet de trop d'attention. Même en Grande-Bretagne où chaque individu est poussé à chercher ou à inventer sa propre identité ethnique, les activités artistiques, théâtrales, littéraires, musicales ou autres des Caraïbes réunissent des membres de tous les autres groupes, et dans ces activités, bien que l'exclusivisme ne soit pas un phénomène inconnu, il va à l'encontre de

---

3. Note du traducteur: nous comprenons la « rétro-référence » (*invoicing back*) comme un phénomène de travail de transformation de l'identification à une certaine image culturelle autre.

l'éthique traditionnelle des arts de l'expression. La visibilité des jeunes d'origine caraïbe dans des activités sportives, par exemple, démontre leur volonté de participer à la vie nationale et c'est aussi une façon de résister aux tentatives d'exclusion.

C'est un peu le même processus que l'on peut observer chez les groupes plus nombreux d'origine asiatique. Toutefois,ces groupes possèdent une plus grande diversité d'origines que les gens en provenance des Caraïbes. En Grande-Bretagne, contrairement à ce qui se passe en Amérique du Nord, la dénomination « asiatique » désigne des immigrants du Bangladesh, des Indes, du Pakistan ou du Sri Lanka ; les Chinois, les Vietnamiens et les autres immigrants du continent asiatique sont exclus de cette catégorie et ils sont appelés Chinois, Vietnamiens, etc. Des quelque 1,5 million de Britanniques d'origine asiatique (avec familles, expertises, professions et parfois capitaux), une part significative est arrivée en Grande-Bretagne *via* l'Afrique, plus particulièrement en provenance du Kenya (1968), de l'Ouganda (1971-1972) et du Malawi (1976).

Alors que, d'une façon ou d'une autre, toutes les minorités ont en commun un certain passé colonial, que ce soit dans le sous-continent asiatique ou en Afrique, les Britanniques d'origine asiatique font montre d'une diversité culturelle, linguistique et religieuse remarquable. Des deux côtés de la frontière indo-pakistanaise, du territoire historique du Punjab, des Sikhs et des Musulmans de milieu rural, ainsi que des Hindous, ont quitté leurs terres pour la Grande-Bretagne. Puis, après une guerre d'indépendance sanglante, dans laquelle furent impliqués Indira Gandhi et Zulfikar Ali Bhutto, arrivèrent des gens du Bangladesh qui, jusqu'en 1971, s'appelait le Pakistan de l'Est. Des groupes comme les Bengalis (particulièrement les Sylletis), les Pendjabis (en particulier les Jats) sont bien connus, mais il y a aussi les Gujaratis du Gujarat et de l'Afrique de l'Est, les Goiens d'Afrique passant parfois par le Portugal, de même que des minorités religieuses telles les Jaïns, les Zoroastriens, les Bouddhistes et les Chrétiens, ainsi qu'une variété de sectes Hindoues moins connues et qui devinrent populaires en Occident dans les années 60 et 70. Ces groupes sont eux-mêmes subdivisés et, dans un sous-continent de plus de un milliard d'habitants, ils ne seraient pas considérés comme faisant partie du bloc « asiatique », même si c'est parfois la perception qu'ils ont d'eux-mêmes et celle qui a cours en général en Grande-Bretagne. Tout comme pour les groupes des Caraïbes, les gens qui viennent du sous-continent indien ont été étiquetés tour à tour de « gens de couleur », de « Noirs », etc. ; de façon générale, ils sont maintenant connus comme étant « Asiatiques » (Modood, 1988), tout autant que Sikhs, Musulmans, etc.

Il est à noter que les groupes qui sont arrivés entre les premières vagues d'immigration et celles qui ont suivi la Deuxième Guerre mondiale, comme les groupes provenant du sous-continent indien qui immigrèrent pour servir de « coolies » aux Caraïbes entre 1838 et 1917, peuvent en général expérimenter une transition de l'identité d'Indiens de l'Est à celle d'Asiatiques au sens que leur donnent les Britanniques, ou même être marginalisés davantage en n'étant considérés ni comme Asiatiques, ni comme Caraïbes. De la même façon, les quelques Africains qui arrivent directement du continent se disent eux-mêmes Afro-Caraïbes, et il n'est pas rare que les Britanniques de souche les appellent ainsi également.

Bien que l'accent mis par Malinowski sur les processus de changement culturel dans ses travaux soit dans l'ensemble justifié, il est nécessaire de nuancer cette vision des choses en rappelant que les contacts culturels stimulent aussi la perpétuation d'une culture. La migration vers une Grande-Bretagne aux traditions longues et anciennes implique à la fois des changements et des continuités culturelles de la part des communautés autochtones et immigrantes. Tout comme les immigrants dans tous les pays, les Asiatiques et les Caraïbes s'étaient préparés à s'adapter aux nouvelles conditions de vie, mais le degré de cette adaptation est largement déterminé par l'accueil qui leur est réservé.

L'expérience, après la guerre, de l'établissement d'un nombre considérable de Noirs dans une société blanche était nouvelle, et les Caraïbes étaient mal préparés à l'hostilité et au rejet dont ils furent l'objet (Carter, 1986). À titre d'exemple, l'expérience avilissante de l'esclavage dans les Caraïbes a été à tort davantage associée aux colons blancs qui, partout, s'opposèrent à l'abolitionnisme dans les premières décennies du XIXe siècle. Avec l'émancipation en 1834-1838, les Blancs de ces régions se sont opposés à l'intégration de la majorité noire au système politique et ont entravé le progrès social et économique. D'un autre coté, le mouvement humanitaire en Grande-Bretagne, qui a contribué à pousser le Parlement anglais à abolir d'abord la traite des Noirs et ensuite l'esclavage, a laissé le souvenir d'un centre impérial relativement bienveillant. En outre, la représentation de la Grande-Bretagne comme une société juste et démocratique n'a jamais été remise en question dans les Caraïbes où certaines institutions britanniques (du cricket au parlement) ont pu être partiellement « rétro-référées » en Grande-Bretagne.

Nous ne voulons pas insinuer que les Caraïbes (ainsi que n'importe quel autre groupe d'immigrants) s'attendaient à être accueillis les bras ouverts en Grande-Bretagne. Ils s'attendaient, comme tous les autres immigrants, à travailler très fort, à réduire dans un premier temps leur niveau de vie et à occuper des emplois subalternes que plusieurs auraient dédaignés dans leurs pays d'origine. Ils s'attendaient par contre à pouvoir, dans un temps relativement raisonnable, voir leur vie et surtout celle de leurs enfants s'améliorer, en raison des plus grandes possibilités qu'offre une meilleure éducation. Pour certains, les promesses d'un monde meilleur furent remplies. Mais pour un trop grand nombre de familles d'origine caraïbe, les réalités sont restées éloignées de leurs espoirs de façon décevante.

La situation des minorités provenant du sous-continent indien est significativement différente de celle des gens arrivant des Caraïbes. Le système de castes, ainsi que le fait d'avoir vécu dans des sociétés pluralistes en situation coloniale africaine, ont peut-être contribué, de façon paradoxale, à « préparer » les groupes asiatiques pour une adaptation relativement rapide en Grande-Bretagne. Nous ne pouvons, à ce point-ci, explorer les raisons de cette adaptation ; nous devons toutefois relever les contradictions apparentes de la culture britannique, notamment son ouverture, son respect pour le maintien de l'« autre » et la compétition « raciale ». Dans de telles conditions, la présence assez répandue d'Asiatiques dans les activités économiques (propriétaires de boutiques ou de manufactures, chefs de petites et moyennes entreprises) ainsi que dans les professions libérales a contribué à donner des Asiatiques une image d'immigrants qui réussissent très bien. Conséquemment, cette présence est une démonstration des possibilités offertes au-delà des questions de discrimination en Grande-Bretagne. À l'égard de l'éducation civile, dont l'acquisition est de prime importance pour les Caraïbes et la plupart des groupes asiatiques, la performance des enfants d'origine asiatique est supérieure à la moyenne nationale britannique ; par contre, la performance moyenne des enfants d'origine caraïbe est caractérisée par de très grands espoirs, la frustration et l'échec (Swann, 1985 ; Rampton, 1981). Les succès des Asiatiques sont célébrés à juste titre et c'est à la cohésion de la famille élargie et à la culture d'entreprise que l'on attribue généralement ces remarquables succès.

Ces succès ne veulent toutefois pas dire que les Asiatiques n'ont pas eu à se mobiliser autour de griefs dans la société britannique. Il faut souligner en premier lieu que les communautés asiatiques ne s'en tirent pas toutes de la même manière. Par exemple, les filles ne performent pas à l'école aussi bien que les garçons ; les Pakistanais et les Bengalis ne réussissent pas aussi bien que les Indiens et, plus particulièrement, les Hindous (Taylor, à paraître). Les Asiatiques, plus que les Juifs ou les Noirs, sont susceptibles d'être victimes d'agression physique de la part de groupes d'extrême-droite. De plus, depuis que la Loi de l'immigration du Commonwealth de 1962 a mis fin à l'immigration des Caraïbes, à un moment où les États-Unis et le Canada étaient de loin beaucoup plus attrayants pour les gens de cette région, les crises britanno-asiatiques au Kenya, en Ouganda et au Malawi ont conduit à de nouvelles vagues et à de nouveaux modèles d'immigration asiatique en Grande-Bretagne. En effet, il y a encore des Asiatiques aux Indes et ailleurs, qui possèdent des passeports britanniques et qui n'attendent que le feu vert pour entrer en Grande-Bretagne.

En dépit de leurs succès économiques, scolaires et professionnels et une situation relativement avantageuse par rapport à celle que vivent les immigrants de descendance africaine sous plusieurs aspects de la vie quotidienne où les Noirs ont affaire aux Blancs, les Asiatiques, tout comme les Caraïbes, ont quand même des problèmes à résoudre et pour lesquels ils doivent se mobiliser. Comme nous l'avons déjà mentionné, un bon nombre de problèmes vécus par les Asiatiques sont différents en intensité de ceux que connaissent les Afro-Caraïbes. À titre d'exemple, mis à part des actes de violence portant atteinte à la vie et à la propriété privée, il y a des sujets d'intérêt communautaire qui sont d'importance vitale pour le maintien des différentes communautés. Ainsi, la langue, les croyances religieuses, les traditions, les pratiques familiales coutumières, etc. sont des sujets cruciaux. Les différents groupes ont exprimé leurs inquiétudes chacun à leur façon. Les Sikhs, qui jouissaient d'un statut particulier durant le règne des Britanniques aux Indes, se sont trouvés des alliés dans la société britannique qui les ont aidés à faire valoir leurs points de vue à travers le dédale des lois et des usages (Dibwell, 1987). Ainsi, les lois relatives à la sécurité dans les transports ont été amendées pour permettre aux Sikhs de pouvoir porter leur turban ; ceci est un exemple qui illustre bien comment la souplesse de la tradition anglaise du « common law » peut être appliquée de façon créative pour promouvoir des lois adaptées à une société en mutation (Poulter, 1986). Dans l'ensemble, on peut dire que les Indiens de différentes sectes hindoues ont maintenu une présence discrète selon les traditions et ont continué à mener leur vie de façon tranquille et accommodante. Toutefois, cela pourrait changer de façon radicale. À titre d'exemple, durant la semaine du 19 juillet 1992, on a signalé des accrochages culturels entre les Indiens et les Pakistanais au sujet, semble-t-il, d'une histoire d'amour (*The Guardian*, 1992 : 1 et 3). Occasionnellement, au cours des dernières années, des accrochages ont eu lieu entre Sikhs et jeunes Musulmans dans Birmingham, la deuxième plus grande ville du pays.

Toutefois, au cours des années, le militantisme de l'Islam dans la société britannique a pris beaucoup d'importance et a accru sa visibilité, notamment à la suite de l'affaire des *Versets sataniques* de Salman Rushdie entre 1988 et 1990 (Appignanesi et Maitland, 1989) et de la guerre du Golfe. Ces événements ont rattaché de façon tragique les décennies 80 et 90, soulevant dans un contexte dramatique de nouveaux problèmes tant pour les minorités que pour la majorité autochtone en Grande-Bretagne. Les différences religieuses, culturelles et linguistiques soulèvent de nombreux problèmes d'ordres moraux, philosophiques et pratiques dans plusieurs aspects de la vie quotidienne. Pour certains, la nature même d'une société libérale, ouverte et civile est remise en question en Grande-Bretagne au moment même où les anciens États socialistes se tournent vers le pluralisme libéral croyant ainsi résoudre tous leurs problèmes. Cette vision du monde libérale et civile, issue des traditions gréco-romaine et chrétienne, est présentement confrontée à une perception du monde et à des convictions religieuses tout aussi enracinées dans l'histoire, c'est-à-dire l'Islam. Nous avons donc ici deux régimes anciens (reliés à une vision particulière du monde, de l'ordre et de la vie) qui s'affrontent et refusent d'accepter que leurs contacts mèneront inévitablement à des changements, plutôt qu'à l'élimination de l'un ou l'autre (*Commission for Racial Equality*, 1990a et 1990b).

L'un des points importants où se confrontent ces traditions mobilisatrices et les traditions créoles caraïbes renvoie à la question épineuse de l'éducation. En 1988, le gouvernement conservateur a passé une loi très partisane sur l'éducation – l'*Education Reform Act* (ERA) – pour remplacer la loi de 1944 passée par la Coalition gouvernementale formée en temps de guerre, et qui avait régi l'éducation en Grande-Bretagne depuis. Quelques-uns des objectifs de ces réformes en profondeur visaient en particulier les minorités. À titre d'exemple, il y a eu la mise en place d'un programme d'études national, qui non seulement restreignait la liberté de choix sur le plan régional, mais empêchait également d'inclure les langues non européennes comme choix possibles de langue seconde au secondaire. Bon nombre de parents asiatiques aimeraient voir les langues indiennes figurer parmi les langues secondes offertes dans les écoles secondaires, en même temps que le français, l'allemand ou l'italien. De plus, la crainte subsiste que tout ce qui a été réalisé dans les écoles dans le domaine du multiculturalisme au cours des quinze dernières années soit réévalué et que les écoles retournent à une vision monoculturelle de la société britannique contemporaine[4]. En outre, les enfants devront dorénavant être testés à des âges précis (7, 10, 14 ans, etc.). On craint ici que certains enfants des minorités ethniques soient désavantagés par des tests inutilement précoces.

Un bon nombre de familles musulmanes souhaiteraient que leurs enfants aillent dans des écoles musulmanes où leurs croyances religieuses représenteraient une part importante du programme d'études. Ceci est particulièrement vrai en ce qui concerne les filles que leurs parents aimeraient voir dans une école réservée aux filles seulement. Il y a aussi le point de vue des parents caraïbes et des enseignants, qui croient que leurs enfants réussiraient mieux dans des écoles dirigées par des Noirs (Duncan, 1992). L'existence et la proéminence d'écoles privées et d'écoles dirigées par des catholiques, des anglicans et des juifs justifieraient pour les communautés ethniques la création de leurs propres écoles pour leurs enfants qui, à leur avis, ne sont pas bien

---

4. Certains éducateurs sont plus optimistes et soutiennent que le mouvement du multiculturalisme dans le domaine de l'éducation est suffisamment avancé pour que les réactions à son égard ne puissent avoir de prise.

servis par le système public. En fait, rien dans la loi ne l'interdit. Les problèmes surviennent lorsque les parents s'attendent à ce que l'État paie pour la création de ces écoles. Même si cela changera probablement dans un avenir rapproché, jusqu'à maintenant les autorités ont refusé de donner leur appui financier à ces écoles, soulignant que cela représenterait un geste politique maladroit qui ne favoriserait pas les bonnes relations raciales. Paradoxalement toutefois, l'*Education Reform Act* (ERA) a donné le droit aux parents de soustraire les écoles fréquentées par leurs enfants au contrôle des autorités locales, ces écoles pouvant être financées directement par le ministère de l'Éducation. Plusieurs ont vu dans ce geste un encouragement aux parents blancs (bien que cela concerne des parents qui font eux-mêmes partie de minorités ethniques) qui désirent que leurs enfants fréquentent des écoles où la majorité des élèves ne font pas partie de minorités ethniques[5].

Il n'y a pas de réponses simples à ces problèmes. Elles renvoient à la question fondamentale que la société britannique se pose à l'égard de son système d'éducation : Est-ce que les écoles devraient être un lieu où les enfants de diverses origines pourraient se rencontrer et où des éléments importants de la culture civique seraient partagés, ou bien est-ce que les écoles séparées devraient être encouragées pour promouvoir les besoins des différentes communautés ? Dans ce contexte, les groupes concernés, tant chez les autochtones que chez les minorités ethniques, sont impliqués dans ce que Schattschneider nomme la « mobilisation des biais » (Schattschneider, 1960) autour de leurs héritages culturels ou ceux qu'ils perçoivent comme tels. Par conséquent, la lutte pour l'égalité et la justice sociale a été mutée en mobilisation autour de questions relatives à la préservation de la culture par les leaders de tous les secteurs de ce que nous considérons généralement comme la communauté nationale (Deakin, 1986 ; Foot, 1969).

LES FORMES DE RÉSISTANCE

À cet égard, tandis que les minorités d'origine asiatique et caraïbe ont été, selon les propos de M.G. Smith, « incorporées de façon différentielle » dans la société britannique, leurs réponses à la discrimination et à l'exclusion ont été en grande partie assez semblables. Toutefois, le comportement des Afro-Caraïbes en Grande-Bretagne devrait déterminer des composantes impor-

---

5. Un exemple des plus frappants de cette situation s'est produit, vers la fin des années 80, à Drewbury, Lincolnshire, lorsque des parents retirèrent leurs enfants d'une école où la majorité des élèves étaient d'origine asiatique. On a également rapporté que certaines familles des communautés asiatique et caraïbe ont dit préférer que leurs enfants n'aillent pas dans des écoles où la majorité des élèves étaient d'origine asiatique.

tantes des relations entre les indigènes et les nouvelles minorités – quoi qu'en pensent certains commentateurs (Dench, 1986 ; Modood, 1988). Il y a, évidemment, plusieurs raisons qui fondent cet état des choses. Premièrement, il y a eu l'arrivée et l'installation de groupes assez importants (familles comprises) des Caraïbes, qui se sont produites peu de temps avant celles des gens du sous-continent indien et de l'Afrique de l'Est. La grande majorité de ceux qui sont nés dans les Caraïbes sont arrivés dans les années 50, avant que la Loi sur l'immigration du Commonwealth de 1962 ne mette un frein à l'immigration en provenance de cette région. Deuxièmement, comme les Caraïbes s'attendaient à être considérés comme des sujets britanniques et à avoir les mêmes droits légaux, ils ont eu tendance à protester face à des injustices liées à la couleur de la peau. L'exclusivisme de leur nouvelle terre d'accueil qui exigeait d'eux qu'ils vivent, se conduisent bien et qu'ils acceptent d'être traités différemment en raison de leur couleur a été combattu et pour une grande part vaincu durant et après l'esclavage. En outre, ces luttes qui suivirent les guerres des *Maroons* au xviie siècle, reflétaient celles de la classe ouvrière progressiste en Grande-Bretagne et s'y incorporaient[6]. Par conséquent, les Anglo-Caraïbes donnèrent le ton à la politique en Grande-Bretagne en exigeant que la société traite chaque individu de façon égalitaire, peu importe ses traits distinctifs tels que la couleur de la peau, la « race », etc. En réalité, cela représente l'un des principes traditionnels prônés par le libéralisme britannique.

Mais à une époque où l'appel en faveur de la solidarité ethnique était très répandu, cette insistance sur l'égalité a été perçue comme une faiblesse et un manque d'à-propos de la part des Caraïbes immigrés en Grande-Bretagne (Dench,1986). Par la suite, on a eu l'impression que ce que les minorités avaient de mieux à faire c'était encore de modeler leurs comportements sur celui des communautés asiatiques relativement au rejet et à l'exclusion. La force que les Asiatiques tirent des liens serrés que leurs communautés tissent est perçue par plusieurs comme impliquant chaque groupe, en tant que groupe, qui cherche à négocier sa place dans la société. Ceci est vu comme reflétant une perspective d'action bien différente de celle des groupes caraïbes, lesquels poursuivent l'intérêt individuel. Il importe cependant de souligner que les perspectives individualistes et de groupes autour desquelles tournent ces discussions sont profondément ancrées dans la théorie et les pratiques politiques et sociales en Grande-Bretagne. Par conséquent, tant les groupes asiatiques que les groupes caraïbes ont pu créer des alliances avec la population autochtone de même qu'entre eux. En effet, ces traditions pour-

---

6. Ceci a été démontré de façon beaucoup plus frappante dans le cas de la Révolution française et des colonies françaises dans les Caraïbes, comme le souligne C.L.R. James (1936).

raient ne pas être aussi différentes qu'elles semblent parfois l'être pour ceux qui trouvent que les différences entre ces groupes constituent la principale clé de leurs positions différentes dans la société britannique.

De toute manière, très tôt, les minorités ont compris qu'elles devaient s'organiser et protester contre la discrimination dont elles étaient l'objet, et qui, selon toute vraisemblance, va se poursuivre. Leur exclusion a été généralement fondée sur la différence de couleur et, elles ont donc dû se mobiliser autour de cette différence. Au sujet de la mobilisation des groupes caraïbes, il est important de noter que, alors que leurs protestations revêtaient différentes formes, chacune d'elles était prise entre d'une part le désir de maintenir l'esprit d'ouverture caractéristique de la culture caraïbe et, d'autre part, la tentation de mobiliser l'ethnie de façon de plus en plus exclusive, laquelle est privilégiée habituellement. Dans le cas des groupes asiatiques, les commentateurs ont continuellement souligné que les réseaux familial et parental ont toujours formé la base organisationnelle de l'action politique et sociale (John, 1969 ; Rex, 1991). En conséquence, on croit généralement que la dépendance envers le réseau traditionnel de la parenté et de son autorité a aidé les groupes asiatiques à être efficaces dans leurs entreprises. Les groupes caraïbes, par contre, sont perçus comme étant faibles et inefficaces, parce qu'ils ont basé leurs organisations sur un raisonnement formel et idéologique. Bien que de façon générale, on ne puisse ignorer ces caractérisations globales, plusieurs recherches empiriques seront nécessaires pour démontrer jusqu'à quel point ces généralisations sont utiles à une meilleure compréhension de ces nouvelles communautés en Grande-Bretagne.

Les deux groupes ont toutefois participé (encore qu'à des degrés différents) à des marches, à des démonstrations, à des émeutes, à des pétitions et à la déposition de plaintes auprès de diverses instances élues ou nommées. De telles actions ont varié en intensité, de passablement conservatrices à radicales, et elles ont pris leur source tant à l'intérieur qu'à l'extérieur d'organisations et de structures existantes telles les partis politiques, les syndicats, les organisations professionnelles et les corps de métiers, etc. Dans l'ensemble, les activités politiques et sociales des minorités ethniques ont eu pour effet de poser un défi à la société et aux institutions britanniques, en référence à leur incapacité de vivre en accord avec ce qu'elles prêchent.

La forte tendance vers une dépendance quasi exclusive au caractère ethnique d'un groupe comme ressource politique est toutefois un phénomène relativement nouveau. Comme nous l'avons souligné plus haut, aux questions d'ordre plus général sur l'égalité, on a substitué des questions se rapportant plutôt au maintien de la culture. Il semble que l'égalité ne peut être favorisée que si le maintien culturel est assuré. Il semble, de plus, que les groupes ne peuvent se permettre d'ignorer le potentiel politique de la mobilisation basée sur les caractères ethniques dans ce genre de situation, malgré les dangers que cela comporte. Cette tentation n'est pas difficile à comprendre.

Cette tentation provient généralement d'au moins deux sources. Premièrement, le modèle que les Britanniques de souche ont d'une minorité noire vivant avec une majorité blanche est la situation vécue aux États-Unis. On a commencé à observer ce modèle au moment où les Britanniques d'origine caraïbe devinrent très conscients de la discrimination raciale et au moment où les Afro-Américains délaissaient leur manière pacifique, multiraciale et non exclusive de lutter contre la discrimination pour mobiliser leur spécificité ethnique afin d'accroître leur propre pouvoir à la manière typiquement américaine (Ringer, 1983 ; Omni et Winant, 1986). Ceci a été souligné dans l'expression utilisée par Kwame Toure (alors appelé Stokeley Carmichael) – « black power » –et a donné à cette situation un caractère immédiat (Hamilton et Carmichael, 1968). L'absence de *black power* contrastait radicalement avec le pouvoir blanc en Amérique et les Noirs réclamaient leur juste part dans cette société. Vers la fin des années 60 et durant la plus grande partie des années 70, nous avons pu observer une remarquable transformation du profil de l'Amérique noire[7], mais ce fut le slogan du *black power* qui, peut-être, a le plus impressionné les nouvelles minorités en Grande-Bretagne.

Les bérets noirs, les vestons de cuir, les mains remplies de pamphlets et de tracts et les coupes de cheveux afro ont cédé le pas, vers le milieu des années 70, à de nouveaux symboles provenant des ghettos et des studios d'enregistrement de Kingston, en Jamaïque. Les couleurs rastafariennes, les vêtements et les habitudes alimentaires ont symbolisé une rage renouvelée contre les forces de l'oppression ; « Babylonne » a remplacé le surnom de « cochon » pour décrire la police ; les lectures engagées sur l'histoire des Noirs dans les Amériques, en Afrique et sur les luttes des Vietnamiens, des Chinois et des Africains contre l'impérialisme ont été remplacées par un engouement pour les « herbes », un retour radical à la version du roi James de la Bible et par de nouvelles chansons contestataires inspirées de leur expérience de la diaspora et exprimant un désir de justice sociale et d'égalité pour tous. Mais de ces expériences allaient émerger de nouveaux symboles relatifs au caractère ethnique et une façon unique de considérer le fait d'être Noir comme contrepoids au fait d'être Blanc. Cette situation s'était inspirée d'images (sinon de la réalité) provenant des États-Unis, des Caraïbes et des différentes versions de la diaspora au sujet d'une Afrique mythique et largement romancée.

---

7. Ceci a pu se passer, malgré les débats actuels sur ce que ces transformations ont vraiment signifié pour la majorité des Noirs.

Une autre source d'inspiration provenait de l'expérience coloniale et postcoloniale de l'Afrique de l'Est. Les Britanniques de l'Afrique de l'Est reconnaissent trois types d'humains : les Européens, les Africains et les Asiatiques. Tout comme dans les sociétés pluralistes sur les plans social et culturel décrites principalement par M.G. Smith (1965) et Furnivall (1948), ces types existaient dans des sphères très différentes à l'intérieur de chaque colonie de la région. À titre d'exemple, même si des membres de chacun de ces groupes effectuaient le même travail, ils étaient payés de façon différente. Les villes avaient leurs quartiers africains, asiatiques et européens ; les enfants fréquentaient des écoles différentes. Les groupes étaient différenciés par des arrangements institutionnels, des coutumes, des langues et même par les règlements en vigueur sur la place du marché, de telle sorte qu'il devenait difficile de parler d'une « société ». Avec la décolonisation, le monde devint plus familier avec la forme la plus développée de ce type de société, soit l'apartheid ; mais même en Afrique du Sud aujourd'hui, ce type d'organisation sociale fait place à des modes beaucoup plus humains d'existence et de participation sociale. Ce à quoi je réfère ici quand je parle du facteur de l'Afrique de l'Est dans les relations raciales en Grande-Bretagne se résume à ceci : l'expérience coloniale de cette partie de l'Empire britannique a été importée en Grande-Bretagne et est perçue comme le guide principal dans la gestion des relations entre gens de différents groupes raciaux et ethniques. Il y a une relative absence de vision d'une société plus large envers laquelle des gens de différentes origines ethniques pourraient en toute légitimité nourrir un sentiment d'appartenance.

Il est important ici d'insister sur le fait que je ne perçois pas le processus par lequel le modèle africain de l'Est est arrivé en Grande-Bretagne, pour devenir une simple situation de diffusion culturelle. Ainsi, je ne crois pas à la théorie de la conspiration provenant des Asiatiques de l'Afrique de l'Est, pas plus d'ailleurs que des colons ou des fonctionnaires coloniaux à la retraite. Les processus par lesquels le modèle colonial de l'Afrique de l'Est est parvenu à dominer dans une large mesure la pensée et la pratique dans le domaine des relations interraciales en Grande-Bretagne constitue en soi un sujet de recherche, parce que d'autres modèles existaient également. Une telle recherche devrait examiner comment l'expérience des Africains de l'Est et la mobilisation des ethnies noires sous la bannière du *black power* en Grande-Bretagne ont coïncidé à un moment précis et de telle manière que cela a eu pour effet d'écarter les préoccupations traditionnelles multiethniques. Cette coïncidence ou *convergence* de la mobilisation ethnique a placé le *catractère ethnique*, et non pas les préoccupations *politiques* plus générales, au centre de l'action sociale.

En attendant, il y a deux points que nous devrions garder à l'esprit. Le premier est le fait que le modèle colonial de l'Afrique de l'Est a amené un leadership social et politique très pauvre tant dans les populations majoritaires que dans les populations minoritaire de cette région. Cette dernière, la population minoritaire, fut marginalisée et parfois même expulsée délibérément à l'aide du pouvoir d'État contrôlé par les groupes ethniques majoritaires dans ces pays (Mamdani, 1973 ; Ghai et McAuslan, 1970). Le deuxième point à retenir est que la mobilisation ethnique a tendance à mettre de côté ou à marginaliser des enjeux légitimes concernant l'égalité, la justice pour tous et l'élimination de la discrimination raciale. Des débats aux États-Unis nous incitent à penser que, là aussi, la mobilisation générale autour des caractères ethniques a eu tendance à mettre de côté plutôt qu'à résoudre ces problèmes persistants et difficiles.

La raison principale de cet état de chose résiderait dans le fait que même si la mobilisation ethnique dans chacune des sociétés a contribué initialement à créer de larges coalitions contre les injustices, elle a toutefois, tranquillement et subtilement, changé les priorités, sinon les questions à l'ordre du jour. En conséquence, au lieu de l'injustice, de l'inégalité et de la fin à la discrimination basée sur la couleur de la peau, les questions à l'ordre du jour devinrent les facteurs qui servent à définir un groupe. Ceux-ci varient mais, pour l'essentiel, ils renvoient à la langue, à la religion et à ces autres facteurs qui définissent la culture d'un groupe – la *différence* qui le distingue des autres groupes, souvent pour justifier ses besoins et lui permettre d'obtenir des gains dans l'allocation des ressources publiques. Quoique légitime sur le plan des droits, un ordre du jour basé essentiellement sur les *différences* tend à changer significativement les buts de la mobilisation.

Cette convergence tend aussi à traiter en bloc des questions qui semblent identiques. Ainsi, la discrimination raciale et l'intolérance religieuse peuvent avoir plusieurs caractéristiques en commun et être articulées par les mêmes individus ou groupes, mais elles sont également différentes. Dans le contexte européen, elles sont associées à différents contentieux qui ont des bases historiques. L'un d'eux est relié à la rivalité, à l'antagonisme et à l'intolérance historique entre le christianisme et l'islam ; l'autre est relié à l'antagonisme qui prend racine dans l'expérience maître-esclave des Européens et des diasporas africaines. Parfois nos préoccupations légitimes pour tout groupe persécuté à cause de ses croyances religieuses ou de ses différences culturelles nous conduisent à amalgamer toutes ces questions et, à l'occasion, dans le processus, un aspect ou l'autre peut, involontairement, être « écarté » de l'ordre du jour (« *organized out* » of the agenda), pour reprendre une expression de Schattschneider. D'une manière significative, une part importante de la mobilisation ethnique d'aujourd'hui peut consister à éliminer de l'ordre du jour des préoccupations concernant la justice sociale, l'égalité pour tous et la fin de la discrimination basée sur la couleur de la peau ou sur la race, etc. et, par le même processus, intégrer à l'ordre du jour des préoccupations au sujet de la culture. Quand la préoccupation est centrée sur la préservation de la culture plutôt que sur l'enjeu de changer le monde au-delà de la frontière ethnique qui est une part légitime du domaine des droits, les luttes pour l'égalité et la justice sociale risquent d'être oubliées.

CONCLUSION

Il ne s'agit pas ici de suggérer que la mobilisation autour des caractères ethniques pour défendre ou promouvoir la culture en Grande-Bretagne serait illégitime. Il arrive parfois que des groupes de gens n'ont pas d'autres moyens auxquels recourir. Le point ici est qu'il faut être conscient du fait que la mobilisation est en quelque sorte une épée à double tranchant. Elle agit de deux façons. Et la question qui se pose pour les minorités ethniques de souche non européenne ne se rapporte pas tant à la préservation de leur culture ou de leurs racines ethniques, si importantes soient-elles, mais plutôt au pouvoir qu'elles ont de négocier une entrée et une installation pacifique avec les populations autochtones et entre elles. Peu importe l'orientation de l'action que des groupes choisissent, cette orientation implique des choix, des préférences et, par conséquent, une mobilisation de biais qui, en retour, engendre d'autres biais contradictoires.

La tâche qui revient aux universitaires dans ce domaine de travail qui exige une approche particulière n'est pas simplement de glorifier ou de rejeter la mobilisation ethnique comme réponse à une pratique répandue d'exclusion sociale, mais de tenter d'expliquer ce que ce réveil ethnique peut avoir comme conséquence tant pour les majorités que pour les minorités dans un monde coincé entre la solidarité ethnique, l'intégration croissante et les pressions générales pour plus de participation, de justice sociale et d'égalité.

Bibliographie

APPIGNANESI, L. et S. MAITLAND (sous la direction de) (1989). *The Rushdie File*, Londres, Fourth Estate Ltd.

BIDWELL, S. (1987). *The Turban Victory*, Southall, The Sikh Missionnary Society.

CARTER, T. (1986). *Shattering Illusions*, Londres, Lawrence and Wishart.

COMMISSION FOR RACIAL EQUALITY (1990a). *Britain : A Plural Society, Report of a Seminar*, Discussion paper n° 3, Londres.

COMMISSION FOR RACIAL EQUALITY (1990b). *Law, Blasphemy and the Multi-Faith Society, Britain : A Plural Society, Report of a Seminar*, Discussion paper n° 1, Londres.

DEAKIN, N. (sous la direction de) (1986). *The New Right*, Londres, The Runnymeade Trust.

DENCH, G. (1986). *Minorities in the Open Society : Prisoners of Ambivalence*, Londres, Routledge & Kegan Paul.

DUNCAN, C. (1992). « The ERA and Black-Led Schools », dans DRURY, B. (sous la direction de) (1992). *Education, the Education Reform Act 1988 and Racial Equality : A Conference Report*, Coventry, Centre for Research in Ethnic Relations, Université de Warwick, Occasional paper n° 7.

Education Reform Act 1988, Londres, HMSO.

FITZGERALD, M. (1966). « Afro-Caribbean Involvement in British Politics », dans CROSS, M. et H. ENTZINGER (sous la direction de) (1966). *Lost Illusions*, Londres, Routledge.

FOOT, P. (1969). *The Rise of Enoch Powell*, Harmondworth, Penguin.

FURNIVALL, J.S. (1948). *Colonial Policy and Practice*, Cambridge, Cambridge University Press.

GOULBOURNE, H. (1991). *Ethnicity and Nationalism in Post-Imperial Britain*, Cambridge, Cambridge University Press.

HAMILTON, C.V. et S. CARMICHAEL (1967). *Black Power*, New York, Random House.

DEWITT, J. (1969). *The Indian Workers' Association in Britain*, Londres, Oxford University Press.

LAYTON-HENRY, Z. (1991). *The Political Rights of Migrant Workers in Western Europe*, Londres, Sage Publications.

MALINOWSKI, B. (1961). *The Dynamics of Culture Change*, Westport, Greenwood Press.

MAMDANI, M. (1973). *From Citizen to Refugee*, Londres, Frances Pinter Publishers Ltd.

MODOOD, T. (1988). « »Black», Racial Equality and Asian Identity », *New Community*, vol. 14, n° 3.

NETTLEFORD, R. (1972). *Identity, Race and Protest in Jamaica*, New York, William Morrow and Co.

OMNI, M. et H. WINANT (1986). *Racial Formation in the United States from the 1960s to the 1980s*, Londres, Routledge and Kegan Paul.

PEACH, C. (1990). *The Caribbean in Europe,* a paper presented to a Conference on the Caribbean and Europe in the 1990s, Londres, Institute of Commonwealth Studies, Université de Londres.

PEACH, C. (1982). « The Growth and Distribution of the Black Population in Britain 1945-80 », dans COLEMAN, D. (sous la direction de). *Demography of Immigrants and Minority Groups in the United Kingdom*, Academic Press.

POULTER, S. (1986). *English Law and Ethnic Minority Customs*, Londres, Butterworths.

RAMPTON, A. (1981). *West Indian Children our Schools : Interim Report of the Committee of Inquiry into the Education of Children from Ethnic Groups*, Cmnd. 8273, Londres, HMSO.

Rex, J. (1991). « Ethnic Identity and Ethnic Mobilization in Britain », dans CRER. *Monographs in Ethnics Relations*, n° 5, Coventry, Centre for Research in Ethnic Relations, Université de Warwick.

Ringer, B. (1983). *We the « People » and Others*, New York, Tavistock Publications.

Schattscheinder, E.E. (1960). *The Semi-Sovereign People*, Hinsdale, The Dryden Press.

Smith, M.G. (1974). *Corporations and Society*, Londres, Duckworth.

Smith, M.G. (1965). *The Plural Society in the British West Indies*, University of California Press.

Swann, The Lord (1985). *Education for All : Report of the Committee of Inquiry into the Education of Children from Ethnic Minority Groups*, Cmnd. 9453, Londres, Her Majesty Stationary Office.

Taylor, P. (à paraître). « Access to Higher Education », dans Goulbourne et Lewis-Meeks (sous la direction de) (à paraître). *Ethnic Minorities and Higher Education in Britain*, Coventry, Centre for Research in Ethnic Relations, Université de Warwick.

The Guardian (1992). *The Guardian*, 24 juillet 1992.

❖ # Être mère au foyer à Montréal... quand on arrive de l'étranger

Michelle DUVAL
Institut québécois de recherche sur la culture

Le réseau familial et de voisinage jouait dans le pays d'origine de certaines femmes immigrantes un rôle essentiel. Transformé à la suite de la migration, ce réseau ne joue plus les mêmes rôles au Québec. Comment une telle transformation affecte-t-elle l'exercice de la maternité et de la conjugalité ? Est-il possible de favoriser ici la construction de nouveaux réseaux ? S'appuyant sur les résultats d'une étude exploratoire de la situation des mères au foyer récemment immigrées à Montréal, d'origine vietnamienne, salvadorienne et haïtienne, l'auteure tente de répondre à ces questions.

Quelles sont les conditions de vie des mères au foyer récemment immigrées ? Nous le savons fort peu... Alors que la situation des travailleuses immigrantes a fait l'objet d'études (Labelle *et al.*, 1987 ; Lamotte, 1985), celle des mères au foyer reste passablement méconnue. À la rareté des études et à la pénurie de statistiques les concernant spécifiquement s'ajoute la relative invisibilité de ces femmes dans l'ensemble de la société québécoise. Connaissant mal la réalité des mères au foyer récemment immigrées, il est difficile de développer des interventions susceptibles d'améliorer leur condition et, plus largement, de favoriser leur intégration à la société québécoise[1].

Afin de pallier cette lacune, l'Institut québécois de recherche sur la culture, mandaté par le ministère des Communautés culturelles et de l'Immigration, a mené, au début de 1991, une étude exploratoire de la situation des femmes d'origine vietnamienne, haïtienne et salvadorienne vivant à Montréal[2]. Cette étude a permis de dégager certaines dimensions qui semblent centrales dans la problématique des mères au foyer d'immigration récente. Une de ces dimensions, c'est que les conditions dans lesquelles ces femmes exercent leur fonction de mère et d'épouse changent radicalement quand elles arrivent au Québec. Ce constat, valable pour les trois groupes ethniques étudiés, est fort probablement transposable à la plupart des situations vécues par les femmes provenant de sociétés très différentes du Québec sur le plan culturel.

Quelles transformations affectent l'exercice de la maternité et de la conjugalité ? Les conditions matérielles et l'organisation de la vie courante ne sont plus les mêmes que dans le pays d'origine. Les nouvelles arrivantes sont également confrontées à de nouveaux codes culturels régissant les relations hommes-femmes, parents-enfants et les relations interpersonnelles. De plus, le réseau familial et de voisinage transformé à la suite, entre autres, de la migration ne joue plus les mêmes rôles ici. Comment se traduit pour les mères cette dernière transformation ? Est-il possible de favoriser la construction ici de nouveaux réseaux ? Ce sont deux questions auxquelles l'étude exploratoire répond en partie. Je présenterai donc ici certains résultats de cette étude, en retenant davantage les constatations qui s'appliquent aux trois groupes ethniques étudiés. Auparavant, quelques précisions sur le cadre méthodologique s'imposent.

LA COLLECTE DES DONNÉES

Portant sur les mères au foyer récemment immigrées, l'étude a été limitée aux femmes arrivées à Montréal depuis moins de cinq ans, vivant avec un ou plusieurs de leurs enfants de moins de 12 ans, et n'occupant pas d'emploi salarié

---

1. Pour une définition de l'intégration, voir celle donnée par le ministère des Communautés culturelles et de l'Immigration du Québec (1990 : 4).

2. Le rapport de cette étude, intitulée *Être mère au foyer et récemment immigrée à Montréal: une étude exploratoire de la situation des femmes d'origine vietnamienne, haïtienne et salvadorienne*, est disponible au Secrétariat à la coordination du Plan d'action gouvernemental du ministère des Communautés culturelles et de l'Immigration à Montréal. Les résultats de cette étude ont fait l'objet d'une communication au 1er Symposium de recherche sur la famille tenu à l'Université du Québec à Trois-Rivières en octobre 1991, communication dont certaines parties sont reprises dans le présent article.

à l'extérieur du foyer, que cette non-participation à l'emploi soit volontaire ou forcée, occasionnelle ou permanente.

Une approche anthropologique a été adoptée pour étudier la situation des mères au foyer récemment immigrées, privilégiant l'examen du vécu et des pratiques individuelles et familiales de ces femmes. Les informations ont été recueillies auprès d'informatrices clés qui sont en contact avec ces femmes dans le cadre de leur pratique. Certaines travaillent dans des centres pour immigrants et réfugiés, dans des centres ethniques pour femmes et dans des CLSC ; l'une d'elles enseigne dans un COFI[3] ; d'autres sont agentes de milieu dans les écoles. D'origine vietnamienne, haïtienne, latino-américaine ou québécoise, ces informatrices ont livré, lors des entretiens, leur propre connaissance de la situation des mères au foyer récemment immigrées. Leur point de vue est teinté par leur position respective dans la structure sociale et dans les communautés étudiées, ainsi que par la nature de leur interaction avec les mères au foyer. L'origine ethnique des informatrices et, pour celles qui ne sont pas de souche québécoise, leur degré d'intégration à la société québécoise ont également influencé leur vision de la situation des mères au foyer récemment immigrées. Le point de vue des informatrices ne peut évidemment prétendre à l'exhaustivité : il éclaire certaines facettes de la réalité et demande à être confirmé par des recherches menées auprès des mères immigrées elles-mêmes.

Les informations obtenues lors de tels entretiens semi-dirigés (19 au total), menés individuellement ou en groupes de deux à cinq personnes, ont constitué le matériel de base de l'étude. Elles ont été complétées par les données statistiques ainsi que par quelques études disponibles (Chan et Dorais, 1987 ; Chan et Lam, 1983 ; Fleurant *et al.*, 1990 ; Labelle *et al.*, 1987 ; Association des femmes salvadoriennes et centro-américaines, 1987).

LA TRANSFORMATION DES RÉSEAUX D'ENTRAIDE ET DE SOCIABILITÉ

En quittant leur pays, les émigrantes laissent derrière elles le réseau de sociabilité qu'elles y avaient forgé, réseau composé des membres de la famille élargie et des voisines proches. Or chez les groupes étudiés, tant chez les Vietnamiennes que chez les Haïtiennes et les Salvadoriennes, un tel réseau jouait des rôles essentiels pour seconder les mères : rôle aussi bien de support,

---

3. COFI : Centre d'orientation et de formation des immigrants. Le gouvernement du Québec a confié à ces centres le mandat d'intégrer les immigrantes et immigrants à la société québécoise en dispensant des cours de français et en organisant des activités socioculturelles.

de contrôle des conduites ou de médiation des conflits que rôle de sociabilité. Transformé à la suite de la migration et partiellement reconstruit au Québec, ce réseau voit ici ses rôles modifiés.

Le support

Examinons tout d'abord le rôle de support joué par le réseau familial et de voisinage. Il s'agit du support que les mères reçoivent pour accomplir les tâches ménagères et veiller aux enfants. Au Viêt-Nam, en Haïti et au Salvador, les travaux domestiques sont traditionnellement partagés entre les femmes et plusieurs personnes, parentes et voisines, peuvent se charger de surveiller les enfants. Lorsqu'ils s'installent au Québec, les immigrants ne peuvent généralement plus vivre en famille élargie, soit parce qu'aucun parent ne les a précédés, soit parce que les nouvelles conditions de vie (taille et coût des logements, mode de vie plus individualiste) ne permettent qu'une cohabitation temporaire. La nucléarisation des familles prive donc les femmes d'un mode traditionnel d'entraide et entraîne une augmentation de leur fardeau de tâches.

Le réseau familial joue quand même un rôle important dans le processus d'adaptation à la vie québécoise. Ainsi, la situation des mères paraît nettement meilleure quand, à cause de la proximité résidentielle, elles peuvent continuer à bénéficier ici du support familial ; c'est ce que prouve l'expérience de certaines femmes d'origine vietnamienne et haïtienne. Les recherches relatives aux facteurs de protection de la santé mentale des migrants et des minorités (Bibeau et al., 1992 ; Beiser, 1988) indiquent aussi très clairement que la présence d'un réseau composé de personnes de la même origine ethnique (réseau homoethnique) favorise grandement l'adaptation des nouveaux migrants à grande distance culturelle.

Conservant, un certain temps du moins, les mêmes espérances de maternité que dans leur pays d'origine, les nouvelles arrivantes des groupes étudiés ont plusieurs enfants. Pauvres pour la plupart et souvent victimes de discrimination, elles habitent des logements exigus, dont certains sont insalubres. Venant de pays chauds, elles s'adaptent plus ou moins bien à l'hiver et connaissent souvent des conditions matérielles relativement difficiles.

Se retrouvant ici, de façon générale, seules responsables des travaux domestiques et des soins aux enfants, les nouvelles arrivantes se tournent vers leur conjoint pour obtenir de l'aide. Mais habitués dans leur pays à une forte ségrégation sexuelle des rôles, les hommes acceptent difficilement de participer aux travaux traditionnellement dévolus aux femmes, surtout si leur emploi, exigeant en termes d'heures et d'énergie, leur laisse peu de disponibilité. La redéfinition des rôles des conjoints dans l'univers privé, redéfinition forcée par la transformation des conditions d'exercice de la maternité, représenterait, selon nos informatrices, une source importante de stress pour les couples.

Privées de relais pour la garde des enfants quand elles n'habitent pas à proximité de parentes ou d'amies, les nouvelles arrivantes sont confinées à la maison. Elles n'ont pas recours aux services formels de garde par manque d'information ou de ressources financières, et aussi parce que les services de garde répondent mal aux besoins spécifiques des mères au foyer, qu'elles soient ou non immigrées.

Le contrôle des conduites

Outre la fonction de support, la famille élargie jouerait encore, dans les pays des groupes ethniques étudiés, un rôle de contrôle des conduites : conduite du mari, de la femme, des enfants. Dans ces sociétés où les relations interpersonnelles sont fortement hiérarchisées (hiérarchie des générations, des sexes), les codes de conduite sont stricts, et toute personne en autorité se charge de les faire respecter. Au Québec, le réseau des immigrées, même lorsque partiellement reconstruit, n'exerce plus un contrôle aussi sévère des conduites, ce qui tout à la fois désavantage et favorise ces femmes.

Elles sont désavantagées d'une part parce qu'avec l'implication moins grande des adultes, voisins et parents, auprès des enfants, les mères s'en retrouvent les responsables presque exclusives. Elles sont également pénalisées parce que le réseau ne limite plus aussi efficacement la conduite du conjoint et ses défaillances comme pourvoyeur. Cette influence réduite de la parenté et du voisinage favorise toutefois les femmes en leur accordant une plus grande liberté, leur laissant ainsi la possibilité de transgresser certaines normes, comme l'interdiction de divorcer, de pratiquer la contraception, d'interrompre une grossesse. Dans bien des cas cependant, c'est le mari qui prend le relais de la famille et du voisinage pour tenter d'imposer à sa femme des règles de conduite.

La médiation des conflits

Les conflits conjugaux, de même que ceux entre parents et enfants, semblent fréquents chez les nouveaux arrivants des groupes étudiés. Ils sont associés autant au besoin de redéfinir les rapports entre hommes et femmes, entre parents et enfants, qu'au stress inhérent à l'émigration et aux difficultés matérielles. Or, le réseau familial et de voisinage n'est plus là pour intervenir et jouer un rôle de médiateur entre l'époux et l'épouse, entre la mère et l'enfant. Les conflits s'exacerbent, la violence éclate. D'après nos informatrices, les couples seraient nombreux à se séparer durant les premières années suivant l'arrivée au Québec. Quant aux conflits parents-enfants, précipités par l'adoption rapide de nouveaux codes culturels par les enfants, ils se soldent parfois, comme on l'observe dans certaines familles haïtiennes, par le bris des relations avec le père et une démission de la part de la mère.

Confrontées aux valeurs québécoises plus égalitaires, les mères immigrées doivent établir des rapports moins autoritaires avec leurs enfants, tout comme elles incitent leur conjoint à développer avec elles-mêmes des rapports moins dominateurs. L'adoption, à l'égard des enfants, de pratiques plus permissives et de nouveaux modes de communication favorisant le dialogue s'effectuerait plus facilement chez les mères que chez les pères ; elle serait motivée par le souci de réussir l'intégration, tant scolaire que sociale, des enfants. Avec leur conjointe, les hommes parviennent, mais lentement et difficilement, à développer de nouveaux rapports. La principale motivation à assouplir sa position d'autorité serait le souci de maintenir le lien, de préserver la relation, parentale ou conjugale, un tel souci étant dicté par l'amour porté à ses enfants, à sa femme. Malgré les différences de modalités et de degrés dans les transformations des rapports hommes-femmes et parents-enfants, il semble que chez les groupes étudiés, un changement dans ces rapports soit observable dans l'ensemble des familles et des couples immigrés.

La sociabilité

En plus de jouer un rôle de support, de contrôle des conduites et de médiation des conflits, le réseau familial et de voisinage fournit aux mères au foyer dans leur pays d'origine un espace de sociabilité. Alors que le réseau social des hommes se développe à l'extérieur de la maisonnée, les mères au foyer vivent dans le cercle du clan familial et des voisines. Cette vie centrée sur l'univers domestique n'est cependant pas synonyme d'enfermement. Ainsi, l'exécution des travaux domestiques est l'occasion d'échanges et de contacts interpersonnels. Souvent, les femmes accomplissent en commun certaines tâches. Par ailleurs, les conditions climatiques ainsi que le style d'habitat favorisent les contacts de voisinage. De plus, on rencontre toujours des gens connus en faisant les courses, par exemple en allant acheter le pain ou chercher l'eau. Bref, parents et amis se côtoient, et c'est dans ce réseau, qui constitue l'univers social des mères au foyer, que les femmes développent des contacts et rencontrent de nouvelles personnes.

Arrivées au Québec, les mères immigrantes voient leur réseau s'amenuiser et le style de fréquentation se transformer. Les membres de la parenté installés au pays se fréquentent beaucoup moins ici que dans le pays d'origine, pour différentes raisons : exiguïté des logements, absence de ressources financières pour recevoir des invités, manque de disponibilité en raison des obligations de travail, style de vie davantage individualiste. Alors que souvent les hommes, actifs en emploi et impliqués dans des projets économiques, sportifs ou politiques, parviennent ici à se faire de nouveaux amis, les mères au foyer disposent moins de telles opportunités. Ne se définissant pas comme travailleuses, elles n'ont pas de lieux formels d'appartenance tels que ceux offerts par l'emploi ou les activités d'intégration des immigrants-travailleurs, tels que ceux dont disposent également les enfants à l'école. Elles doivent alors explorer des lieux informels de sociabilité.

La constitution par ces femmes d'un réseau personnel de sociabilité en dehors du réseau familial et de couple est entravée par l'absence de relais pour la garde des enfants. En outre, la méconnaissance du français et de l'anglais limite la capacité de ces femmes de développer des contacts hors du réseau homœthnique. Or, certains conjoints s'opposeraient à ce que leur femme entreprenne une démarche d'apprentissage des langues, leur permettant éventuellement de connaître leurs droits et les recours possibles au Québec et leur donnant par la suite la possibilité de s'affranchir de la tutelle maritale.

Même isolées de la société d'accueil, les mères récemment immigrées pourraient entretenir des sociabilités plus ou moins étroites avec des personnes de leur communauté. Or, il s'avère très difficile pour certaines d'entre elles de se doter, du moins à court terme, d'un nouveau réseau de relations. À moins d'avoir disposé d'autonomie dans le pays d'origine – c'est le cas de certaines Haïtiennes –, elles participent rarement seules aux activités de la communauté ethnique durant les premiers temps de leur installation. C'est généralement par l'intermédiaire du mari qu'elles rencontrent des compatriotes ; les relations qu'elles entretiennent alors avec ces personnes restent souvent superficielles. Ce ne serait pas non plus à fréquenter les lieux de culte que, selon certaines informatrices, ces femmes réussiraient à tisser des liens durables et qui leur procureraient un certain support. Il n'en reste pas moins qu'une telle fréquentation est, pour plusieurs femmes de chaque groupe étudié, une occasion privilégiée de créer de nouveaux contacts. Par ailleurs, certaines femmes parviennent-elles, par le truchement de leurs enfants et de leurs compagnons de jeu ou d'école, à rencontrer d'autres mères et ainsi tisser de nouveaux liens ? Il n'est pas possible de l'affirmer, le caractère limité des informations ne permettant pas de mesurer le rôle des enfants dans l'établissement de contacts informels pour les mères.

Les mères au foyer d'origine étrangère sont tôt ou tard amenées à remettre en question leur rôle d'épouse, de ménagère et de mère : d'une part, parce que les conditions matérielles d'exercice de la maternité et de la conjugalité ne sont plus les mêmes que dans le pays d'origine, d'autre part, parce que ces femmes sont confrontées au Québec à de nouveaux modèles de relations hommes-femmes et parents-enfants. Dans leur démarche de remise en question d'elles-mêmes comme éducatrices, conjointes et femmes, les immigrées risquent fort de n'être supportées ni par leur conjoint qui voit son propre rôle contesté, ni par les compatriotes et les parents plutôt garants des valeurs traditionnelles et souvent solidaires du mari. Les alliées potentielles de ces femmes se recruteraient davantage auprès d'autres femmes engagées dans une démarche similaire. Les mères au foyer récemment immigrées ont donc besoin d'avoir leur propre réseau de sociabilité. C'est là une condition indispensable pour briser leur isolement et développer leur autonomie.

LA CRÉATION DE NOUVEAUX RÉSEAUX – PISTES D'INTERVENTION

Pour les mères au foyer récemment immigrées, la reconstruction d'un réseau personnel de sociabilité doit s'effectuer sur des bases tout à fait différentes de celles qui prévalaient dans le pays d'origine. Habituées à un réseau social fondé sur les liens de parenté et de voisinage, comment les femmes qui n'ont aucune parente ou amie à l'arrivée parviendront-elles à se créer un réseau de relations ?

Bien que l'étude exploratoire visait davantage à esquisser une problématique de la situation des mères au foyer récemment immigrées à Montréal, il est possible, en se référant à certaines expériences réussies rapportées par des informatrices, d'entrevoir des pistes de solution. Ces expériences n'ont toutefois pas fait l'objet d'une analyse fouillée et elles n'ont pas été recensées systématiquement. Il est quand même possible d'en tirer certains enseignements qui pourront inspirer les chercheurs et intervenants engagés dans une démarche visant à briser l'isolement de bon nombre de mères au foyer récemment immigrées.

Regardons, par exemple, l'expérience menée dans un centre multi-ethnique de femmes. Lorsque les immigrées y viennent pour la première fois, c'est pour utiliser des services très ponctuels, qui répondent à des besoins urgents : dépannage alimentaire et vestimentaire, informations sur le statut d'immigrante ou de réfugiée, aide pour les démarches auprès des organismes gouvernementaux. Revenant une deuxième ou une troisième fois pour utiliser ces services de dépannage, les femmes se sentent plus à l'aise, surtout si elles peuvent revoir la même personne. Elles prennent connaissance des autres services offerts et s'inscrivent à une activité régulière, comme un cours de couture, qui répond à un besoin direct et où elles peuvent emmener leurs enfants. Ces femmes regroupées autour d'une activité pratique se font offrir par les animatrices des cours de français. Stimulées par la fréquentation des autres femmes et reprenant confiance dans leurs capacités, elles acceptent.

Parallèlement aux cours de français, les animatrices leur donnent des informations sur leurs droits, les lois québécoises et les ressources. L'accès à ces informations augmente l'autonomie et la capacité d'action de ces femmes : « Quand les femmes découvrent qu'il existe des ressources pour elles et leurs enfants, c'est comme une porte qui s'ouvre à elles », observe une informatrice. Ces sorties sont par ailleurs très bénéfiques pour les mères au foyer. Elles leur permettent d'échapper à l'enfermement de la maison et à la routine parfois abrutissante des tâches domestiques. Les femmes n'y sont plus définies par rapport à d'autres personnes (le mari, les enfants) mais par rapport à elles-mêmes. Elles créent des liens avec les autres femmes du groupe qui peuvent être d'origine ethnique différente et ce, même si elles parlent à peine français. Brisant leur isolement, elles se sentent chez elles au centre et développent un sentiment d'appartenance. Les échanges permettent en effet aux femmes de se reconnaître entre elles, explique notre informatrice :

« Au début, quand elles viennent, elles disent : "Tu ne peux pas savoir, il n'y en a pas d'autres qui ont vécu ça" . Quand elles découvrent qu'elles ne sont pas seules à vivre ce problème, c'est là que le lien se crée et que les solutions se trouvent. C'est comme ça qu'elles passent du découragement à la reprise en main. »

D'autres expériences plaident en faveur d'une approche semblable qui mise sur le dynamisme des femmes immigrées, dynamisme susceptible de surgir de leurs échanges, en opposition aux approches basées sur la prestation de services et risquant d'entretenir la dépendance face aux intervenants et aux institutions. Ce sont des expériences, telles les cuisines collectives, les halte-garderies de quartier, les bambineries de parc, les cours de français ou d'alphabétisation dans des centres communautaires qui, en plus d'offrir un service direct répondant à un besoin concret (se nourrir, apprendre à lire ou à parler français, avoir un espace de jeu pour les enfants, etc.), permettent aux femmes récemment immigrées de briser leur isolement, de se retrouver entre elles autour d'une activité commune, de développer des solidarités, de recréer leur tissu social et de reprendre un certain contrôle sur leur situation.

Comme la vie des mères au foyer récemment immigrées est indissociable de celle de leurs enfants, il est primordial que ces femmes puissent être accompagnées de leurs enfants lorsqu'elles sortent de la maison et rencontrent d'autres personnes. Les activités qui leur sont offertes doivent donc prévoir la présence d'enfants. Et comme ces mères, vivant dans des conditions extrêmement précaires, placent le bien-être de leurs enfants au-dessus de tout, elles seraient beaucoup plus sensibles, lors d'une première approche, aux activités s'adressant à leurs enfants plutôt qu'à elles-mêmes. D'où la conviction de certaines informatrices que c'est par les enfants qu'on peut rejoindre les mères.

Même si l'identification aux membres de la communauté ethnique est loin d'être spontanée, certaines compatriotes peuvent s'avérer être des personnes-ressources précieuses pour l'intégration des mères au foyer récemment immigrées et ce, pour deux raisons : parce qu'elles peuvent faire le pont entre la société d'origine et la société d'accueil, et parce qu'elles s'apparentent à des agents d'aide traditionnels sans allure bureaucratique[4]. C'est le cas des agentes de milieu dans les écoles dont le rôle actuel est de faire le lien entre les parents et le personnel scolaire afin de permettre aux enfants de bien fonctionner à l'école. L'agente de milieu est en contact avec tous les parents des enfants d'un même groupe ethnique qui fréquentent l'école. Au cours de l'année, elle développe avec ces parents, généralement des mères, des liens de confiance. L'agente de milieu devient une figure privilégiée d'introduction à la société d'accueil pour les nouvelles arrivantes qui n'hésitent pas à faire appel à elle pour toutes sortes de raisons qui débordent largement son mandat : informations sur les devoirs des enfants ou sur les ressources de santé ; demandes d'aide pour compléter des formulaires ; confidences sur les difficultés conjugales, etc. À cause des relations qu'elles entretiennent avec les mères au foyer, les agentes de milieu pourraient voir leur rôle considérablement élargi. Elles pourraient, entre autres, être associées plus étroitement à certaines initiatives, tels les cours d'apprentissage de français offerts aux parents des élèves qui fréquentent l'école ou les projets de support scolaire des enfants, afin de stimuler le rapprochement des parents immigrés, ce qui contribuerait à briser l'isolement des mères et à favoriser les contacts sociaux sur la base des quartiers de résidence.

CONCLUSION

L'étude exploratoire a permis de faire ressortir certains facteurs responsables de l'isolement des mères au foyer : carences linguistiques, manque d'information sur les lois et ressources, absence de relais pour la garde des enfants, difficultés à constituer des réseaux personnels de sociabilité. Toutes les initiatives visant à abolir ces obstacles sont à encourager. Les plus susceptibles d'être couronnées de succès semblent être celles qui, permettant un regroupement, favorisent les échanges et s'appuient sur les compétences mêmes des mères récemment immigrées. Parce que ces femmes ont un « immense potentiel », comme l'ont souligné avec insistance toutes nos informatrices.

---

4. LEBEL (1986 : 87) souligne que la propension à recourir à des agents d'aide traditionnels (non bureaucratiques) est caractéristique de plusieurs membres des communautés culturelles, tout comme de « beaucoup de Canadiens français ou Canadiens anglais des régions éloignées ou des milieux ouvriers ».

Favoriser le regroupement des mères au foyer récemment immigrées et soutenir leurs efforts pour surmonter leurs difficultés ne veut pas dire les « retirer » de la société québécoise et les marginaliser par rapport aux Québécois « de souche », au contraire. Ces mères rencontrent certes des difficultés énormes, directement imputables à leur situation d'immigrantes : distance culturelle de la société d'origine, méconnaissance des langues d'usage, rupture de leur réseau personnel, perte des biens et du statut social, etc. Par contre, elles ne sont pas les seules à vivre l'isolement des mères au foyer, à souffrir de l'absence de support en période postnatale, à être dépassées par les exigences de l'école, à manquer de relais pour la garde des enfants, à vivre des conflits avec leur conjoint et leurs enfants, à souffrir de la pauvreté. Bon nombre de Québécoises de naissance partagent avec les femmes immigrées ces difficultés et tout comme celles-ci, elles se sentent isolées et démunies.

Cette condition commune de mère au foyer pourrait représenter un terrain idéal de rapprochement entre les Québécoises nées ici et celles récemment arrivées. Mais pour que ces femmes se reconnaissent entre elles, encore faut-il qu'elles aient l'occasion de se rencontrer. Or de telles occasions sont actuellement bien rares. Pourquoi alors ne pas les provoquer ? Certaines intervenantes de CLSC et de centres communautaires ont tenté l'expérience, avec succès. Mieux connues, de telles initiatives se multiplieraient sûrement...

Bibliographie

ASSOCIATION DES FEMMES SALVADORIENNES ET CENTRO-AMÉRICAINES (1987). *La situation socio-économique de la femme centro-américaine dans la région du grand Montréal*, Montréal, miméo, 40 p.

BIBEAU, G, CHAN-LIP, A.M., LOCK, M., ROUSSEAU, C. et C. STERLIN (1992). *La santé mentale et ses visages. Un Québec pluriethnique au quotidien*, Montréal, Gaëtan Morin Éditeur, 289 p.

BLANC, B., CHICOINE, N. et A. GERMAIN (1989). « Quartiers multiethniques et pratiques familiales : la garde des jeunes enfants d'âge scolaire », *Revue internationale d'action communautaire*, 21/61, 165-176.

CHAN, K.B. et J.-L. DORAIS (1987). *Adaptation linguistique et culturelle. L'expérience des réfugiés d'Asie du Sud-Est au Québec*, Québec, Centre international de recherche sur le bilinguisme, Publication B-164, 218 p.

CHAN, K.B. et L. LAM (1983). « Resettlement of Vietnamese-Chinese Refugees in Montreal, Canada : Some Socio-psychological Problems and Dilemmas », *Canadian Ethnic Studies*, vol. 15 n° 1, 1-17.

CONSEIL DES COMMUNAUTÉS CULTURELLES ET DE L'IMMIGRATION (CCCI) (1988). *L'impact du parrainage sur les conditions de vie des femmes de la catégorie famille*, avis présenté à la ministre des Communautés culturelles et de l'Immigration du Québec, Québec, 51 p.

CONSEIL SCOLAIRE DE L'ÎLE DE MONTRÉAL (1991). *Les enfants de milieux défavorisés et ceux des communautés culturelles*, mémoire présenté au ministre de l'Éducation sur la situation des écoles des commissions scolaires de l'île de Montréal, Montréal, 105 p.

EUSTACHE, R. et F. OUELLET (1990). « Recherche participative sur les relations parents-enfants dans les familles haïtiennes du Québec : perception des parents et grands-parents », *PRISME*, Montréal, 88-100.

FLEURANT, N., BRODRIGUE, L. et R. DOLCE (1990). *Éduquer ses enfants en quartier multiethnique francophone : perceptions de parents québécois - français, italiens et haïtiens*, recherche sur la construction sociale des relations interethniques et interraciales, Montréal, Université du Québec à Montréal et Institut québécois de recherche sur la culture, 119 p.

GROUPE DE TRAVAIL SUR LA SANTÉ MENTALE (ou BEISER, M.) (1988). *Puis... La porte s'est ouverte. Problèmes de santé mentale des immigrants et des réfugiés*, Ottawa, Santé et Bien-être social Canada, Multiculturalisme et Citoyenneté Canada, Gouvernement du Canada, 127 p.

LABELLE, M., TURCOTTE, G., KEMPENEERS, M. et D. MEINTEL (1987). *Histoires d'immigrées. Itinéraires d'ouvrières colombiennes, grecques, haïtiennes et portugaises de Montréal*, Montréal, Boréal, 275 p.

LAMOTTE, A. (1992). *Situation socio-économique des femmes immigrées au Québec*, Québec, Direction des études et de la recherche, Ministère des Communautés culturelles et de l'Immigration, Gouvernement du Québec, 135 p.

LAMOTTE, A. (1991). « Femmes immigrées et reproduction sociale », *Recherches sociographiques*, vol. 32, n° 3, 367-384.

LAMOTTE, A. (1990). *Les femmes immigrées et leur intégration à la société québécoise*, Québec, Direction des études et de la recherche, Ministère des Communautés culturelles et de l'Immigration, Gouvernement du Québec, 167 p.

LAMOTTE, A. (1985). *Les autres Québécoises. Étude sur les femmes immigrées et leur intégration au marché du travail québécois*, Québec, Ministère des Communautés culturelles et de l'Immigration, 110 p.

LEBEL, B. (1986). « Les relations entre les membres des communautés culturelles et les services sociaux et de santé », *Canadian Ethnic Studies*, vol. 18 n° 2, 79-89.

MINISTÈRE DES COMMUNAUTÉS CULTURELLES ET DE L'IMMIGRATION (MCCI) (1990). *L'intégration des immigrants et des Québécois des communautés culturelles. Document de réflexion et d'orientation*, Québec, Gouvernement du Québec, 18 p.

SABATIER, C. (1991). « Les relations parents-enfants dans un contexte d'immigration. Ce que nous savons et ce que nous devrions savoir », *Santé mentale au Québec*, vol. 16, n° 1, 164-190.

TOURIGNY, M. et C. BOUCHARD (1990). « Étude comparative des mauvais traitements envers les enfants de familles francophones de souche québécoise et de familles d'origine haïtienne : nature et circonstances », *PRISME*, vol. 1, n° 2, 57-69.

Du discours à la réalité dans le partenariat public-communautaire en santé mentale : une expérience au Saguenay–Lac-Saint-Jean

Martine DUPERRÉ
Agente de stages en travail social
Université du Québec à Chicoutimi

Après avoir situé l'arrivée du partenariat public-communautaire dans un cadre historique et fonctionnel, l'auteure compare, à l'aide de données empiriques, les attentes des groupes communautaires en matière de partenariat à la réalité vécue dans le cadre du processus de planification des services en santé mentale ; processus devant mener au Plan régional d'organisation des services (PROS). L'auteure constate un très grand écart entre les attentes provoquées par les discours gouvernementaux et l'expérience vécue. De plus, elle voit l'identité culturelle comme une notion centrale dans le débat sur le partenariat.

Le 4 septembre 1991, le gouvernement du Québec sanctionnait la nouvelle *Loi sur les services de santé et les services sociaux* et, du même coup, faisait des groupes communautaires des partenaires privilégiés des établissements du réseau institutionnel dans la planification et la distribution des services sociosanitaires.

Le présent article se propose d'analyser les rapports qui se tissent alors entre ces groupes et ces établissements[1]. Plus précisément, nous confronterons les attentes des groupes, au sujet du partenariat, à la réalité vécue durant la période de planification des services en santé mentale. En plus de constater le très grand écart entre les attentes et la réalité, nous démontrerons que la réussite du partenariat dépend du respect de l'identité des acteurs concernés[2]. Les données présentées sont tirées d'une recherche sur les rapports entre les établissements et les groupes communautaires en santé mentale[3] : cette recherche tente dans un premier temps de préciser le type de rapports qui lient les groupes et les établissements et, ensuite, d'évaluer l'impact de ces rapports sur les groupes communautaires. Nous présentons la partie touchant les rapports établissements-groupes communautaires et cela, du point de vue des groupes communautaires.

Avant de faire notre démonstration, nous devons établir, en première partie, le cadre la sous-tendant. Nous définirons la notion de partenariat comme mode de régulation et nous jetterons un coup d'œil sur la notion de culture puisqu'elle est au centre du débat sur le partenariat. Dans la deuxième partie, nous présentons la méthodologie utilisée pour la collecte de données, de même que les groupes étudiés. Enfin, dans le dernier point nous traitons des rapports qui existent entre les groupes et les établissements.

LE PARTENARIAT COMME MODE DE RÉGULATION

La société évolue à travers les luttes entre divers acteurs mais malgré ses changements rapides, elle revêt des configurations stables (Lévesque et Bélanger, 1988 : 51). Cette stabilité est assurée par un mécanisme de régulation. Ce dernier est défini comme l'ensemble des mécanismes assu-

---

1. Pour alléger le texte nous utiliserons maintenant les mots « groupes » pour désigner les groupes communautaires et «établissements» pour désigner les établissements du réseau institutionnel.

2. La question des pouvoirs respectifs des acteurs concernés s'avère également très importante dns l'étude du partenariat à l'époque de la négociation du nouveau contrat État-communauté. Nous centrons cependant le présent article uniquement sur la question de l'identité.

3. Cette étude s'inscrit dans un projet de recherche plus large qui tracera les différents paramètres du partenariat. Ce projet reçoit une subvention du Fonds pour la formation des chercheurs et l'aide à la recherche (FCAR) ainsi que du Conseil de la recherche en sciences humaines (CRSH).

rant la cohésion du système malgré les crises et les contradictions qui le secouent.

La crise des dernières années est une crise du mode de régulation. Les anciens mécanismes de régulation ne peuvent plus aujourd'hui assurer la cohérence du système et de nouveaux mécanismes de régulation doivent être mis en place. Ce changement amorcé par l'État, souvent appelé désengagement, ne signifie pas une diminution de la présence étatique : au contraire, l'État doit réviser ses priorités pour faire face à la crise engendrée entre autres par la mondialisation des marchés et des échanges. Il n'en continue pas moins d'investir, mais il soutient maintenant les secteurs performants de l'économie tout en se retirant des programmes sociaux (Klein et Gagnon, 1989 : 13-14). Pour justifier ce changement de cap, les politiciens mettent de l'avant une nouvelle idéologie, celle du partenariat (Johnston, 1986 : 274). À l'instar de la désinstitutionnalisation, le partenariat est le résultat d'une logique ascendante et descendante :

> D'une part, l'administration gouvernementale change de discours et les politiques étatiques interpellent les intervenants locaux et régionaux. D'autre part, les acteurs sociaux à la base revendiquent plus d'autonomie et plus de pouvoir pour la société civile à l'échelle locale (Klein et Gagnon, 1991 : 7).

Le partenariat est cette « convergence d'acteurs sociaux d'ancrage structurel pourtant fort différent, voire même contradictoire [...] » (Klein et Gagnon, 1991 : 6) ; il est vécu sous le mode de la « coopération-conflictuelle » (Dommergues, 1988). Les buts des partenaires sont parfois différents, parfois semblables, mais dans chaque cas, les acteurs voient dans le partenariat la réussite possible de leur propre stratégie. À cette définition du partenariat, doivent être ajoutées les conditions de réalisation :

> [...] dans la société partenariale, les acteurs doivent avoir des droits et des devoirs réciproques. Ils doivent avoir un pouvoir et des responsabilités comparables. Ils doivent retirer des avantages tangibles ou intangibles de même importance. Bref, ils doivent être égaux dans la coopération. Cette équité – les Américains disent *fairness* – est essentielle [...] Sans équité, il n'y a pas de partenariat (Dommergues, 1988 :26).

Puisque l'on parle d'acteurs dans la relation partenariale, on ne peut s'empêcher de faire implicitement référence à la question de la culture organisationnelle définie comme étant un recueil implicite de conventions uniformisées par la pression sociale qui deviennent la norme d'une société donnée (Mandon, 1990 : 50 ; Spradley et Mann, 1974 : 18). La culture est apprise et transmise, et autant de microcultures que de groupes sociaux peuvent coexister dans une société donnée (Mandon, 1990 : 45-46). Maintenant que nous avons situé le cadre qui soutient notre démonstration, passons au contexte québécois de ce partenariat État-société civile.

LA TOILE DE FOND

Le domaine de la santé mentale, après avoir été dominé respectivement par la présence du clergé et de l'État devient, dans les années 80, la responsabilité partagée des établissements et de la communauté (Boudreau, F. dans Côté, 1992 : 21). À la suite de la Commission Rochon (1987), plusieurs documents du gouvernement du Québec (1989a ; 1989b ; 1989c ; 1989d ; 1990a ; 1990b, 1991) ont fait appel aux ressources de la communauté et plus spécifiquement aux groupes communautaires dans le but d'en faire des partenaires reconnus des établissements dans l'orientation et la distribution des services à la population. Ces divers textes insistent sur la nécessité de mettre en place des mécanismes participatifs où les groupes communautaires seront reconnus pour l'apport original qu'ils constituent pour le réseau des services. On va même jusqu'à orienter les rapports établissements-groupes en fixant trois conditions au partenariat : la reconnaissance du potentiel de chacun des partenaires, l'existence de rapports ouverts entre ceux-ci et l'adoption d'objectifs communs (Gouvernement du Québec, 1989a : 13 et 1989b :20). Les groupes communautaires pouvaient donc normalement s'attendre à ce que leurs futurs rapports avec les établissements soient teintés de ces orientations du ministère de la Santé et des Services sociaux (MSSS).

L'actualisation de ce partenariat établissements-groupes se réalisera à la suite d'une décision conjointe des Conseils régionaux de la santé et des services sociaux (CRSSS) et du MSSS réunis en 1987, de repenser l'organisation des services en Plans régionaux d'organisation des services (PROS). Les PROS sont des plans d'organisation régionaux visant à optimiser les services à la clientèle dans des problématiques spécifiques. Ils mettent donc à contribution les ressources communautaires et institutionnelles qui planifient et dispensent les services en partenariat. Enfin, ils tentent de recentrer les services à la clientèle autour des besoins de cette clientèle et non plus, comme c'était le cas jusqu'à maintenant, en fonction du réseau des établissements. Le gouvernement du Québec et l'ensemble des Conseils régionaux de la santé et des services sociaux définissent les PROS de la manière suivante :

> [...] un ensemble ordonné de services visant à actualiser la promotion, la protection, le maintien et la restauration de la santé biopsychosociale en fonction des besoins d'une clientèle cible ou en regard d'une problématique donnée, à l'intérieur d'une région ou d'une sous-région (Gouvernement du Québec et Conférence des CRSSS, 1987 : 73).

À la suite de cette réunion, la région du Saguenay–Lac-Saint-Jean, à l'instar des autres régions du Québec, amorce son travail de planification des services en santé mentale. Le processus régional a ses particularités, lesquelles ne seront pas sans conséquence sur l'expérience vécue du partenariat.

LE CAS DU SAGUENAY–LAC-SAINT-JEAN

Méthodologie

L'étude des rapports entre groupes et établissements procède par données qualitatives recueillies en 1991. L'échantillon était intentionnel et contrasté. Nous avons rencontré autant d'organismes institutionnels que de groupes communautaires ; dans la plupart des cas, nous avons rencontré deux informatrices. Des treize organismes communautaires travaillant en santé mentale au Saguenay–Lac-Saint-Jean et recensés par le CRSSS en 1989, cinq ont été choisis comme objet de l'étude. Ces cinq groupes répondaient à trois critères : leur charte faisait explicitement mention du travail des groupes en santé mentale ; ils représentaient les deux sous-régions du Saguenay–Lac-Saint-Jean ; ils étaient à la fois anciens (fondés avant 1987, soit avant l'arrivée des PROS) et nouveaux (fondés en 1987 et après).

L'analyse s'est faite en comparaison constante et procédait par établissement, regroupement et division de catégories (Deslauriers, 1990).

Présentation des groupes

Des cinq groupes choisis, trois gèrent un centre de jour : lieu où les personnes aux prises avec un problème de détresse émotionnelle peuvent trouver du support auprès des pairs, une écoute et un suivi plus formel auprès de l'équipe d'animation. Le quatrième groupe offre des services d'hébergement. Et enfin, le cinquième offre un suivi par des aidants naturels, en plus d'une écoute et du support aux personnes en détresse émotionnelle. Alors que ce dernier groupe vise principalement à prévenir les premières hospitalisations en centres hospitaliers psychiatriques, les autres travaillent aussi avec une clientèle ayant été hospitalisée.

Les groupes rencontrés présentaient une division très précise du travail en deux fonctions principales, soit celle de la gestion et celle de l'intervention. La personne qui exerce le rôle de gestionnaire passe très peu de temps à faire de l'intervention directe auprès de la clientèle (soit à peu près une demi-journée par semaine selon les répondantes). Le financement, les relations extérieures (avec le MSSS, le Conseil régional, les regroupements de groupes communautaires), l'organisation du PROS et la gestion du personnel sont des tâches dévolues à la directrice générale.

Les intervenantes passent presque tout leur temps de travail en contact direct auprès de la clientèle. L'intervention se fait soit dans l'organisme par le biais d'activités de groupe ou individuelles, soit à domicile ou même à l'hôpital. Il y a beaucoup d'informations qui transitent entre la gestionnaire et les intervenantes, dont celles concernant la supervision professionnelle et la planification du travail.

En dernier lieu, la gestion des groupes semble presque collégiale et procure un degré élevé de satisfaction au travail aux intervenantes.

LES ATTENTES DES GROUPES CONCERNANT LE PARTENARIAT

À la question : « Selon vous, qu'est-ce que le partenariat et quel type de comportement doit-on attendre des véritables partenaires ? », les personnes interrogées[4] s'entendent toutes pour dire que le partenariat est synonyme d'égalité.

L'égalité réfère ici à deux choses distinctes. Premièrement, elle sous-entend que les groupes et les établissements doivent avoir la même importance dans l'intervention auprès du client. Les groupes ne veulent pas être des organismes de deuxième ordre à qui l'on réfère les « cas » dont les établissements ne veulent ou ne peuvent pas s'occuper. L'orientation d'une personne vers un établissement ou un groupe communautaire doit se faire en fonction des besoins du client et tenir compte du type de services offerts. Cette complémentarité établissement-groupes communautaires ne saurait être possible sans un changement profond dans le modèle qui anime actuellement l'organisation des services sociosanitaires :

> Ce que tous devraient comprendre par le mot complémentarité, c'est que toutes les ressources doivent être complémentaires à la communauté. Les organismes communautaires sont complémentaires à ce que la personne ne peut avoir dans son réseau naturel. Et en fonction des besoins du client, on peut aller vers des ressources de plus en plus lourdes.[...] il faut sortir d'une logique d'établissement dans laquelle le réseau se voit le centre et tout ce qui se fait ailleurs lui est complémentaire. Il faut retourner cela à l'envers[5] !

Le deuxième sens accordé à l'égalité concerne l'identité culturelle. Les groupes veulent être respectés pour ce qu'ils sont et pour ce qu'ils font.

---

4. Faisant référence au terme de « personnes » tout au long de cette partie de l'article, nous avons choisi de rédiger le texte exclusivement au féminin.

5. Cette citation, comme celles qui suivent, est tirée d'entrevues auprès du personnel permanent des groupes communautaires. Le concept de « lourdeur » des ressources réfère ici aux établissements et aux institutions dans un ordre croissant. Ainsi, dans ce mode de pensée, un centre hospitalier est une ressource plus lourde qu'un CLSC par exemple, qui lui est une ressource plus lourde qu'un groupe communautaire, lui-même étant plus lourd qu'un réseau naturel d'entraide.

Une répondante définit l'égalité comme suit : « Il y a une notion d'égalité dans le sens où nous avons une identité propre et que nous devons être respectés pour le travail que nous faisons, mais pas dans le sens où nous devons avoir les mêmes pouvoirs ou les mêmes budgets... »

La notion d'égalité doit donc aussi être entendue comme étant le respect de l'identité des groupes communautaires, le respect d'une culture qui leur est propre, une culture qui s'est forgée à travers l'histoire et se traduit par des codes, un langage et des modèles différents de ceux du réseau institutionnel (Mandon, 1990). Selon Lorraine Guay, l'un des enjeux en cours est cette « négociation entre deux cultures [...] entre le communautaire et l'institutionnel dans le champ de la santé mentale » (1991 : 44).

Enfin, le partenariat commande chez les différents partenaires des comportements reflétant le respect, la considération et, enfin, une attitude d'écoute. Concrètement, cela se traduit par des retours d'appels téléphoniques, par de la concertation entre les principaux intéressés lors de la référence de bénéficiaires. Ajoutons à cela l'importance de la consultation des groupes communautaires et de leur participation à la prise de décisions.

À ces attentes, exprimées par les répondantes, nous avons voulu confronter la réalité et cerner le partenariat tel qu'il a été ressenti et vécu par les groupes communautaires.

LE PARTENARIAT VÉCU

À l'instar de la division du travail observé dans les groupes communautaires, le partenariat se vit de deux manières. Il y a le partenariat-intervention ou informel et le partenariat-gestion ou formel.

Le *partenariat-intervention* est une collaboration ponctuelle à court terme entre des intervenantes d'un groupe et d'un établissement autour d'une problématique d'intervention. Les conflits ne sont pas apparents, et le désir des individus de créer une relation de collaboration est déterminant. Dans un cas, une répondante ira même jusqu'à dire qu'elle a des liens avec des intervenantes du CLSC mais pas avec le CLSC !

Nous entendons par *partenariat-gestion* l'ensemble des relations tissées entre, d'une part la directrice générale d'un groupe communautaire et, d'autre part, une ou des personnes provenant des établissements, afin de négocier ou de conclure des ententes de fonctionnement entre les parties. Le partenariat-gestion est beaucoup plus conflictuel que le partenariat-intervention. Jusqu'à maintenant, le partenariat-gestion s'est vécu exclusivement à l'intérieur du processus de planification des services en santé mentale.

C'est pour cette raison que nous le présentons maintenant à travers ce processus.

La planification des services en santé mentale au Saguenay–Lac-Saint-Jean revêt une caractéristique particulière. La démarche a démarré et les structures de participation ont été définies avant même que le MSSS annonce la mise en place des PROS et définisse les balises devant encadrer le processus participatif. Ainsi, un Comité d'experts (qui n'aurait pas existé dans la démarche proposée par le Ministère) en santé mentale a été chargé de produire un document définissant les concepts qui orienteraient l'organisation des services. Dans les directives émises aux CRSSS en provenance du Ministère, cette tâche revenait à un comité tripartite représentant les établissements pour le premier tiers, les groupes communautaires pour le deuxième tiers et les autres groupes de la communauté pour l'autre tiers. Le comité tripartite fut mis sur pied conformément à l'obligation faite par le Ministère. Cependant, puisque le Comité d'experts avait déjà commencé son travail, on confia au comité tripartite le rôle de sanctionner le travail du Comité d'experts. Les conséquences d'une telle situation devaient se faire sentir sur tout le processus, nous le verrons dans la prochaine partie où nous décrirons les étapes historiques menant à la proposition d'organisation des services en santé mentale pour notre région.

LE COMITÉ D'EXPERTS

Le Comité d'experts se composait au départ de neuf membres dont trois seulement pouvaient prétendre représenter les groupes. De ces trois personnes, l'une d'elle était une travailleuse du réseau institutionnel ; une autre provenait des groupes communautaires mais, comble de malchance, elle dut se retirer pour des raisons de santé après quelques semaines de travail et elle n'a pas été remplacée. La troisième représentante était une travailleuse nouvellement arrivée dans un groupe communautaire. Le reste du Comité d'experts était composé de personnes provenant du Centre des services sociaux (CSS) (une personne), du Conseil régional (une personne), des deux Départements de santé communautaire (DSC) (trois personnes au total), du Centre hospitalier psychiatrique (une personne).

Le Comité d'experts fut la première instance à travailler sur ce qui allait devenir le PROS. Son mandat était de définir les concepts orientant la future organisation des services. Les répondantes de notre enquête ont soutenu que le Comité d'experts a débordé de son mandat et a ainsi produit une partie du plan d'opération ; en plus de définir les objectifs d'organisation, il s'est attardé à préciser à quel acteur reviendrait telle ou telle tâche. Ce débordement aura des répercussions sur le travail du comité tripartite et sur le respect de l'échéancier prévu.

Trois choses doivent être notées au sujet du Comité d'experts : premièrement, il y a la difficulté pour les groupes communautaires de faire valoir une philosophie alternative au sein du comité. Deuxièmement, il y a la différence culturelle décrite ainsi par une répondante : « Au niveau du Comité d'experts, on a appris qu'on avait pas les mêmes termes pour désigner les mêmes choses ; on n'avait pas le même vocabulaire, en plus de ne pas avoir la même philosophie ». Le Comité d'experts a donc été la première instance où a été vécue cette différence fondamentale entre le communautaire et l'institutionnel.

Le troisième constat renvoie à l'importance des individus dans la qualité de la relation partenariale. Au Comité d'experts, ce ne sont pas des organisations qui sont représentées, mais bien des individus choisis selon leur compétence. En général, les répondantes savent que le discours de la personne n'est pas nécessairement le même que celui que défend son organisation. Dans un sens, elles comptent sur le pouvoir d'influence de ces personnes à l'intérieur de leurs organisations respectives et sur leur possibilité d'utiliser une certaine marge de manœuvre qu'elles auront réussi à dégager afin de vivre un véritable partenariat. Le Comité d'experts représente aussi le premier lieu où les groupes communautaires sentaient qu'ils pouvaient influencer le réseau institutionnel à partir des liens développés avec les individus. Puisque nous établissons la possibilité pour les groupes communautaires d'avoir une influence sur le réseau institutionnel, il est normal de penser que le réseau institutionnel puisse à son tour exercer une influence sur les groupes communautaires.

LE COMITÉ TRIPARTITE

En 1989, le Comité tripartite comptait vingt et un membres et une présidence assumée par une personne du conseil d'administration du Conseil régional, pour arriver à un total de vingt-deux personnes. En 1991, le nombre de membres a été abaissé à vingt et un, la présidence étant maintenant assumée par un de ses membres. Le premier tiers est composé de représentants des établissements du réseau de la santé et des services sociaux, le deuxième tiers de représentants des groupes communautaires et le troisième tiers de personnes représentant la communauté et des organisations en santé mentale. Ce dernier tiers compte donc des représentantes d'organisations ouvrières, du Conseil des médecins, dentistes et pharmaciens, du milieu de la justice, de l'Association pour la défense des droits des préretraités et des retraités, de l'Université, etc.

Selon les directives du Ministère, le Comité tripartite aurait dû assurer la maîtrise d'œuvre de la production du plan d'organisation, mais tel ne fut pas le cas, le Comité d'experts s'étant déjà acquitté de cette tâche ! Le mandat du Comité tripartite devenait donc, dans la région du Saguenay–Lac-Saint-Jean, d'étudier et de modifier au besoin le plan d'organisation proposé par le Comité d'experts, avant de pouvoir en recommander l'acceptation ou le rejet au Conseil régional.

En ce qui concerne le travail du Comité tripartite, quatre difficultés doivent être mentionnées. La première provenait de sa composition. À ce sujet, les groupes ont exprimé leur perplexité devant la présence dans le troisième tiers de personnes travaillant dans le réseau institutionnel. Ainsi, le supposé Comité tripartite ne risquait-il pas de devenir dans les faits un comité bipartite dans lequel les établissements auraient occupé presque les deux tiers des sièges ? Placés devant l'alternative d'accepter la situation telle quelle ou de recommencer le processus au complet, les groupes ont choisi de continuer.

La deuxième difficulté du comité tripartite était liée à son histoire, comme l'a mentionné une répondante :

> Le Comité tripartite est un comité ajouté, collé sur un processus déjà planifié et cela influence grandement son travail. Car, alors qu'il devait assumer le leadership de la production du concept d'organisation, il n'a fait que le sanctionner. De plus, le Comité d'experts ayant débordé son mandat et, par le fait même, dépassé le temps qui lui était alloué, le Comité tripartite s'est retrouvé coincé dans le temps pour réaliser son mandat.

Les répondantes ne sentaient donc pas qu'elles avaient prise sur le contenu proposé par le Comité d'experts. En effet, il est souvent difficile d'apporter des modifications à un texte déjà construit. De plus, comme le suggère la dernière citation, le travail de sanction du Comité tripartite a été exécuté à toute vitesse. Deux faits ont concouru à presser le Comité tripartite. D'une part, le Comité d'experts a dépassé le temps qui lui était imparti et, d'autre part, les fonctionnaires du CRSSS voulaient absolument respecter l'échéancier prévu pour soumettre ce document au Ministère. Cette course effrénée en vue du dépôt final du plan auprès du Ministère laissa un goût amer aux membres du Comité tripartite, en leur donnant l'impression qu'ils n'avaient pas de prise sur le contenu du document.

La troisième difficulté relevée dans le travail du Comité tripartite renvoie au « choc des cultures » dont ont témoigné les personnes interviewées. L'une d'elles a dit être « tombée dans un autre monde », une autre pensait « être en Chine », tandis qu'une troisième croyait « être sur la planète Mars ». Cette incompréhension se manifestait sur le plan de la culture, les différences de langage en étant l'expression.

Ici encore, il y avait des termes utilisés par les divers partenaires avec des significations différentes pour chacun :

Il y avait une foule de termes dont je connaissais la signification mais dans la façon dont ils [les gens du réseau institutionnel] les utilisaient, cela ne voulait plus rien dire !

C'est par un travail commun que les personnes faisant partie des groupes et des établissements ont établi un code commun. Celui-ci est assez particulier : « On a développé un vocabulaire... sans changer les termes, on savait ce que l'on voulait dire ». Avec des mots différents on se référait donc à un cadre conceptuel semblable.

Enfin, il semble qu'au départ les relations entre les personnes représentant le réseau institutionnel et celles représentant le réseau communautaire aient été teintées d'agressivité. Parce que les gens se sont parlé, ces relations se sont quelque peu améliorées. Ici encore, les répondantes étaient d'avis que le partenariat, vécu dans le cadre du Comité tripartite, dépendait beaucoup des individus.

Les groupes ont fait une évaluation très sévère du Comité tripartite.

Le « tripartite » ne respectait pas les directives des trois parties. Des gens de l'institutionnel représentaient les groupes communautaires [...]

Le Comité tripartite [a mentionné une autre personne] c'était là le début du partenariat [...] C'était l'endroit pour définir et s'entendre sur des choses. On n'a pas réussi à le faire. Nous avons été poussés trop vite. Nous avons été bousculés.

LES CONSULTATIONS

Les consultations ont pris deux formes. D'abord la forme de la consultation écrite auprès des établissements et des groupes, ensuite, celle des audiences publiques. Les critiques formulées par les groupes sur la consultation écrite ont visé le temps consacré au processus, à l'expertise nécessaire pour répondre au questionnaire et, enfin, à l'accueil réservé aux groupes par certains commissaires.

Le temps consacré à la consultation écrite

Ils ont envoyé les questionnaires le 8 décembre. C'était désagréable de les remplir pendant les fêtes. L'institutionnel a eu le même problème d'une certaine façon, [puisque] tout le monde part en vacances le 15 décembre !

Nous on n'a pas de permanent, il fallait analyser le PROS, cette brique-là, et rédiger un mémoire pendant les fêtes. Au départ, c'est une erreur monumentale ; la moitié des gens l'ont fait très rapidement, sans parler de ceux qui ne l'ont pas fait du tout. Le taux de réponse n'est pas significatif du tout.

De la volonté initiale de tenir une réelle et vaste consultation, la réalité a vite fait de transformer l'étape de la consultation en frustration pour les groupes communautaires. Ce problème de temps imparti semblait provenir encore une fois du débordement du mandat du Comité d'experts et attaquait la crédibilité de la consultation écrite :

> [...] « L'expert » est allé plus loin qu'il n'aurait dû aller, les audiences sont devenues des audiences bidon parce qu'elles n'ont pas été utilisées comme il faut [...].

L'expertise

Enfin, autre attaque à la crédibilité de la consultation écrite, certaines personnes ont déploré lors des entrevues le fait que le PROS en santé mentale était d'une telle complexité qu'il se peut que sa compréhension et son évaluation subséquente en aient été faussées. Ainsi, une organisation pouvait se prononcer facilement sur le ou les volets se rapportant à son expertise, mais beaucoup plus difficilement sur les autres.

Le climat

Les groupes se sont heurtés à un obstacle majeur lors des audiences publiques dans la sous-région Saguenay. Les commissaires n'avaient pas été formés par le CRSSS, ce qui relevait pourtant de sa responsabilité. Les répondantes ont dit qu'elles se sont senties jugées par les commissaires alors qu'ils devaient entendre les mémoires présentés par les groupes. Les groupes ont dénoncé le ton utilisé par certains commissaires – allant jusqu'à l'impolitesse selon certains – et se sont plaints de n'avoir pu présenter leur identité spécifique. Les groupes ont déploré le fait que les questions posées portaient sur des détails plutôt que sur le contenu, soit sur les fondements de leur travail. Les groupes ont senti que les questions portant sur des détails servaient plus à coincer l'interlocuteur qu'à le comprendre. Le partenariat vécu s'avère difficile et revêt alors les habits du conflit !

L'épisode des audiences publiques n'a été, en fait, que le précurseur d'un conflit plus profond entre les groupes et le Conseil régional. Ce conflit a pris racine autour de la question de la signature des contrats de services.

Les contrats de services

Les contrats de services illustrent très bien la grande incompréhension qui existait entre les groupes communautaires et le réseau institutionnel, plus spécifiquement entre le CRSSS et les groupes communautaires. C'est un problème qui soulevait beaucoup d'émotivité et où, une fois de plus, la question du langage était très importante. Alors que les groupes communautaires attendaient du partenariat une certaine égalité avec les établissements, le CRSSS, lui, propose de mettre en œuvre cette association en signant des contrats de services perçus comme des contrats de sous-traitance. « Ce n'est pas du véritable partenariat ! » « On ne le signera pas ! »

Les contrats de services imposeraient aux groupes un financement par programmes, nous ont fait remarquer les groupes. Ce financement morcelé posait certes des problèmes puisque les groupes devaient alors insérer leurs différentes activités dans l'un ou l'autre des huit volets d'action du PROS. Les groupes y voyaient un danger de morcellement et ils insistaient pour avoir un financement global, d'autant plus qu'ils craignaient de ne pouvoir financer des activités qui ne s'inscriraient pas dans leur champ de responsabilité défini par le PROS. Ainsi, un organisme offrant un service supplémentaire ne verrait pas nécessairement son financement augmenter si ce service ne fait pas partie d'une responsabilité du groupe reconnu à l'intérieur du PROS.

Les contrats de services étaient donc perçus comme un frein au développement des groupes, un frein à la créativité et à l'avant-gardisme dont ils faisaient preuve. De plus, ces ententes étaient propices à l'institutionnalisation des groupes ; elles réduisaient les possibilités d'avoir une approche thérapeutique novatrice et représentaient un danger pour l'autonomie, voire pour l'existence même des groupes.

Cette incompréhension évidente entre les groupes et le CRSSS a suscité la mise sur pied d'une coalition régionale contre les contrats de services. Celle-ci se tourna encore une fois vers le Ministère, par l'entremise du Regroupement des ressources alternatives en santé mentale du Québec (RRASMQ), pour faire respecter la spécificité et l'autonomie de ses membres. Pour faire suite à cette démarche, le Ministère envoya une lettre à tous les CRSSS, interdisant la signature de tels contrats de services entre CRSSS et groupes communautaires. Bien que l'épisode des contrats de services soit maintenant chose du passé, il est très révélateur de l'immense écart qui sépare les groupes et les établissements, et atteste du travail qu'il reste à faire pour en arriver à un véritable partenariat.

Des attentes au vécu, une très grande distance

L'étude des données empiriques présentées plus haut nous permet de constater le fossé qui existe entre les attentes des groupes et l'expérience qu'ils ont vécue à l'intérieur du processus de planification des services en santé mentale dans la région du Saguenay–Lac-Saint-Jean. Notre surprise est d'autant plus grande que les attentes des groupes ne proviennent pas d'une « révélation divine », mais bien du discours gouvernemental. Les groupes s'attendaient à ce que leurs rapports aux technocrates régionaux soient le reflet du discours du Ministère. Or, ce n'est pas le cas. Cependant, avec une analyse plus fine des données, nous constatons que les insatisfactions concernent spécifiquement les rapports avec le Conseil régional. À l'instar d'une répondante, il faut se demander : « Comment être partenaire avec un organisme qui a un droit de vie ou de mort sur un groupe ? » En effet, le Conseil régional a des pouvoirs que n'ont pas les CLSC ou le CSS. La constatation de ces différences entre les établissements et le Conseil régional nous amène au point crucial de la question culturelle dans la réussite de la dynamique partenariale[6].

Au-delà de la simple démonstration de la présence de cultures organisationnelles différentes, voire opposées sous certains aspects, nous avons démontré que le partenariat tel que souhaité et vécu par les groupes communautaires appelle un changement profond du paradigme qui sous-tend l'actuelle organisation des services en santé mentale, un modèle faisant du réseau institutionnel le seul référent possible. Ce changement de paradigme doit avoir des répercussions sur la planification des services dans d'autres secteurs, à savoir l'ajout d'une étape préparatoire qui viserait la connaissance et la reconnaissance des cultures en présence pour éliminer les incompréhensions qui peuvent mener à la rupture de la relation partenariale.

L'importance de la question culturelle a été confirmée aussi lorsque nous avons constaté que dans le partenariat-intervention les conflits ne survenaient pas puisque les intervenantes contournaient la difficulté liée aux différentes cultures organisationnelles en se centrant exclusivement sur le client. La notion de « client au centre » servirait donc à occulter les conflits possibles.

Nous avons aussi démontré que ces deux cultures organisationnelles, avec un langage et des codes différents, avaient réussi à se comprendre et à travailler ensemble, en établissant un langage commun. Ainsi, les visées gouvernementales concernant la « création d'une culture commune aux établissements et aux groupes » (Gouvernement du Québec dans Guay, 1992 : 46) semblent avoir permis de faire les premiers pas. Nous ne pouvons que spécu-

---

6. Il y aurait lieu d'examiner aussi la question encore plus fondamentale du pouvoir des acteurs. Mais tel n'est pas notre propos ici.

ler sur la définition de l'espace qu'occupera cette culture hybride, cette zone frontière entre la culture de l'État et celle de la communauté.

Il pourrait apparaître contradictoire de mentionner ici que la qualité du partenariat est aussi fonction des individus impliqués et qui représentent somme toute ces organisations. Cette apparente contradiction pourrait s'expliquer par la marge de manœuvre utilisée de part et d'autre par des individus sympathiques à la notion de partenariat et qui profitent d'un courant favorable à cette relation établissements-groupes communautaires. Bien que les intervenantes ne puissent pas travailler complètement en dehors des normes des organisations qui les emploient, elles ne disposent pas moins d'une certaine marge de manœuvre qu'elles peuvent utiliser et quelquefois elles « oriente[nt] fortement les rapports entre les services publics et communautaires. Cette relative autonomie est conditionnée par les valeurs, l'expérience, la sensibilité aux questions sociales des personnes » (Lamoureux et Lesemann, 1987 : 85).

Bien que nous constations l'influence des individus sur la qualité de la relation partenariale sur une courte période à l'échelle régionale, il est possible que sur une plus longue période, les organisations deviennent déterminantes à leur tour. Les groupes communautaires feraient une grave erreur d'analyse politique s'ils ne distinguaient pas les questions de périodes et d'échelle dans leur relation avec l'État. Quel sera alors le poids respectif des individus et des organisations sur le partenariat État-communauté ? L'avenir nous renseignera là-dessus.

Bibliographie

Bélanger, P.R. et B. Lévesque (1988). « Une forme mouvementée de gestion du social : Les CLSC », *Revue internationale d'action communautaire* n° 19/59.

Bourque, Denis (1989). *L'approche communautaire : conception et tendances*, texte broché disponible auprès de l'auteur au CLSC Jean-Olivier-Chénier.

Comité de la politique de santé mentale (1986). *Pour un partenariat élargi : projet de politique en santé mentale au Québec*, Québec, MSSS, 185 p.

Commission d'enquête sur les services de santé et les services sociaux (1987). *Problématiques et enjeux*, Québec, Les Publications du Québec.

Conseil régional de la santé et des services sociaux du Saguenay–Lac-Saint-Jean (1989). *Plan régional d'organisation des services en santé mentale ; concept*, Chicoutimi, Les Publications du Conseil régional de la santé et des services sociaux du Saguenay–Lac-Saint-Jean, novembre.

Côté, Réjean (1992). *Vers un plan d'organisation des services en santé mentale à dimension socioterritoriale dans l'Est de Montréal*, Chicoutimi, Université du Québec à Chicoutimi, mémoire de maîtrise en études régionales, novembre.

Deslauriers, Jean-Pierre (1990). *La recherche qualitative*, Montréal, McGraw-Hill.

Dommergues, Pierre (1988). *La société de partenariat*, Paris, Afnor-Anthropos.

Gingras, Pauline (1988). *L'approche communautaire : essai de conceptualisation*, sous la direction de Lionel Robert et d'Hector Ouellet, Québec, Centre de recherche sur les services communautaires, Université Laval, juillet.

Gouvernement du Québec et Conférence des CRSSS (1987). *Plans régionaux de services, principes et orientations*, Québec, octobre.

Gouvernement du Québec (1989a). *Politique de santé mentale*, Québec, Ministère de la Santé et des Services sociaux, 1er trimestre.

Gouvernement du Québec (1989b). *La santé mentale dans les centres locaux de services communautaires ; perspectives et éléments de réflexion*, Québec, Gouvernement du Québec, 3e trimestre.

Gouvernement du Québec (1989c). *Pour améliorer la santé et le bien-être au Québec ; Orientations*, Québec, Gouvernement du Québec, avril.

Gouvernement du Québec (1989d). *Avant-projet de loi ; Loi sur les services de santé et les services sociaux*, Québec, Éditeur officiel.

Gouvernement du Québec (1990a). *Une réforme axée sur le citoyen*, Québec, Gouvernement du Québec, décembre.

Gouvernement du Québec (1990b). *Projet de loi ; Loi sur les services de santé et les services sociaux*, projet de loi 120, Québec, Éditeur officiel.

Gouvernement du Québec (1991). *Loi sur les services de santé et les services sociaux et modifiant diverses dispositions législatives*, Québec, Éditeur officiel, chap. 42.

Guay, Lorraine (1991). « Le choc des cultures : bilan de l'expérience de participation des ressources alternatives à l'élaboration des plans régionaux d'organisation des services en santé mentale », *Nouvelles pratiques sociales*, vol. 4, n° 2, automne, 43-58.

Johnston, R.J. (1986). « The State, the Region and the Division of Labor », dans Scott, A.J. et M. Storper (sous la direction de) (1986). *Production, Work, Territory*, Boston, Allen and Unwin.

Klein, Juan-Luis et Christiane Gagnon (1989). *Le social apprivoisé, le mouvement associatif, l'État et le développement local*, Hull, Éditions Asticou.

Klein, Juan-Luis et Christiane Gagnon (1991). « Le partenariat dans le développement local : tendances actuelles et perspective de changement social », *Cahiers de géographie du Québec*, vol. 35, n° 95, numéro thématique, Partenariat et territoire.

Lamoureux, J. et F. Lesemann (1987). *Les filières d'action sociale, les rapports entre les services sociaux publics et les pratiques communautaires*, Québec, Les Publications du Québec.

Mandon, Daniel (1990). *Culture et changement social ; approche anthropologique*, Lyon, chronique sociale.

Spradley, J. et B. Mann (1979). *Les bars, les femmes et la culture, perspectives critiques*, Paris, Presses universitaires de France.

Vaillancourt, Y. (1989). « De Rochon à Lavoie-Roux : une introduction au dossier », *Nouvelles pratiques sociales*, vol. 2, n° 1, printemps, 23-36.

Réflexions sur l'intervention de groupe en milieu rural

Mario PAQUET
Département de santé communautaire
de Lanaudière

Il y a consensus dans la communauté scientifique et professionnelle à l'effet qu'il faut développer des services pour diminuer le fardeau des personnes soutiens de personne âgée en perte d'autonomie. À cet égard, l'intervention de groupe est une stratégie d'intervention très populaire auprès du milieu d'intervention sociosanitaire. Or, malgré la popularité de ce type d'aide, on peut se demander s'il est possible de faire de l'intervention de groupe auprès des aidants naturels en milieu rural. Ce texte dégage des éléments de problématique de faisabilité.

Les régions rurales couvrent une grande partie du territoire du Québec. Or, des travaux aux titres évocateurs tels que *L'entraide en régions éloignées : faire face aux obstacles* (Adam et Hœhne, 1989), *Persistence of Rural/ Urban Differences* (Willits, Bealer et Crider, 1982), *The Challenge of Family Work in Rural Community* (Whittington, 1985) incitent à explorer la problématique de l'intervention sociosanitaire en milieu rural. Le but de cet article est de remettre en question le réalisme de l'intervention de groupe en milieu rural pour les personnes soutiens de personne âgée (ou aidants naturels). Dans cet article, le terme « intervention de groupe » est utilisé dans son sens le plus générique pour désigner ce que la littérature nomme communément groupe d'entraide, de soutien, de support ou d'aide mutuelle.

Dans le contexte actuel où l'importance de développer des services pour diminuer le fardeau des personnes soutiens est politiquement reconnu, il s'avère pertinent de porter un jugement sur la faisabilité des interventions auprès de cette clientèle cible, surtout en milieu rural : en effet, l'intervention sociosanitaire dans ce milieu pose des problèmes spécifiques qui exigent des stratégies d'action différentes de celles développées en milieu urbain.

MILIEU RURAL ET « BIAIS URBAIN »

Coward (1979) insiste sur la nécessité de développer des structures organisationnelles et des modèles d'intervention novateurs pour dispenser les services sociosanitaires en milieu rural. Et pour cause, car un bref examen de la littérature révèle un « biais urbain » dans le développement et l'organisation des programmes destinés au milieu rural : en effet, ils sont plus souvent qu'autrement la version transposée de programmes développés pour le milieu urbain (Coward et Cutler, 1989 ; Coward et Rathbone-McCuan, 1985 ; Coward et Smith, 1982 ; Coward et al., 1983 ; Coward, 1979 ; Noce et Bolitho, 1982).

Quoique la problématique d'intervention en milieu rural n'ait pas fait l'objet d'intenses recherches au Québec, des chercheurs québécois ont cependant mis en évidence le phénomène du « biais urbain » inhérent aux programmes dispensés dans les régions à caractère rural (Corin et al., 1985 ; Paquet, 1987 ; Richard, 1988). La littérature fait maintes fois mention « d'obstacles », de « barrières », de « particularités », de « différences », de « contraintes » du milieu reliés à la dispensation de services et à la mise en œuvre de programme en milieu rural. Par exemple, après avoir effectué une recherche exploratoire sur la violence conjugale dans la région de la Côte-Nord, Richard (1988) dégage cette conclusion : « À cause des contraintes liées au milieu, les modèles d'interventions connus et éprouvés en milieu urbain présentent des difficultés d'application » (p. 74).

Ces difficultés expliqueraient pourquoi souvent les modèles d'intervention inspirés d'un cadre de référence urbain ont peu de succès en milieu rural puisqu'ils ne conviennent pas à la réalité ni au style de vie des gens de ce milieu (Halpert, 1988). L'action en milieu rural requiert plus qu'une simple version abrégée des programmes conçus en milieu urbain. La spécificité de ce milieu fait donc en sorte que les propos de Corin *et al.* (1985 : IX) doivent être ramenés à la une, c'est-à-dire :

> [...] qu'il est sans doute inopportun de chercher à transposer dans ces régions les modèles de services développés dans la métropole ; il s'agit de maximiser les possibilités d'une réadaptation de services aux caractéristiques et aux besoins des populations locales (p. IX).

Il y a consensus dans la littérature à l'effet que là comme ailleurs, pour développer des interventions adaptées à la réalité et au style de vie du milieu rural, il est important de considérer le contexte social, culturel et environnemental qui le distingue du milieu urbain (Corin *et al.*, 1985 ; Coward et Cutler, 1989 ; Coward et Rathbone-McCuan, 1985 ; Coward *et al.* 1983 ; Keller et Murray, 1982 ; Nœe et Bolitho, 1982 ; Paquet, 1987 ; Richard, 1988 ; Willits, Bealer et Crider, 1982). En fait, les interventions doivent correspondre à l'environnement social et physique de ces milieux. La compréhension et l'intégration de ces dimensions dans la planification et la dispensation des services apparaissent donc comme des prérequis *sine qua non* au succès des interventions. Cela ne veut évidemment pas dire que l'on doive rejeter d'emblée les stratégies d'intervention élaborées en milieu urbain (Coward et Cutler, 1989 ; Coward *et al.* 1983), surtout si elles démontrent a priori un degré acceptable de faisabilité en milieu rural. Comme le soutient Coward (1979), la population du milieu rural peut avoir les mêmes besoins que celle du milieu urbain, mais les stratégies mises en œuvre pour y répondre doivent être différentes parce que la vie en milieu rural est suffisamment unique pour en tenir compte dans la planification des services.

Le planificateur et l'intervenant doivent être sensibles aux caractéristiques propres au milieu rural telles que les différences sociodémographiques et économiques de ces populations respectives ; la faible densité de la population en milieu rural ; l'éloignement géographique des communautés ; des grandes distances à parcourir pour dispenser les services... « plus de milles et moins de clients » (Gunter, 1985, p. 13) ; les problèmes de transport ; enfin, un dernier facteur mais non le moindre, le rejet par le milieu rural, souvent plus traditionnel, des valeurs dominantes de la société moderne incarnées par le milieu urbain.

> La reconnaissance des milieux de vie comme d'importants déterminants de santé ne fait que sanctionner officiellement ce que les intervenants en milieu rural ou éloigné ont toujours su. La clientèle rurale présente un profil de santé distinct, étroitement relié à sa situation particulière de vie, d'où la nécessité de tenir compte des réalités locales et régionales dans la planification des soins de santé et des services sociaux (Adam et Hoehne, 1989 : 21).

L'INTERVENTION DE GROUPE EN MILIEU RURAL

Récemment, Coward et Cutler (1989) se sont demandé si les stratégies d'intervention développées en milieu urbain, comme l'intervention de groupe visant à diminuer le fardeau de l'assistance des personnes soutiens, sont applicables en milieu rural. Question fort à propos puisque d'après les travaux de Adam et Hoehne (1989), Collier (1984) et Richard (1988), il semble que le contexte propre au milieu rural rende difficile l'implantation de telles interventions. Regardons cela de plus près.

La confidentialité en milieu rural

Le problème de la confidentialité dans ce milieu se pose avec plus d'acuité et de surcroît remet en question la faisabilité de certains types d'interventions sociosanitaires : il semble plus difficile de préserver l'anonymat en milieu rural qu'en milieu urbain du fait que tout le monde se connaît. De plus, plusieurs membres de la communauté ont des liens de parenté, sans oublier que les petites communautés ne regroupent parfois que quelques centaines d'individus, les rendant du même coup particulièrement visibles. À ce chapitre, Richard (1988) citant Whittington (1985) mentionne que le manque d'anonymat peut limiter les demandes d'aide ; Adam et Hoehne (1989) indiquent que la peur de la non-confidentialité en milieu rural constitue une contrainte à la participation à des groupes d'aide. Les « échanges de groupe », pour reprendre les termes de Adam et Hoehne (1989), exposent de façon plus manifeste les membres au bris de la confidentialité.

Il y a de fortes réticences chez les personnes en milieu rural à parler de ce qui concerne leur vie privée : Corin *et al.* (1985) ont mis en évidence ce phénomène et ont même alerté le milieu d'intervention au sujet du péril à vouloir s'infiltrer dans le champ des affaires de famille. La « conspiration du silence » censure le discours sur le privé et pose un grand défi à l'intervention de groupe en milieu rural, compte tenu du doute qui peut exister sur le respect de la confidentialité. Une personne soutien pour son conjoint sera-t-elle capable de s'exprimer sur des problèmes qui relèvent de l'intimité de la personne âgée, comme l'incontinence de son conjoint et ses répercussions sur la charge des soins ? Ou encore sera-t-elle en mesure de s'exprimer sur des problèmes qui relèvent de l'intimité avec son conjoint, comme des problèmes sexuels et leurs répercussions sur son conjoint et son entourage ? Une personne soutien conjoint, qui ne veut pas ternir la réputation de sa famille, pourra-t-elle s'exprimer ouvertement sur les problèmes entourant le non-soutien de certains enfants qui pourraient apporter une contribution ? Une personne soutien qui veut éviter la stigmatisation sera-t-elle capable de s'exprimer sur ses problèmes de santé mentale et ceux de la personne aidée, de même que d'échanger sur les problèmes d'abus envers cette dernière ?

En définitive, le problème de préserver la confidentialité en milieu rural justifie même de se demander si l'intervention de groupe est une stratégie d'aide socialement acceptable pour les personnes soutiens de personnes âgées en perte d'autonomie. Rappelons entre autres que le réseau d'aide naturelle en milieu rural hésite à s'impliquer dans des problèmes socialement moins acceptables (Young, Giles et Plantz, 1982).

L'entraide en milieu rural

L'implication des réseaux d'aide naturelle (parents, amis, voisins, etc.) et informelle (organismes communautaires, organismes sans but lucratif) en milieu rural est particulièrement importante, étant donné la rareté des ressources humaines et des services sociosanitaires (Halpert, 1988 ; Johnson, 1982 ; Morris et Cicero-Hilbert, 1982). À vrai dire, l'apport de ces réseaux d'aide dans la dispensation de services contribue grandement à améliorer la qualité de vie de la population vivant dans les régions éloignées (Irey, 1980). D'après plusieurs auteurs, il est même nécessaire que les intervenants du réseau formel (services publics) en milieu rural travaillent en étroite complémentarité avec le réseau informel afin de maximiser leur efficacité et aussi d'étendre la qualité, la variété et la disponibilité des services pour répondre aux besoins de la population (Buxton, 1976 ; Morris et Cicero-Hilbert, 1982 ; Scott et Roberto, 1985 ; Stafford, 1982 ; Whittington, 1985). À la limite, on pourrait dire que le réseau formel ne peut pas se passer de la collaboration du réseau informel : il est bien intégré dans le milieu, il a acquis une crédibilité pouvant aider à réduire la résistance et à faciliter l'insertion de l'intervenant que l'on considère plus souvent qu'autrement comme un intrus (Coward, 1979 ; Halpert et Sharp, 1989 ; Wodarski, Giordano et Bagarozzi, 1981 ; Young, Goughler et Larson, 1986).

Nous sommes loin de l'idée que le réseau formel puisse se substituer au réseau informel : au contraire, il s'agit plutôt de le soutenir, le consolider, voire le développer et ce, dans une optique de collaboration visant la complémentarité, la concertation et la coordination des services dispensés (Corin et al., 1985 ; Coward, 1986 ; Windley, 1983 ; Windley et Schiedt, 1983). Cependant, le réseau d'aide formel a tout avantage à collaborer avec le réseau informel s'il veut profiter de son enracinement.

La pertinence de la participation du réseau informel dans le processus de planification des stratégies d'intervention du réseau formel étant un fait indéniable, il n'en reste pas moins qu'une réalité demeure : le « rural », contrairement à ce que l'on peut penser, n'est pas un milieu homogène. Les différences observées dans les communautés en regard des caractéristiques sociodémographiques et concernant le contexte économique, géographique et structurel sont des indices montrant que la diversité est une composante manifeste du milieu rural (Cordes, 1989 ; Coward, 1979, 1983 ; Horner et O'Neil, 1982 ; Kaiser, Kamp et Gibbons, 1987 ; Noœ et Bolitho, 1982 ; Willits, Bealer et Crider, 1982). Comme le dit Coward (1983), quoique des particularités similaires existent entre les communautés, celles-ci ne sont pas pour autant des « copies carbones ».

Ce caractère hétérogène du rural permet de mieux comprendre le fait que le réseau informel varie largement d'une communauté à l'autre (Webster, 1984). Si l'implication du réseau informel est une pierre angulaire pour assurer le succès des interventions en milieu rural, le développement d'intervention de groupe dans les communautés où le réseau d'aide informel est peu ou pas développé apparaît peu réaliste.

LE CONTEXTE DU MILIEU RURAL

Corin *et al.* (1985) nous disent que la perception d'un problème et les moyens envisagés (professionnels ou non) pour lui faire face sont influencés par le contexte social et culturel dans lequel il émerge. Ainsi, comme les valeurs et les attitudes qui s'expriment à travers une culture ne sont pas des construits d'ordre strictement individuel, mais la manifestation légitimée de modèles sociaux et idéologiques dominants d'un milieu, la lecture des problèmes revêt manifestement une dimension culturelle. Accepter cet a priori culturel dans l'interprétation des problèmes et dans les demandes d'aide qui peuvent s'ensuivre pour répondre aux besoins, c'est en même temps prendre conscience que la manière d'agir vis-à-vis de ceux-ci est susceptible de varier en fonction des milieux (Corin *et al.*, 1985). Il semble donc inopportun d'envisager des programmes à grande échelle sans s'assurer d'abord que les objectifs et les moyens utilisés pour les atteindre sont conformes ou n'entrent pas en contradiction avec les valeurs et les attitudes de la population des communautés locales.

Auerbach (1976), prenant l'exemple des personnes âgées en milieu rural, mentionne que cette population est moins informée sur les services sociaux disponibles, plus indifférente, voire opposée aux programmes gouvernementaux, plus difficile à mobiliser pour participer aux programmes sociaux, et finalement, moins réceptive à l'action communautaire initiée par le réseau formel (Kaiser, Kamp et Gibbons, 1987). À l'instar de Willits, Bealer et Crider (1982), il n'en fallait pas plus pour avancer que la notion de responsabilité sociale vis-à-vis du bien-être est un concept souvent étranger à la population rurale.

Retenons surtout ici que les gens des milieux ruraux sont peu enclins à parler de leurs problèmes. En scrutant la littérature sur l'intervention sociale en milieu rural, Richard (1988 : 68) écrit :

> D'une part, le sentiment de ne pas contrôler leur vie et leur destinée est souvent prêté aux populations de ces milieux. Des conditions climatiques imprévisibles, l'économie fluctuante et un sentiment d'exclusion des centres de pouvoir et de décision peuvent expliquer le développement de ces attitudes fatalistes. Dans ce contexte, n'apprend-on pas à « vivre avec ses problèmes ».

L'esprit d'indépendance et d'autosuffisance de ces gens se traduit par la volonté ferme de prendre en main leur propre bien-être (Coward, 1979 ; Richard, 1988 ; Waldron et Fuller, 1984). L'individu est responsable de ses problèmes : il doit les résoudre seul ou par l'intermédiaire de la famille et de l'entourage (amis, voisins, parents). Si cela s'avère impossible, c'est à ce moment que l'attitude vis-à-vis des problèmes prend une connotation typique à ces milieux : « Ce qui ne peut être guéri doit être enduré » (cité par Hardcastle, 1985). Du même coup, il n'est pas étonnant d'apprendre que pour les gens du milieu rural, solliciter de l'aide extérieure ne constitue pas la norme, mais bien l'exception et il est même mal vu de le faire (Richard, 1988).

La faible densité de la population en milieu rural constitue un obstacle au développement de services, car la population est dispersée géographiquement sur un vaste territoire. D'après Parkinson (1981), l'éloignement représente la plus importante barrière pour le développement de programme en milieu rural (Coward et Rathbone-McCuan, 1985). Ainsi, les grandes distances posent irrémédiablement la question de l'accessibilité, étant donné que ces régions sont souvent démunies en ce qui a trait aux moyens de transport en commun et de communication. À cela s'ajoute la combinaison d'autres impondérables : le coût élevé des transports, les mauvaises conditions de température et le pauvre état des routes (Corin *et al.*, 1985 ; Coward et Rathbone-McCuan, 1985 ; Keller et Murray, 1982 ; Richard, 1988 ; Steinhauer, 1980 ; Wilkinson, 1982). Si l'on prend en considération ces obstacles à l'accessibilité des services, on peut douter de la possibilité d'envisager le développement d'intervention de groupe dans le milieu rural.

Du reste, le profil type des personnes soutiens qui participent à des rencontres de groupe laisse entrevoir que la classe moyenne est la catégorie socio-économique la plus représentée (Toseland et Rossiter, 1989 ; Gonyea, 1989). Or, il est bien connu que la population du milieu rural est plus désavantagée socio-économiquement comparativement à celle du milieu urbain. Dans l'hypothèse que l'intervention de groupe comme stratégie d'aide correspond plus grandement aux attentes et aux valeurs d'une classe sociale plus élevée, on doit s'interroger sur le potentiel d'assistance de cette catégorie de personnes soutiens en milieu rural.

CONCLUSION

Le contexte du milieu rural oblige à concevoir des stratégies d'intervention différentes de celles appliquées au milieu urbain. Au terme de cet article, les éléments d'analyse permettent de formuler l'hypothèse suivante : l'intervention de groupe en milieu rural est une stratégie d'aide culturellement peu acceptable pour les personnes soutiens de personne âgée en perte d'autonomie, à savoir que le contexte social, culturel et environnemental rend difficile la faisabilité des interventions de groupe. Il en va de la pertinence d'utiliser au maximum le potentiel de ressources humaines et financières, de même que de s'assurer que les objectifs de santé poursuivis par ce type d'aide préconisé pour les personnes soutiens.

Bibliographie

ADAM, D. et D. HOEHNE, (1989). « L'entraide en régions éloignées : faire face aux obstacles », *Santé mentale au Canada*, vol. 37, n° 2, 21-24.

BUXTON, E.B. (1976). « Delivering Social Services in Rural Areas », dans GINSBERG, L.H., *Social Work in Rural Communities : A Book of Readings*, 29-38.

COLLIER, K. (1984). « Social Work with Rural People : Theory and Practice », *New Star Books*, Vancouver.

CORDES, S.M. (1989). « The Changing Rural Environment and the Relationship Between Health Services and Rural Development », *Health Services Research*, vol. 23, n° 6, 757-784.

CORIN, E. *et al.* (1985). *Le contexte social et culturel des problèmes socio-sanitaires en moyenne Côte-Nord : une perspective pour le développement des services communautaires*, Centre de santé Saint-Jean-Eudes, Havre-St-Pierre.

COWARD, R.T. et S.J. CUTLER (1989). « Informal and Formal Health Care Systems for the Rural Elderly », *Health Services Research*, vol. 23, n° 6, 785-806.

COWARD, R.T. et E. RATHBONE-McCUAN (1985). « Delivering Health and Human Services to the Elderly in Rural Society », dans COWARD, R.T. et G.R. LEE (1985). *The Elderly in Rural Society Every Fourth Elder*, New York, Springer Publishing Company.

COWARD, R.T. *et al.* (1983). « Distinctive Features of Rural Environments : A Frame of Reference for Mental Health Practice », *International Journal of Mental Health*, vol. 12, n° 1-2, 3-24.

COWARD, R.T. (1979). « Planning Community Services for the Rural Elderly : Implication from Research », *The Gerontologist*, vol. 19, n° 3, 275-282.

COWARD, R.T. et W.M SMITH (1982). « Families in Rural Society », dans DILLMAN, Don A. et Daryl J. HOBBS, *Rural Society in the U.S. : Issues for the 1980s*, 77-84.

GONYEA, J.G. (1989). « Alzheimer's Disease Support Groups : An Analysis of their Structure, Format and Perceived Benefits », *Social Work in Health Care*, vol. 14, n° 1, 61-72.

GUNTER, P.L. (1985). « Four Rural Centers Use Nontraditional Delivery », *Perspective on Aging*, vol. 14, n° 6, 8-9,18.

HALPERT, B.P. (1988). « Volunteer Information Provider Program : A Strategy to Reach and Help Rural Family Caregivers », *The Gerontologist*, vol. 28, n° 2, 256-259.

HALPERT, B.P. et T.S.SHARP (1989). « A Model to Nationally Replicate a Locally Successful Rural Family Caregiver Program : The Volunteer Information Provider Program », *The Gerontologist*, vol. 29, n° 4, 561-563.

HARDCASTLE, D.A. (1985). « Rural Stereotypes and Professional Caregivers », *Arete*, vol. 10, n° 2, 26-33.

HORNER, W. et J. O'NEILL. (1982). « Child Welfare Practice in Small Communities », dans CLEMMONS, Morris L., *Dignity, Diversity and Opportunity in Changing Rural Areas*, University of South Carolina, 398-413.

IREY, K.V. (1980). « The Social Work Generalist in Rural Context : An Ecological Perspective », *Journal of Education for Social Work*, vol. 16, n° 3, 36-43.

JOHNSON, L.C. (1982). « A Transactional Process Approach to Needs of and Services for the Rural Elderly », dans CLEMMONS, Morris, L., *Dignity, Diversity and Opportunity in Changing Rural Areas*, University of South Carolina, 317-333.

KAISER, M.A., KAMP, H.J. et J. GIBBONS. (1987). « Services for the Rural Elderly : A Developmental Model », *Journal of Gerontological Social Work*, vol. 11, 25-45.

KELLER, P.A. et D.J. MURRAY (1982). « Rural Mental Health : An Overview of the Issues », dans KELLER, P.A. et D.J. MURRAY, *Handbook of Rural Community Mental Health*, Human Sciences Press Inc., New York, 3-19.

MORRIS, J.H et J. CICERO-HILBERT (1982). « Training Social Workers, Clients and Students in the Use of Rural Natural Helping Networks », dans CLEMMONS, Morris L., *Dignity, Diversity and Opportunity in Changing Rural Areas*. University of South Carolina, 424-436.

NOCE, R.M. et F.H. BOLITHO (1982). « An Examination of Rural Social Work Literature », *Human Services in the Rural Environment*, vol. 7, n° 1, 11-18.

PAQUET, M. (1987). « L'organisation des services en santé mentale dans la région Côte-Nord », *Santé mentale au Québec*, vol. 12, n° 1, 144-149.

RICHARD, L. (1988). « L'intervention en matière de violence conjugale dans les petites communautés nord-côtières », *Revue canadienne de service social*, vol. 5, 65-77.

RITCHIE, P.L.J. (1982). « Issues in Rural Community Psychology : Implications for Practice and Development of a Model », *Canadian Journal of Community Mental Health*, vol. 20, n° 2, 33-43.

SCOTT, Jean Pearson et Karen A. ROBERTO (1985). « Use of Informal and Formal Support Networks by Rural Elderly Poor », *The Gerontologist*, vol. 25, n° 6, 624-630.

STAFFORD, J. (1982). « Non-profit Community Organizations as an Aid in Rural Social Work », dans CLEMMONS, Morris L., *Dignity, Diversity and Opportunity in Changing Rural Areas*, University of South Carolina, 131-139.

STEINHAUER, M. (1980). « Obstacles to the Mobilization and Provision of Services to the Rural Elderly », *Educational Gerontology*, vol. 5, 399-407.

TOSELAND, R.W. et C. ROSSITER (1989). « Group Interventions to Support Family Caregivers : A Review and Analysis », *The Gerontologist*, vol. 29, n° 4, 438-448.

WAGENFELD, M.O. et W.E. BUFFUM (1983). « Problems in and Prospects for Rural Mental Health Services in the United States », *International Journal of Mental Health*, vol. 12, n°ᵉ 1-2, 89-107.

WALDRON, M. et T. FULLER (1984). « Adult Education and Change in Rural Communities », *Canadian Journal of Community Mental Health*, vol. 3, n° 2, 43-52.

WEBSTER, S. (1984). « Rural Helping Systems », *Human Services in the Rural Environment*, vol. 9, n° 1, 17-23.

WHITTINGTON, B. (1985). « The Challenge of Family Work in a Rural Community », *Le travailleur social*, vol. 53, n° 3, 104-107.

WILKINSON, K.P. (1982). « Changing Rural Communities », dans KELLER, P.A. et J.D. MURRAY, *Handbook of Rural Community Mental Health*, Human Sciences Press Inc., New York, 20-28.

WILLITS, F.K., BEALER, R.C. et D.M. CRIDER (1982). « Persistence of Rural/Urban Differences », dans DILLMAN, Don A. et D.J. HOBBS, *Rural Society in the U.S. : Issues for the 1980s*, 69-76.

WINDLEY, P.G. (1983). « Community Services in Small Rural Towns : Patterns of Use by Older Residents », *The Gerontologist*, vol. 23, n° 2, 180-184.

WINDLEY, P.G. et R.J.SCHEIDT (1983). « Service Utilization and Activity Participation Among Psychologically Vulnerable and Well Elderly in Rural Small Towns », *The Gerontologist*, vol. 23, n° 3, 283-287.

WODARSKI, J.S., GIORDANO, J. et D.A. BAGAROZZI (1981). « Training for Competent Community Mental Health Practice : Implication for Rural Social Work », *Arete*, vol. 6, n° 4, 45-62.

YOUNG, C.E., GILES, D.E. et M.C. PLANTZ (1982). « Natural Networks : Help-aging and Help-seeking in Two Rural Communities », *American Journal of Community Psychology*, vol. 10, n° 4, 457-469.

YOUNG, C.L., GOUGHLER, D.H. et P.J. LARSON (1986). « Organizational Volunteers for the Rural Frail Elderly : Outreach, Casefinding and Service Delivery », *The Gerontologist*, vol. 26, n° 4, 342-344.

Nouveaux programmes de subvention du Conseil québécois de la recherche sociale : commentaires

Jean-Pierre DESLAURIERS
Université du Québec à Hull

En mai 1992, le Conseil québécois de la recherche sociale (CQRS) lançait de nouveaux programmes de subvention à la recherche. Comme toute nouveauté, ces programmes offrent un mélange d'inédit et de connu : le connu, c'est la promotion d'équipes de recherche ; l'inédit, c'est le partenariat avec les milieux de la pratique.

LA FORMATION D'ÉQUIPES DE RECHERCHE

Grâce à ses programmes de subvention de développement d'équipe en recherche sociale, le Conseil québécois de la recherche sociale vise à doter le Québec, sur une période de cinq ans, d'un ensemble d'équipes de recherche travaillant sur les enjeux, les objectifs et les stratégies de la *Politique de la santé et du bien-être*, particulièrement ceux reliés à l'adaptation sociale, aux aspects psychosociaux de la santé physique, à la prévention des maladies infectieuses, à la santé mentale, au suicice et, enfin, à l'intégration sociale (CQRS, 1992 : 10).

D'entrée de jeu, le Conseil québécois de la recherche sociale affiche ses couleurs : il entend développer des équipes de recherche qui s'attaquent à des thèmes précis, axés sur la politique gouvernementale. Rien de plus normal que cet alignement sauf que les objectifs proposés se rapportent surtout à la santé : qu'en est-il du développement social et communautaire, ou de l'effet des diverses politiques sociales autres que celles de la santé ? Certes, le silence ne signifie pas qu'on exclue ce volet, mais on n'en fait certainement pas une priorité. Je reviendrai sur ce point en conclusion. Pour ce qui est du développement des équipes de recherche, le Conseil emprunte la même direction que les autres organismes subventionnaires. Au Québec, le Fonds pour la formation de chercheurs et l'aide à la recherche favorise les chercheurs regroupés en équipes ; au Canada, le Conseil recherche en sciences humaines mousse la formation d'équipes de recherche axées sur les subventions de recherche dites stratégiques.

Même si on sent que le vent souffle dans la direction des équipes de recherche, des doutes subsistent dans mon esprit : A-t-on prouvé la réelle supériorité de la recherche en équipe sur celle du duo ou même du chercheur solitaire ? Certes, les résultats obtenus par les équipes sont impressionnants, mais n'est-ce pas simplement parce qu'on leur a accordé un appui plus généreux ? *When the chips are down*, quand le projet est terminé, l'efficacité des équipes est-elle évidente ? C'est à voir.

Plusieurs faiblesses importantes me semblent affliger le travail en équipe. Par exemple, la dimension de l'équipe elle-même pose des problèmes : plus l'équipe est grosse, plus grand est le besoin de coordination et plus cette fonction accapare de temps au détriment de la recherche elle-même. En page 16 du document présentant les programmes, on spécifie que trois chercheurs travailleront avec un nombre égal de presonnes provenant des milieux de la pratique, de l'intervention et d'élaboration de politiques. Fixer une telle parité est un bon moyen de s'assurer que le monde de la pratique sera sufisamment représenté et aura une masse critique lui permettant de devenir un interlocuteur valable auprès des chercheurs : trop souvent, les chercheurs ont effectué des travaux portant sur la pratique mais sans que les intervenants n'en soient partie prenante. La parité exigée atténuera le possible décalage. Cependant, qu'on ne se méprenne pas sur les difficultés que le nombre entraînera : ce ne sera pas facile de réunir six personnes, provenant de deux univers culturels différents, les uns absorbés par la recherche et les autres par d'autres tâches, de les faire s'entendre sur les orientations et se concerter dans l'action.

Une autre lacune des équipes a été démontrée par la sociologie des organisations : les organisations tendent à se maintenir en vie d'abord et à produire ensuite, et la même situation peut se reproduire en recherche. Les équipes ont la propension à devenir de plus en plus grosses, de plus en plus coûteuses et à développer des projets dont la principale originalité est de les maintenir sur pied : plus une équipe coûte cher, meilleure elle est, tant et si bien que la valeur des subventions obtenues précédemment devient le critère pour en obtenir d'autres. Les grosses équipes bénéficient d'un préjugé favorable : à partir du moment où elles atteignent une vitesse de croisière, on ne les remet plus en question. Alors que les demandes des chercheurs individuels sont passées au peigne fin comme si le budget du pays en dépendait, celles des grosses équipes sont acceptées *at face value.*

L'insistance mis sur la formation d'équipes favorisera probablement les grosses universités. Bien sûr, les règlements n'excluent pas qu'une équipe soit reliée à un syndicat, à une association, à un centre, ou à un organisme communautaire, mais ceci dit, les gros projets de recherche iront vraisemblablement aux grosses universités, et ce, pour plusieurs raisons. (Ce n'est pas sorcier : en recherche comme à la pêche, les gros appâts attirent les gros poissons qui écartent les plus petits !) Elles ont un *lobby* plus efficace, elles sont plus près des centres de décision et savent mieux ce qui se prépare ; leurs chercheurs ont atteint la masse critique et ils ont plus de notoriété ; ils ont développé des réseaux ou sont plus à même de le faire ; ils sont davantage dans le courant des idées à la mode et leurs sujets de recherche font plus général, plus universel, moins local. Même réduite à trois chercheurs, comme l'exige le nouveau programme, il sera difficile voire impossible pour plusieurs universités régionales de monter une telle équipe et de recruter des partenaires.

La même tendance risque de se reproduire dans le partenariat avec les établissements de la pratique. Les établissements ne disposent guère de personnel en recherche sociale depuis le début des années 80. La crise a forcé les CSS et les CLSC à sabrer dans leurs effectifs de recherche ; les départements de santé communutaire ont conservé une base de recherche mais leur action est restreinte à la santé. On retrouve davantage de recherche sociale dans les CRSSS, mais cette organisation est plus intéressée par la coordination et la gestion de services que par l'évaluation de la pratique. Ici encore, si la même tendance se maintient, les gros centres universitaires auront comme interlocuteurs les gros établissements de services sociaux, et proviendront surtout des milieux urbains.

Le lieu d'ancrage des équipes de recherche aura toutefois des répercussions sur le transfert d'expertise escompté par le CQRS, surtout en ce qui a trait au transfert de connaissances des grands centres vers les régions. Chercheurs et administrateurs des services sociaux sont naturellement préoccupés par les problèmes de leur milieu, et la métropole est habituellement insensible aux besoins de régions qui débordent sa sphère d'influence. Cependant, il y a un monde entre le milieu multiethnique montréalais et le milieu homogène tricoté serré du Saguenay-Lac-Saint-Jean ; il y a un monde entre un milieu en croissance démographique comme celui de l'Outaouais et un autre en décroissance comme l'Abitibi ou la Gaspésie. La ville, le milieu semi-rural et la campagne, les grandes villes et les petites villes, ce n'est pas pareil, est-il nécessaire de le rappeler (Paquet, 1992, dans ce numéro). Pourtant, dans le domaine de la recherche sociale appliquée encore plus que dans d'autres domaines de recherche, le contexte social colore l'application des politiques sociales et s'avère une variable déterminante. Il faut veiller à ce que le transfert ne représente pas une nouvelle forme d'imposition des normes métropolitaines aux régions.

LE PARTENARIAT

La volonté exprimée par le Conseil québécois de la recherche sociale de rapprocher les chercheurs des milieux d'intervention et de la pratique ne saurait être trop louangée. En effet, la recherche sociale appliquée n'a pas reçu et ne reçoit pas encore l'attention à laquelle elle aurait droit ; on compte sur les doigts des deux mains les recherches ayant porté sur la pratique des services sociaux et l'influence concrète des diverses politiques sociales, à la fois sur les bénéficiaires et sur le personnel des services sociaux.

Trop souvent, la recherche en sciences sociales, et même celle effectuée par les tenants de disciplines qu'on aurait présumés sensibles aux besoins de la pratique sociale, a été de nature trop théorique et plutôt éloignée des besoins de la pratique. De plus, ces recherches n'ont pas toujours avancé des propositions concrètes dont les administrateurs et les intervenantes auraient pu faire leur profit ; de leur côté, les milieux de la pratique n'ont pas toujours estimé à sa juste valeur l'apport de la recherche dans l'évaluation et l'élaboration des services. Avec le temps, il s'est donc creusé un fossé de méfiance qu'il n'est pas facile de combler. De ce point de vue, la volonté du Conseil de développer un partenariat chercheurs-intervenantes-administrateurs est de bon augure et répond à un besoin évident.

Jusqu'à présent, les demandes de subventions de recherche que reçoit le Conseil proviennent la plupart du temps des chercheurs universitaires : il y n'y a pas beaucoup de projets venant des organismes publics de services sociaux. Lorsqu'il y en a, ce n'est pas toujours facile pour ces projets de se qualifier parce que les établissements ne peuvent pas toujours répondre aux standards de qualité fixés par ceux pour qui la recherche est l'activité la plus valorisée alors que dans la pratique, elle est une occupation subsidiaire. Cependant, le partenariat préconisé par le Conseil peut aider les établissements de services sociaux à avoir accès à des ressources qui leur étaient jusque-là moins accessibles. On ne peut qu'applaudir aux objectifs poursuivis par le nouveau programme, tels que favoriser le développement de connaissances appliquées, favoriser ou accroître la collaboration entre les milieux de recherche et les milieux de pratique (que mon collègue Roland Charbonneau avait déjà caractérisés de milieux de haut savoir et de milieux de haut savoir-faire).

Par exemple, le Conseil lance un programme dit de développement de partenariat ayant « pour objet de permettre à des personnes issues des milieux de la pratique, d'intervention et d'élaboration de politiques, conjointement avec un chercheur, une chercheure ou un groupe de chercheurs, et vice versa, d'explorer et de créer des liens officiels leur permettant de développer un partenariat de recherche » (CQRS, 1992 : 10). Cette subvention peut atteindre 5 000 $ pour 12 mois et permet de couvrir les dépenses reliées aux rencontres et aux actvités communes telles que frais de séjour, déplacement, documentation et reprographie. Elle peut servir à soutenir financièrement l'organisation de colloques, rencontres, séminaires ou toute autre activité pouvant favoriser une plus grande consolidation des activités de recherche entre les milieux de pratique et les milieux universitaires. Les formules sont assez simples à remplir, on dirait que ce n'est pas compliqué et ce volet devrait intéresser beaucoup de monde dans la pratique.

CONCLUSION

En conclusion, je propose trois remarques. D'abord, il me semble qu'une stratégie de recherche sociale efficace devrait être assez diversifiée pour s'adapter aux besoins des régions, selon leur degré de développement et les modalités de collaboration possibles. Il y aurait moyen d'atténuer la tendance métropolitaine en favorisant la création d'équipes de chercheurs fonctionnant en réseau. Ces équipes pourraient regrouper des chercheurs provenant de différentes universités et si possible de différentes régions ; si les recherches doivent porter sur des régions particulières, qu'on associe les chercheurs des universités régionales comme partenaires à part entière. Après des décennies de centralisation, le ministère de la Santé et des Services sociaux commence à jeter du lest en mettant les régies sur pied et en donnant un peu plus de pouvoir aux régions ; voilà une expérience dont on peut s'inspirer.

Ensuite, les équipes de recherche doivent donc répondre à des besoins réels et ne devraient pas accaparer tout le budget accordé au Conseil, au détriment de la recherche individuelle : en effet, le vrai test demeure le résultat produit et l'analyse coût-bénéfice des deux approches. De ce point de vue, le Conseil conserve le programme « Études et analyse » où un ou deux chercheurs peuvent présenter des demandes de subvention de recherche. Il n'est donc pas exclu que puissent cœxister quelques centres de recherche plus spécialisés et des équipes de recherche plus restreintes, faisant des études sur des sujets d'intérêt local.

Enfin, une ombre au tableau demeure : les équipes de recherche, dont le document ne spécifie pas le nombre, axeront leurs travaux sur la *Politique de la santé et du bien-être*. Or, on connaît le poids de la santé et la force des médecins dans la formulation de la politique sociale : le recul du ministre Côté dans la récente tentative de réformer le système sociosanitaire nous l'a rappelé. Comme les sujets prioritaires auxquels devront s'attaquer les équipes touchent la santé ou s'y apparentent, que deviendra-t-il de la recherche sociale ? Le Conseil québécois de la recherche sociale s'appelait auparavant le Conseil de la recherche socio-économique, deviendra-t-il le Conseil de la recherche sociosanitaire ? À suivre.

Bibliographie

Conseil québécois de la recherche sociale (CQRS) (1992). *Programmes de subvention de développement d'équipes en recherche sociale*, document photocopié, Québec, CQRS, 36 p. et annexe.

❖ Pauvreté urbaine et développement local : les nouveaux enjeux

Louis FAVREAU
Université du Québec à Hull

Le Conseil des affaires sociales du Québec s'est signalé au cours des dernières années par la publication de rapports concernant le développement. Le premier, intitulé *Deux Québec dans un. Rapport sur le développement social et démographique*, devait populariser l'image du Québec cassé en deux. La publication suivante, *Agir ensemble. Rapport sur le développement* avait conclu sur l'avenue du développement local après avoir avancé que l'emploi constituait l'arme principale dans la lutte contre les inégalités sociales. Le troisième rapport, *Le Québec solidaire. Rapport sur le développement* relance le débat sur le développement économique local et communautaire[1] au Québec.

Ce rapport substantiel est doublement original. Tout d'abord, il insiste sur le développement local à l'heure où l'on ne parle que de mondialisation de

---

1. Le développement économique local et communautaire (DELC) peut se définir en premier lieu comme étant un développement de type microsocial (TREMBLAY et VAN SCHENDEL, 1991 : 487; LEMELIN et MORIN, 1991, 286) s'inscrivant essentiellement dans des communautés locales de milieu rural, semi-urbain ou urbain. Ce type de développement se caractérise par des pratiques à la fois économiques et sociales, engagées principalement mais non exclusivement par les organisations populaires et communautaires de ces communautés (FAVREAU, 1989 : 138-139). La notion de développement local dispose d'une plus grande amplitude parce qu'elle inclut des initiatives locales de développement dont le leadership ne tire pas nécessairement ses origines d'organisations populaires et communautaires (par exemple, une municipalité ou des entrepreneurs privés locaux).

l'économie, de perte d'impact des États nationaux dans le développement et de la subordination de plus en plus marquée de l'économie des pays aux logiques internationales. Ensuite, ce rapport parle de développement économique à partir d'un milieu, celui des affaires sociales, en d'autres termes à partir des secteurs public et communautaire[2] des services sociaux et de la santé, secteurs où les acteurs impliqués ont une culture d'intervention qui perçoit et conçoit généralement « l'économique » comme appartenant aux « autres », c'est-à-dire à l'entreprise privée.

Le présent article se veut à la fois une réponse et un appel : une réponse au dernier rapport du Conseil des affaires sociales (CAS) sur le développement local pour prolonger le débat qu'il a si bien amorcé ; un appel pour reprendre la question sociale en des termes qualitativement nouveaux. Mon point de vue est à l'effet que le développement local ne concerne pas que les villages et les régions périphériques, mais aussi les quartiers pauvres des centres urbains.

LA CONTRIBUTION DU CONSEIL DES AFFAIRES SOCIALES AU DÉVELOPPEMENT LOCAL

Ce *Rapport* sera sans doute accueilli favorablement par la vingtaine de Corporations de développement communautaire (CDC) et de Corporations de développement économique communautaire (CDEC) dont les premières remontent à 1984-1985. Ces CDC et CDEC ont bien du mal à se faire reconnaître. D'une part, leurs pairs, c'est-à-dire d'autres organismes populaires et communautaires, leur reprochent d'abandonner l'action de défense des droits sociaux pour des initiatives à caractère économique dont on doute des visées sociales supposées. D'autre part, elles sont suspectes aux yeux des municipalités et des ministères pour qui les « choses claires sont les choses simples », soit économiques, soit sociales, mais jamais les deux à la fois.

L'immense avantage de la dernière publication du Conseil des affaires sociales est précisément de démontrer les nécessaires passerelles entre le social et l'économique. Les auteurs recensent une cinquantaine de projets locaux constituant autant d'exemples d'expériences réussies de développement local. On peut les regrouper sous la notion d'*empowerment*, définie grosso modo comme étant le développement de structures organisationelles

---

2. Le caractère de quasi-monopole du secteur public dans les affaires sociales au Québec nous avait habitués à parler des services sociaux et de santé en sous-entendant presque automatiquement qu'ils étaient publics. Avec la réforme de la santé et du bien-être enclenchée par le ministre Côté, il faudra bien se faire à l'idée qu'elle consacre une pratique inscrite dans la réalité depuis déjà une décennie, à savoir que les services sociaux et de santé sont de caractère public et communautaire.

de base dans les communautés locales (CAS, 1992 : 168). Le lecteur prend connaissance de projets de développement local réussis sur la Côte-Nord, en Gaspésie, en Beauce, en Abitibi, à Saint-Ephrem, à Mont-Laurier, à Guyenne, à Saint-Camille et à Laniel. Ces différentes expériences démontrent non seulement qu'il est possible de sortir du sous-développement sans attendre une politique des gouvernements à cet égard, mais qu'il est même tout simplement possible de commencer quelque chose sans attendre de subventions étatiques.

Les auteurs présentent les facteurs de succès tels que l'émergence de leaders, l'appui actif des populations locales, l'insertion de ce type de développement dans des réseaux économiques et sociaux à l'échelle du Québec, le support de ressources extra-locales, tant humaines que matérielles. Néanmoins, on ne cache pas non plus certains obstacles majeurs à la généralisation de ces initiatives locales : la centralisation paralysante du support exogène, à Québec comme à Ottawa, une organisation territoriale inadéquate comme, par exemple, « les localités enclavées, les communautés urbaines à l'étroit sur leur territoire et les découpages territoriaux nombreux et démobilisateurs » (CAS, 1992 : 101).

Les auteurs signalent l'importance stratégique des pouvoirs locaux (municipalités, MRC et commissions scolaires) « dans une perspective de santé publique, de prévention et de développement social » ((CAS, 1992 : 143), et l'attribution à ces pouvoirs locaux de nouvelles responsabilités avec, il va sans dire, les moyens correspondants. On profite de l'occasion pour faire un clin d'œil complice à « ces groupes nombreux, souvent composés de jeunes professionnels très qualifiés et très engagés [...] ces agents de développement [...] » ((CAS, 1992 : 140). Voilà une allusion manifeste aux intervenants des CDC et CDEC de Montréal, de Victoriaville, de Rivière-du-Loup, de Rouyn, de Joliette, de Hull, etc. Finalement, le rapport préconise la mise en œuvre d'outils clés tels que l'accessibilité des communautés locales à l'information scientifique et technique ou l'injection d'un capital de démarrage fourni par un fonds de développement régional.

LA QUESTION SOCIALE
AU CŒUR DU DÉVELOPPEMENT LOCAL

La contribution de ce rapport du Conseil des affaires sociales est inestimable, au moment même où le développement local au Québec est en voie de redonner un second souffle à l'économie sociale[3] trop institutionnalisée et

---

3. Pour une définition de l'économie sociale et un premier aperçu de ce qui la caractérise au Québec, voir LÉVESQUE et MALO (1992).

trop centrée sur certains secteurs d'intervention (crédit et épargne, assurances). Cependant, ce rapport en laissera plusieurs sur leur faim, parce qu'il restreint ses exemples de développement local surtout aux villages et aux régions dites « périphériques ». Je crois qu'on y sous-estime grandement deux facteurs, soit la réorganisation sociospatiale du Québec et ce que je j'appellerais, la nouvelle question sociale.

LA NOUVELLE RÉORGANISATION SOCIOSPATIALE DU QUÉBEC

Trop poussée, la vision d'un Québec divisé en deux (Montréal et les régions, le grand centre urbain et les périphéries) finit par sombrer dans le simplification en confirmant les préjugés les plus classiques : hors de Montréal, il n'y a que la campagne, celle des touristes et celle des régions pauvres. Bien sûr, le CAS ne va pas jusque-là, mais il me semble que les auteurs du *Rapport* ne prennent pas suffisamment en considération l'évolution des vingt dernières années vers la création de capitales régionales. Ces capitales régionales ne font pas que drainer leur arrière-pays (1992 : 133) ni ne servent uniquement de base d'intervention technocratique des gouvernements (1992 :93-94). Le CAS hésite à prendre en compte ce nouveau développement régional, affirmant par exemple qu'il « ne faut pas oublier que vue de la municipalité, la capitale régionale est souvent aussi loin que la capitale nationale et, à la limite, aussi "déresponsabilisante" »(1992 : 144).

Or, ces capitales contribuent aussi à forger des pôles de développement. Au simple plan de l'analyse, les centres urbains régionaux de 100 000 habitants revêtent une grande importance stratégique, à la fois pour leurs habitants et pour leur périphérie immédiate (Langlois, 1990 : 29-30, 36, 90 ; Bruneau, 1989). Qu'on pense à Chicoutimi-Jonquière au Saguenay–Lac-Saint-Jean, à Trois-Rivières en Mauricie, à Sherbrooke en Estrie, ou à Hull-Gatineau en Outaouais. Ces centres urbains régionaux sont aussi, ne l'oublions pas, des régions qualifiées de centrales par les économistes (Tremblay et Van Schendel, 1991 : 366). En outre, elles participent d'un processus de réorganisation spatiale où toutes n'aboutissent pas au déclin et à la misère. On n'a qu'à penser à l'apport des réseaux de CLSC, de cégeps et d'universités, et surtout le réseau de l'Université du Québec, pour s'apercevoir que, dans ces capitales, se retrouvent les ressources en éducation, en santé, en services sociaux, les ressources communautaires et une plus grande diversité d'emplois. Cela permet de comprendre qu'à Sherbrooke, Victoriaville ou Hull, la réalité avoisine davantage ce qui se vit dans un grand centre urbain comme Montréal que des coins de pays du Québec rural. Cela permet aussi de concevoir que les villages peuvent aussi gagner, et pas seulement perdre, de la proximité géographique, sociale et culturelle de ces capitales régionales.

LA NOUVELLE QUESTION SOCIALE

On a souvent tendance à examiner les problèmes sociaux actuels à partir de repères hérités de l'intervention sociale des années 60 et 70 et des notions d'industrialisation, d'urbanisation et de constitution d'un État providentialiste. C'est en partie le cas de ce rapport où, par exemple, la pauvreté est plus souvent qu'autrement définie comme un état de sous-développement de quartiers pauvres des villes ou des régions définies périphériques et dépendantes d'un grand centre urbain les dépossédant de leurs ressources.

Or, au cours des trente dernières années, nous avons assisté à beaucoup de changements, à un tel point que plusieurs semblent même nous échapper. À cet égard, nous avançons la proposition suivante : non seulement existe-t-il une crise à la fois économique et culturelle, ce que nombre d'auteurs en sciences politiques, en travail social, en sociologie ont fait valoir, *mais aussi une mutation sociale* en voie de faire basculer l'héritage social et national de la Révolution tranquille. Non seulement le providentialisme lié à la mise en place d'un véritable secteur public au Québec est profondément remis en cause, mais le sont également les formes classiques de mobilisation collective du syndicalisme et du mouvement populaire et communautaire, pour ne nommer que celles-là.

Il semble qu'il faille aborder la question sociale en des termes nouveaux si l'on veut rendre compte des changements à l'œuvre. D'abord, au plan des problèmes sociaux considérés aigus tels que le chômage, l'immigration et la pauvreté, la délinquance ou la prostitution ; ensuite, au plan de l'ensemble de la société québécoise comme société nationale intégrée. Je fournis ici quelques éléments pouvant caractériser cette mutation sociale.

Proposition I :
La structure du chômage a considérablement changé

La structure du chômage a considérablement changé. Il ne s'agit plus d'un chômage provisoire d'une main-d'œuvre mobile ou en attente temporaire de travail, mais d'un chômage structurel, de longue durée, et dont les victimes sont de plus en plus jeunes. Face à ce phénomène, les politiques traditionnelles de main-d'œuvre sont dépassées et plus souvent qu'autrement impuissantes à répondre au problème posé : pire, la crise de l'État-providence reduit les mesures d'aide aux chômeurs et aux assistés sociaux. Ces mesures n'existaient d'ailleurs que pour une main-d'œuvre en chômage temporaire, alors que la situation est maintenant toute autre.

Simultanément, les groupes sociaux qui s'attaquent à ces problèmes (Mouvement d'action-chômage, Associations de défense des droits des assistés sociaux) se trouvent partiellement en porte-à-faux, ayant bâti leur mobilisation sur la réinsertion de chômeurs dans un contexte structurel qui ne leur était pas complètement défavorable ou sur la mobilisation d'assistés sociaux majoritairement adultes (40 ans et plus, la plupart du temps) et majoritairement inaptes au travail. Or, de plus en plus d'assistés sociaux sont nettement plus jeunes (18-30 ans) et plutôt aptes au travail[4], alors que les emplois font de plus en plus cruellement défaut.

Proposition II :
la structure de l'immigration a profondément changé

La structure de l'immigration s'est transformée. Hier, l'immigration était en majorité européenne de souche alors qu'aujourd'hui, elle provient principalement du tiers monde. Hier, elle était une immigration de main-d'œuvre répondant à certains besoins de l'économie nationale alors qu'aujourd'hui, le flux migratoire nous amène des familles entières avec armes et bagages, venues s'installer au pays avec l'objectif de recevoir la citoyenneté canadienne en fuyant des pays qui les surexploitaient et les tyrannisaient : réfugiés politiques, réfugiés écologiques, etc. (Photios Tapinos, 1991 : 511-512). Politiques sociales et groupes sociaux d'accueil sont encore là pris au dépourvu, disposant de moyens répondant à des aspects bien spécifiques de l'immigration, mais ne pouvant pas faire face à la situation présente.

Proposition III :
la structure de la pauvreté a beaucoup changé

La structure de la pauvreté a évolué, tant dans sa composition sociale que dans son développement dans les régions ou les centres-villes. Les pauvres sont plus jeunes (Gauthier, 1991), les jeunes immigrants sont plus pauvres que les autres, et la pauvreté est moins transitoire que jamais. Elle exclut du travail et de l'action syndicale ; elle exclut des quartiers entiers en les dégradant et en les isolant. Il n'y a pas que la pauvreté héritée, celle d'assistés sociaux inaptes au travail perpétuant une certaine sous-culture du pauvre, mais aussi la pauvreté de crise, dont le mécanisme essentiel est la faiblesse de l'accès à un véritable emploi (Clerc, 1992). L'échec intériorisé entraîne finalement une déstructuration de la personnalité et conduit à la « galère » (Dubet, 1987), c'est-à-dire à la rage, au désespoir, à la drogue. Comme porte de

---

4. Voir par exemple l'expérience de jeunes assistés sociaux du Chic Resto-pop (FAVREAU, 1989 : 133-136).

sortie provisoire, l'intégration à une bande de jeunes qui sert de « nouvelle famille », voire de seule famille.

Bref, hier, on pouvait être chômeur sans être pauvre, pauvre sans être jeune, immigrant sans vivre le racisme et sans connaître le chômage prolongé. Aujourd'hui, on est souvent tout cela à la fois : jeune, pauvre, sans emploi, immigrant ou fils d'immigrant venant du tiers monde dans un contexte d'occupation inégalitaire de l'espace urbain et de développement d'une économie informelle liée à la drogue. Chômage, racisme, pauvreté, exclusion, croissance urbaine anarchique, ces problèmes sociaux s'additionnent, se catalysent et s'amplifient au sein des mêmes couches ou groupes sociaux : en d'autres termes, la nouvelle situation sociale est faite d'un cocktail explosif de plusieurs problèmes sociaux majeurs.

J'insiste sur cette situation nouvelle : le Conseil des affaires sociales a largement développé son analyse autour du sous-développement des régions et des sous-groupes, mais il nous faut davantage aborder la pauvreté dans sa dimension urbaine, celle qui provoque de nouvelles conduites collectives telles qu'échauffourées, bagarres entre Québécois de souche et néo-Québécois de minorités visibles, développement de piqueries à Montréal, Hull ou Québec, conduites collectives susceptibles de créer l'insécurité, la peur et la crispation des populations directement concernées plutôt que la volonté de résoudre le problème. Cette nouvelle situation sociale fait voir une autre facette de la pauvreté que celle qui signale le déclin des régions.

Sur un plan plus général, dans l'ensemble de la société, ces tendances issues de la dualisation sociale en cours ne font qu'accélérer l'épuisement de certaines formes d'action collective et l'accouchement difficile de nouvelles. Certains y voient même l'entrée dans un autre type de société où l'exclusion prend davantage de place que l'exploitation, le travail précaire davantage d'importance que le travail permanent dans le contexte d'une accentuation de la coupure emploi/logement et du choc des cultures résultant de l'immigration (Wieviorka, 1992).

Cette nouvelle situation commande de nouveaux choix, de nouveaux modes d'intervention et de nouvelles stratégies. Par exemple, que faire lorsqu'on est confronté comme dans le quartier Hochelaga-Maisonneuve à Montréal avec des *Skins head* s'en prenant à un groupe de nouveaux arrivés ou comme dans La Petite Bourgogne aux prises avec des piqueries ? Quel type d'organisation communautaire peut-on y développer ? En quoi le développement local peut-il contribuer à enrayer les formes actuelles de racisme qui s'installent dans certains quartiers populaires, à réinsérer socialement des chômeurs de longue durée, à éviter la dégradation des quartiers anciens et leur gentrification ? Poussons l'interrogation plus loin en ajoutant que la question se pose dans un contexte où l'État cherche à refiler de plus en plus de responsabilités sociales aux municipalités et au secteur communautaire pour résoudre les anciens comme les nouveaux problèmes sociaux mais sans leur en donner les moyens.

CONCLUSION

Le développement local comme intervention économique et sociale est enfin accrédité sérieusement au Québec par cette troisième publication du CAS. C'est un saut politique indéniable dans le monde des affaires sociales québécoises : entre autres, il rend un fier service aux CDC et aux CDEC. Après cette publication, comment les CLSC pourront-ils faire l'économie d'une telle stratégie d'intervention ? Comment le mouvement syndical, le mouvement coopératif, le mouvement communautaire pourront-ils éviter d'en faire un objectif majeur par la mise sur pied de fonds de développement régional ?

Si la seule forme de développement local encouragée est celle du Québec des villages et des régions périphériques, les problèmes sociaux de Montréal comme des capitales régionales seront négligés et laissés sans réponse. Au contraire, le défi des prochaines années est de poser la question sociale en des termes radicalement nouveaux pour comprendre les problèmes sociaux autant à partir du cœur social des villes, qu'à partir des ceinturons périphériques de pauvreté. Peut-être y a-t-il là le sujet d'une quatrième publication du CAS sur la question du développement ? Cet organisme demeure sans doute le meilleur tremplin pour une telle réflexion, surtout s'il vient à se doter d'assises régionales partout au Québec ! Dossier à suivre.

Bibliographie

Conseil des affaires sociales (1992). *Le Québec solidaire. Rapport sur le développement*, Boucherville, Gaëtan Morin Éditeur/Les Publications du Québec.

Conseil des affaires sociales (1991). *Agir ensemble, Rapport sur le développement*, Boucherville, Gaëtan Morin Éditeur.

Conseil des affaires sociales (1989). *Deux Québec dans un. Rapport sur le développement social et démographique*, Boucherville, Gaëtan Morin Éditeur.

Bruneau, P. (1990). *Les villes moyennes au Québec (leur place dans le système socio-spatial)*, Sillery, Presses de l'Université du Québec/Office de développement et de planification du Québec.

Clerc, D. (1992). « De la production de richesses à la production des exclus », *Monde diplomatique*, juillet, 14-15.

FAVREAU, L. (1989). *Mouvement populaire et intervention communautaire (de 1960 à aujourd'hui) : continuités et ruptures*, Montréal, Éditions du Fleuve/ Centre de formation populaire, 99-151.

DUBET, F. (1987). *La Galère, jeunes en survie*, Paris, Fayard.

GAUTHIER, M. (1991). « La jeunesse au carrefour de la pauvreté », *Apprentissage et socialisation*, vol. 14, n° 1, mars, 51- 61.

LANGLOIS, S. (sous la direction de) (1990). *La société québécoise en tendances (1960-1990)*, Québec, Institut québécois de recherche sur la culture.

LEMELIN A. et R. MORIN (1991). « L'approche locale et communautaire au développement économique des zones défavorisées : le cas de Montréal », *Cahiers de géographie du Québec*, vol. 35, n° 95, 285-306.

LÉVESQUE, B. et M.-C. MALO (1992). « L'économie sociale au Québec : une notion méconnue, une réalité économique importante » dans DEFOURNY, J. et J.L. MONZON CAMPOS (1992). *Économie sociale, entre économie capitaliste et économie publique/ The Third Sector, Cooperative, Mutual and Nonprofit Organizations*, Bruxelles, CIRIEC, De Bœck Université, 385-452.

PHOTIOS TAPINOS, G. (1991). « Migrations internationales : fin des illusions », dans *L'État du monde*, Boréal/La Découverte, 511-512.

WIEWORKA, M. (1992). *La France raciste*, Paris, Seuil.

TREMBLAY, D.-G et V. VAN SCHENDEL (1991). *L'économie du Québec et de ses régions*, Montréal, Éditions Saint-Martin/Télé-université.

La pratique
du changement
dans la vie
de Karl Lévêque

Ernst Jouthe
Département de travail social
Université du Québec à Montréal

> Or, en dépit des terrains multiples que je chevauche (pasteur, professeur, militant, etc.), je me sens profondément unifié, réconcilié avec moi-même, en profondeur – même si je donne à certains l'impression du contraire. À le dire naïvement, j'aime ma vie, je la trouve belle. Et je m'aime bien. Et, pour moi, c'est capital (Lévêque, 1976).

INTRODUCTION

Le 18 mars 1986 mourait Karl Lévêque, un prêtre jésuite haïtien, dans un hôpital de Montréal, lors d'une intubation pour une opération chirurgicale. Cette nouvelle largement diffusée par les médias montréalais plongea dans un état de choc les milieux haïtiens et québécois, où le regretté disparu avait tissé des liens profonds et multiples. Bon nombre d'Haïtiens et de Québécois

vivent encore aujourd'hui le deuil de Karl Lévêque, auquel ils s'étaient identifiés, de son vivant, comme à un parent, un ami, un compagnon de lutte, un
pasteur, un animateur, un leader, un militant, un rassembleur et, surtout, un
homme rayonnant la joie de vivre partout dans son entourage.

Le 26 avril 1991, à l'occasion d'une soirée commémorative organisée
conjointement par le Centre justice et foi et l'Institut culturel international Karl
Lévêque (ICIKAL), plusieurs collaborateurs et amis de Karl sont venus parta-
ger leurs témoignages et réflexions autour du thème « Karl Lévêque, le changement et la lutte en Haïti ». À cette occasion, j'ai présenté une communication sur
« La pratique de changement dans la vie de Karl Lévêque ». C'est l'essentiel
de cette communication que je reprends dans le présent article, à titre de
matériau pour une réflexion actuelle sur le renouvellement des pratiques sociales.

Cette réflexion s'inspire des paroles prononcées par Karl Lévêque,
le 18 avril 1976, à l'occasion de ses derniers vœux comme membre de la
Compagnie de Jésus. J'ai rappelé ces paroles au tout début de ma communication, parce qu'elles constituent selon moi une clé pour comprendre la
trajectoire personnelle de Karl Lévêque : unité profonde du sujet-acteur qui
assume pleinement son identité personnelle dans la multiplicité apparente des
objets et des terrains d'intervention, contradiction qui trouve son sens et son
dépassement dans une pratique du changement courageusement optimiste.

C'est dans cette perspective que j'aimerais présenter quelques points de
repère biographiques, à partir des documents et témoignages les plus accessibles sur la vie de Karl.

ÉMERGENCE D'UNE VOCATION RELIGIEUSE : 1936-1960

Karl Lévêque est né au Cap-Haïtien le 10 janvier 1936, dans un milieu familial et social très aisé. Il fit ses études secondaires et collégiales à Port-au-
Prince, à l'école Saint-Louis de Gonzague dirigée par les frères de l'Instruction
chrétienne. Il fut alors membre de la JEC (Jeunesse étudiante catholique).
Il est permis de penser que cette expérience a eu une influence certaine sur
l'émergence de sa vocation sacerdotale et religieuse.

À l'automne 1956, il entre au grand séminaire Notre-Dame de Port-au-
Prince. Ce choix impliquait l'interruption de ses études à la Faculté de médecine, lesquelles avait été entreprises sans doute dans la continuité des options
privilégiées par son milieu familial et social immédiat. Mais que s'est-il passé
quand il a décidé de prendre le virage de la médecine au sacerdoce ? Nous faisons l'hypothèse que cette rupture avec le milieu familial et social n'a pas été
des plus faciles et a marqué de façon significative non seulement ses années

d'études au séminaire, mais le reste de sa vie, qui comportera plusieurs autres ruptures profondes. Ses compagnons du grand séminaire en ont gardé le souvenir d'un confrère chaleureux, dynamique et jovial, habité par une curiosité intellectuelle inassouvissable et un sens très aigu de l'engagement social : il organisait, entre autres, des sessions de catéchèse avec des petits groupes de femmes et d'hommes de tout âge, qui vivaient dans les milieux populaires environnant le grand séminaire, partageant avec eux les premiers éléments de sa réflexion sur les rapports entre foi, culture et politique. Le grand séminaire était alors considéré comme un lieu stratégique pour assurer la relève du clergé haïtien. À propos de cette relève, Karl avait une conception de la formation et de l'engagement social des jeunes prêtres haïtiens qui tranchait avec celle qui dominait à l'époque : pour lui, l'important n'était pas de former des fonctionnaires de l'appareil ecclésiastique ou des distributeurs de sacrements, mais de donner une solide formation philosophique, théologique et pastorale à ceux qui étaient appelés à devenir des éveilleurs de conscience. À cette époque, on ne parlait pas encore explicitement de « théologie de la libération », mais on s'inscrivait dans un courant de pensée qu'on appelait « théologie des réalités terrestres ». Sans être en rupture avec la théologie traditionnelle, ce courant de pensée était pointé du doigt comme trop critique, voire subversif, parce qu'il préconisait que le message évangélique en Haïti et dans le tiers monde devait se traduire, pour être authentique, dans une option en faveur des pauvres et des opprimés. Pour travailler dans cette optique, il fallait une formation avancée, plus solide et plus rigoureuse que celle qui était alors disponible en Haïti. Karl pensait pouvoir trouver cette formation, à la fois pour lui-même et pour la relève haïtienne qui le préoccupait, chez les Jésuites. C'est, entre autres, ce qui l'incita à partir, à l'été 1960, pour le Québec, où il allait entreprendre sa première année de noviciat chez les pères jésuites à St-Jérôme.

Ce passage du grand séminaire au noviciat des pères jésuites constituait une autre rupture, avec tout ce qu'elle impliquait de contradictions et de déchirements, mais aussi de détermination dans la recherche des conditions d'un changement structurel de la pratique socioreligieuse en Haïti.

FORMATION JÉSUITE (1960-1969)

Les années 1960-1969 ont été pour Karl une période d'initiation au sens fort du terme et à tous les points de vue. Initiation d'abord à la vie et à la culture québécoises, dont il a toujours apprécié l'originalité tout autant que les défis. Initiation, bien sûr, à cette vie religieuse qui l'a profondément marquée au fil des ans et qui a fini par faire partie intégrante de son projet de vie personnelle.

Initiation d'abord pendant les deux ans de noviciat organisés de manière à transformer radicalement la personnalité du candidat jésuite en vue de sa mission future dans le monde. La quintessence de cette formation se trouve dans la *caritas discreta* : l'amour, l'engagement au service des hommes « pour la plus grande gloire de Dieu », allié au discernement, à la capacité d'analyser chaque situation dans ses moindres aspects, pour que l'action posée en connaissance de cause ait la plus grande efficacité possible. Karl puisa dans cette formation les éléments d'une praxis, « contemplation dans l'action » ou « théorie en acte », qui caractériserait autant son engagement religieux que son militantisme sociopolitique.

Le noviciat terminé, Karl complète ses études de philosophie à l'Immaculée-Conception, siège des Facultés des pères jésuites à Montréal. Puis il part en Europe pour parachever sa formation philosophique à Strasbourg. En décembre 1967, il y défend avec succès sa thèse de doctorat de troisième cycle en philosophie[1].

Cette période européenne de la vie de Karl est encore peu connue. Des informations disponibles indiquent assez clairement qu'il a jeté avec des groupes d'étudiants haïtiens en France les bases d'une pratique politique axée sur les luttes du peuple haïtien contre l'oppression duvaliériste. On se souviendra qu'à cette époque le timide médecin de campagne surnommé Papa Doc avait commencé à dévoiler ses véritables intentions politiques : la répression qui avait commencé à frapper les jeunes universitaires en Haïti, au tournant des années 60, s'était accentuée, et se généralisait à toutes les couches de la société haïtienne. Tous les moyens étaient bons pour débusquer et dénoncer la moindre résistance aux visées totalitaires de Papa Doc. C'est dans ce contexte que l'expulsion des Jésuites d'Haïti, en 1963, avait surpris Karl en pleine démarche de formation. Qu'allait-il maintenant advenir de son projet initial de retourner au pays pour former une relève capable de s'inscrire dans une pratique de changement ? Ceux et celles qui ont partagé ses réflexions à ce sujet savent comment toutes ces années vécues à l'étranger, en Europe, au Québec, ont été marquées par une tension qui l'habitait quotidiennement, et qu'il a tenté de résoudre de la façon la plus honnête et la plus rigoureuse possible : tension entre, d'une part, la détermination de participer aux luttes du peuple haïtien sur le terrain, et, d'autre part, la nécessité vivement ressentie d'être activement présent parmi les Haïtiens de l'exil, en partageant leurs espoirs de retour au pays et leurs luttes pour le changement.

En janvier 1968, Karl retourne à Montréal pour y compléter aussitôt ses études de théologie aux Facultés des pères jésuites. Études qui l'ont conduit à son ordination sacerdotale, le 17 mai 1969.

---

1. La thèse s'intitule *La philosophie de la connaissance chez Lucien Lévy-Bruhl*. Pour un commentaire critique de cette thèse, voir Marc Maesschalck (1991).

PRAXIS EN TERRAINS MULTIPLES (1969-1986)

L'ordination sacerdotale constituait la fin d'un premier cycle dans la formation religieuse de Karl Lévêque, celui de l'assimilation critique de la pensée et de l'éthos jésuites. C'était aussi le commencement d'un autre cycle, celui de la praxis, c'est-à-dire celui de la confrontation sur des terrains multiples entre la volonté de changer le monde et la dure réalité de la vie quotidienne dans le monde. Pratiquer la *caritas discreta* en serres chaudes est une chose, s'en servir comme d'une boussole pour naviguer à travers les multiples contradictions inhérentes à l'engagement religieux et au militantisme sociopolitique en est une autre. C'est ce défi que Karl allait devoir relever au cours des dix-sept années qui ont suivi son ordination.

La plupart de ces années ont été vécues à Montréal. Cette période de la vie de Karl Lévêque est paradoxalement la plus connue, par le nombre considérable d'activités dans lesquelles il était engagé, et en même temps la plus difficile à comprendre pour quelqu'un qui se limiterait à l'apparente multiplicité de ces engagements. Une réflexion systématique sur les traces de sa pensée et de son action pourrait nous permettre de trouver, au-delà de cette apparente multiplicité, le fil conducteur de sa conception et de sa pratique du changement.

Peu de temps après son ordination, Karl occupa le poste de professeur de morale au cégep de Saint-Laurent. En même temps, il jeta les bases de la communauté chrétienne des Haïtiens et des Haïtiennes de Montréal, tout en participant au mouvement d'action patriotique de la diaspora haïtienne. La communauté haïtienne, qui en avait déjà assez des treize années de dictature duvaliériste (1957-1970), était sous le choc en apprenant que François Duvalier, appréhendant sa mort prochaine, venait de désigner son fils Jean-Claude comme successeur à la présidence à vie. Quand le père mourut en 1971, le duvaliérisme lui survécut sans encombres, grâce à une mise en scène longuement préparée, sous les regards complaisants, souvent complices, des puissances internationales. Ces événements galvanisèrent les énergies de l'opposition haïtienne tant à l'intérieur qu'à l'extérieur. Les années 70 ont ainsi marqué un tournant important dans l'histoire du militantisme haïtien qui trouvait dans le contexte québécois des points d'appui fort intéressants. Ces appuis venaient principalement des forces de changement cristallisées, d'une part, dans les mouvements nationaliste, ouvrier et populaire, et, d'autre part, dans le large mouvement de solidarité internationale entre le Québec et l'Amérique latine[2]. C'est dans ce contexte mouvementé que Karl Lévêque

---

2. L'engagement sociopolitique de Karl a été marqué, entre autres, par sa rencontre avec le président Allende, dans le cadre d'un voyage au Chili organisé en avril 1972 par le groupe québécois des Chrétiens pour le socialisme. C'était quelques mois avant le coup d'état militaire qui renversa le gouvernement socialiste en 1973.

allait poser les jalons de sa pratique de changement sur plusieurs terrains à la fois : rassemblement d'un noyau de la communauté haïtienne autour de modestes célébrations eucharistiques[3], qui sont devenues bientôt des rendez-vous hebdomadaires pour une réflexion approfondie sur les questions religieuses, sociales et politiques auxquelles nous étions confrontés ; exercice d'une pastorale active et diversifiée – toujours très appréciée – dans la communauté haïtienne à l'occasion d'un baptême, d'un décès, d'un mariage ou d'une fête liturgique ; implications multiples dans le Comité haïtien d'action patriotique (CHAP), qui coordonnait à Montréal le mouvement d'opposition au duvaliérisme ; animation de *En Avant*, nom d'un groupe politique haïtien et de son journal, axé sur les luttes pour le changement sociopolitique en Haïti ; collaboration soutenue à la revue *Nouvelle Optique*, un outil intellectuel de haut calibre qui a marqué de façon significative la pratique du changement dans les milieux haïtiens de l'extérieur et de l'intérieur ; collaboration très étroite avec les groupes québécois de solidarité internationale, entre autres, le Centre international de solidarité ouvrière (CISO), le Secrétariat Québec-Amérique latine (SQAL), etc.

Après cette période de praxis sur les terrains multiples de la pastorale et de l'animation socioculturelle et politique, Karl devait satisfaire à une dernière exigence de la formation jésuite, le Troisième An. Cette année de formation, commencée à Saint-Jérôme en septembre 1975 se termina par la profession solennelle où il prononça ses derniers vœux comme membre de la Compagnie de Jésus.

Cet événement constituait un autre tournant majeur dans la trajectoire personnelle et, nous l'avons souligné plus haut, c'est à ce moment qu'il semble avoir trouvé ce qu'il a appelé son centre d'unité à travers les terrains multiples qu'il chevauchait. Faisant le bilan de ses seize années de vie religieuse, il résuma le sens de son existence dans ce projet de vie qui l'habitait et le travaillait de l'intérieur comme une passion brûlante :

> Ma vocation religieuse a quelque chose d'érémitique, dans le sens où je la vis comme une réponse à un appel précis, comme un projet de vie, comme un cheminement quasi solitaire avec une passion brûlante en dedans de moi pour laquelle je ne puis apporter aucune justification. C'est là que je me sens exister pleinement : c'est tout (Lévêque, 1976).

En septembre 1977, de nouveau sur le terrain de la pratique, Karl acceptait un emploi à L'Entraide missionnaire, position charnière pour faire la

---

3. De ce noyau sortiront les fondateurs du Bureau de la communauté chrétienne des Haïtiens de Montréal, un organisme communautaire socioculturel à but non lucratif, qui obtint sa charte en 1972. Karl, un des fondateurs, est resté jusqu'à sa mort un membre actif du Bureau et a été à l'origine de plusieurs activités qui ont contribué de façon significative au rayonnement de la communauté haïtienne de Montréal

jonction entre sa pratique en milieu haïtien et sa pratique dans les milieux de solidarité internationale au Québec et dans le tiers monde. Parallèlement et complémentairement à cet emploi, il menait des activités à plusieurs niveaux dans le cadre du Bureau de la communauté chrétienne des Haïtiens de Mont-réal[4]. Parmi ces activités, mentionnons, sans prétendre à une liste exhaustive, le groupe de danse Mapou-Ginen, l'école de Karaté, le chœur Kouto-Digo connu pour ses chansons engagées, le groupe culturel Les Flamboyants, qui, dans le prolongement de sa réflexion politique sur les réalités haïtiennes, a lancé sur les ondes de la radio communautaire CIBL l'émission bien connue sous le nom actuel de Konbit-Flanbwayan. Les auditeurs et auditrices de CIBL se souviennent tout spécialement des éditoriaux de Karl, qui constituaient de l'avis de tous, des analyses politiques fines, riches et percutantes des réalités haïtiennes, ainsi que de ses prises de position courageuses et critiques face à la dictature duvaliériste. À partir de 1982, Karl assuma aussi la responsabilité de l'émission hebdomadaire de télévision communautaire *Les Haïtiens au Québec*, à laquelle il apporta également sa touche personnelle de rigueur et de cohérence au plan des analyses et des prises de position.

À partir de septembre 1982, après les années passées à l'Entraide missionnaire, Karl concentra son travail au Centre justice et foi, où, comme membre du Comité de programmes, il était responsable des « soirées Relations ». Ces soirées de débats sur des questions d'actualité ont été pour beaucoup d'intervenants sociaux travaillant dans les milieux religieux, politiques et culturels, une véritable occasion de ressourcement, surtout dans une conjoncture marquée à une certaine époque par la morosité et le désenchantement des mouvements sociaux qui se voulaient porteurs de grands changements. Dans le prolongement des recherches qu'il faisait pour alimenter et organiser ces soirées Relations, Karl approfondissait ses réflexions sur l'analyse sociale comme outil de changement social[5].

C'est à la même époque, au tournant des années 1982-1983, que Karl s'impliqua de façon intensive dans la défense des droits des réfugiés haïtiens, toujours dans une perspective de solidarité internationale. L'opinion publique québécoise n'était pas majoritairement favorable à la venue massive au pays, en pleine période de récession économique, de tous ces Haïtiens infortunés, qui fuyaient la répression duvaliériste à la recherche de moyens de survie. Il fallait beaucoup de patience et d'audace pour changer la mentalité et les attitudes des Québécois dans le sens d'une authentique solidarité envers d'autres peuples opprimés. Karl a su s'entourer de collaborateurs et amis québécois,

---

4. Voir la note précédente.

5. Cette piste de recherche lui paraissait tellement urgente qu'il fit appel à deux collaborateurs pour publier une série d'articles sur le sujet dans trois numéros successifs de la revue. Il s'agit des articles de Karl Lévêque (1982), de Guy Paiement (1982) et de Ernst Jouthe (1983).

sensibilisés à ces questions, pour former en automne 1982 la Société québécoise de solidarité internationale, dont les activités devaient se concentrer sur la problématique des réfugiés dans le monde, et particulièrement au Québec.

La pratique du changement dans la vie de Karl Lévêque ne saurait être comprise sans une référence à ses liens avec la « théologie de la libération ». Les réflexions en ce sens, qu'il partageait, entre autres, avec le Réseau des politisés chrétiens, furent alimentés par les congrès et conférences auxquels il a participé : à titre d'exemples, mentionnons la réunion des évêques latino-américains sur la Théologie de la libération tenue à Puebla, en 1979, et le congrès des Chrétiens pour le socialisme à Barcelone, en janvier 1984.

Un des derniers actes posés par Karl, dans le sens de son engagement en faveur de la lutte du peuple haïtien fut son implication dans le Comité d'initiative, d'urgence, de solidarité (CIUS), un comité formé par un groupe de compatriotes haïtiens et d'amis québécois en souvenir de l'assassinat du jeune Jean-Robert CIUS et des autres victimes de la répression duvaliériste.

On se souvient en effet qu'à la fin de 1985 le gouvernement de Jean-Claude Duvalier, qui commençait à chanceler, réprimait dans le sang les premiers élans de changement qui devaient s'amplifier et conduire à son départ en 1986. Le CIUS était alors le principal outil de réflexion et d'organisation que la diaspora haïtienne s'était donné pour articuler le mouvement de libération à l'extérieur sur les luttes menées à l'intérieur par les TKL (petites communautés ecclésiales), les groupements paysans et les organisations populaires, pour « déchouquer » le régime duvaliériste. Et cet outil, dont Karl était l'un des principaux artisans, s'inscrivait tout à fait dans le projet qui lui tenait à cœur. Ceux et celles qui l'ont côtoyé de près savent certainement qu'il a vécu toutes ces années au Québec en pensant quotidiennement au fameux jour où il retournerait en Haïti pour participer sur le terrain aux processus de transformation sociale. On comprend que, au lendemain de la chute de Jean-Claude Duvalier (le 7 février 1986), il ait pu dire dans une émission télévisée, être prêt à partir tout de suite. Il est en effet parti par le prochain vol. Il eut ainsi, pendant les deux semaines passées à parcourir Haïti, l'occasion de mettre à profit, sur le terrain, ses talents de journaliste et d'analyste. Ce qui a valu aux auditeurs et auditrices de CIBL une couverture exceptionnelle, à chaud, de la conjoncture haïtienne pendant la période de la « bamboche démocratique ». Ce qui frappait le plus dans ces reportages, c'était un enthousiasme empreint de lucidité concernant l'avenir immédiat du pays. Karl entrevoyait déjà en 1986, la possibilité de survie d'un duvaliérisme sans Duvalier. Il ne s'était pas trompé.

Il est revenu mettre de l'ordre dans ses affaires à Montréal, avec la détermination de retourner le plus tôt possible. La veille même de sa mort, il confiait à ses amis qu'il avait hâte d'en finir avec une « opération chirurgicale mineure », pour se remettre à l'ouvrage. Il allait, entre autres, s'occuper du fonctionnement et de l'animation d'un poste de radio populaire dans la Grand'Anse, diocèse de Mgr Willy Romélus, l'évêque haïtien connu lui aussi pour son engagement courageux dans les luttes du peuple haïtien. Mais surpris par la mort, il n'a pas pu se rendre au rendez-vous si longtemps espéré.

CONCLUSION : PISTES POUR UNE ÉTHIQUE DU CHANGEMENT

Le décès de Karl Lévêque ressemblait à la chute d'un grand arbre florissant, aux racines multiples et profondes. Même s'il n'a pas pu réaliser son projet de retourner en Haïti pour participer à la reconstruction du pays, il a laissé des questions, des idées et des pistes d'actions d'une richesse encore inexplorée, dont les jeunes Haïtiens et Haïtiennes pourront se servir comme point d'appui pour concevoir, orienter et organiser leur pratique du changement. Pour le dire autrement, Karl a laissé pour tous ceux et celles qui interviennent dans le champ du social, à titre de pasteurs, de travailleurs sociaux, d'animateurs socioculturels, de militants politiques, de journalistes, de chercheurs, etc., des pistes pour une éthique du changement. J'aimerais conclure en rappelant quelques-uns des paradoxes vécus par Karl à la recherche des fondements de cette éthique du changement.

D'abord, en sa qualité d'« intellectuel organique[6] », il intervenait avec autant d'aisance, de confort que de profondeur, sur le plan de la pensée théorique, en puisant aux sources de la philosophie marxiste et de la théologie de la libération. Pensée théorique toujours articulée en liaison avec les problèmes concrets posés par la pratique de tous les jours. Axée sur le changement et soutenue par une réflexion critique de haute teneur théorique, l'action de Karl était en ce sens une véritable praxis sociale.

Cette praxis sociale sur des terrains multiples avec une telle diversité d'individus et de groupes pouvait donner de Karl, du moins à ceux qui le voyaient agir de l'extérieur, l'image d'un « activiste politique », d'un « opportuniste ». Et pourtant, comme il le disait dans sa profession de foi, il a su trouver son centre d'unité : il était profondément uni et heureux dans la multiplicité de son engagement. C'était sa façon à lui de vivre, parfois douloureusement, l'incontournable paradoxe de l'un et du multiple.

---

6. J'emprunte ce concept à Gramsci, en insistant sur le rôle d'organisateur de la culture que l'intellectuel joue dans la société, en interaction (c'est-à-dire en établissant un rapport de représentation basé sur la compréhension et la compassion) avec le peuple-nation, pour l'aider à vivre le passage dialectique du sentir au comprendre au savoir, et vice-versa. Voir, à ce propos, la note de Gramsci sur les rapports entre les intellectuels et le peuple-nation (GRAMSCI, 1977 : 1506). La meilleure traduction française du texte se trouve dans GRAMSCI (1978 : 300).

Un autre paradoxe résidait dans son profond respect des différences de ceux et celles avec qui il travaillait, respect lié à une capacité vraiment édifiante de distanciation critique. Autant il pouvait être spontanément ouvert aux points de vue des autres, autant il pouvait être radicalement tranchant dans l'expression de ses principes, de ses idées et de ses options.

Il avait des antennes qui lui permettaient de repérer les besoins urgents de l'heure et de prendre les initiatives appropriées pour y répondre. Autant il savait prendre sa place et assumer la prise en charge initiale d'une activité, autant, quand il avait la conviction que la relève était assurée, il pouvait s'éclipser sans nécessairement réclamer les étoiles pour le travail accompli.

Karl était un innovateur : il cherchait, débroussaillait, explorait les sentiers nouveaux, prenait parfois des virages inattendus. Innovateur, mais pas du genre franc-tireur. Accompagnant cette passion d'agir, il y avait chez lui la capacité de s'arrêter, de prendre du recul, pour mieux voir le sens de sa démarche. C'était sa façon à lui de vivre la *caritas discreta*.

Karl est demeuré toute sa vie profondément haïtien, assumant pleinement son identité personnelle, sociale et culturelle, tout en partageant avec la diaspora haïtienne l'interminable tragédie d'un peuple en lutte pour sa survie. Cette identité haïtienne pleinement assumée ne l'a pas empêché pendant les vingt-six années vécues à l'étranger, de tisser des liens étroits de camaraderie, d'amitié, et de collaboration, tout particulièrement dans le réseau d'entraide et de solidarité internationale. Sa vie au Québec ne se limitait pas à un acte de présence dans un lieu de passage ou un pays de transition. Que ce soit à titre de témoin, d'analyste, ou de militant, Karl intervenait dans les luttes québécoises avec une authenticité, une compétence et une rigueur qui étaient autant de marques d'une intégration profonde et exemplaire à la culture québécoise. Fondée sur cette double appartenance haïtienne et québécoise, sa conception de la solidarité internationale était indissociablement liée à la justice en faveur des peuples opprimés du monde. En somme, c'est dans cette perspective de solidarité internationale qu'il faudrait chercher le sens le plus profond des pistes qu'il a entrouvertes pour une éthique du changement.

Bibliographie

GRAMSCI, Antonio (1977). *Quaderni del carcere*, Torino, Einaudi.

GRAMSCI, Antonio (1978). *Cahiers de prison*, Paris, Gallimard, vol. III.

JOUTHE, Ernst (1983). « Analyse sociale et travail social », *Relations*, n° 491, juin, 152-155.

LÉVÊQUE, Karl (1976). « L'important, c'est d'être heureux », *Jésuites canadiens*, vol. 3, n° 2, 27-28.

LÉVÊQUE, Karl (1982). « L'analyse sociale : pour voir au changement », *Relations*, n° 483, septembre, 217-220.

MAESSCHALCK, Marc (1991). *Jalons pour une nouvelle éthique*, Louvain-la-Neuve, Éditions de l'Institut supérieur de philosophie.

PAIEMENT, Guy (1982). « L'analyse sociale, comment ça marche ? », *Relations*, n° 486, décembre, 320-324.

Une expérience réussie d'organisation communautaire : Villa el Salvador, Pérou

Louis FAVREAU et Lucie FRÉCHETTE
Université du Québec à Hull

René LACHAPELLE
CLSC Du Havre

Antonio ZAPATA
Centro de Estudios y Promocion del Desarrollo (DESCO)

L'expérience d'organisation communautaire à laquelle se livrent les habitants de Villa el Salvador est unique en son genre et riche en enseignements. Un bidonville de 300 000 personnes, autogéré et capable de développement, voilà ce qui en fait toute sa richesse. Après avoir brossé un bref tableau du Pérou contemporain, les auteurs retracent l'évolution de ce bidonville vers la forme d'organisation qu'elle présente aujourd'hui. Ils présentent ensuite les réalisations de Villa el Salvador dans divers domaines tels le développement industriel, le logement et les cuisines collectives.

Villa el Salvador est un bidonville de 300 000 habitants, en banlieue de Lima. Cette municipalité se caractérise par son haut degré d'organisation sociale, particulièrement dans la combinaison qu'elle a su développer entre d'une part, l'aménagement de son territoire et d'autre part, l'organisation de la communauté par pâtés de maison autour de 120 places publiques. Cette expérience est unique en Amérique latine et riche en leçons de toutes sortes, même si elle n'a pas encore suscité tout l'intérêt auquel elle aurait droit[1]. Comment s'organisent ces 300 000 habitants et comment une telle municipalité a-t-elle pu se développer ? Résultat d'échanges entre Péruviens et Québécois engagés dans le développement de l'organisation communautaire, cet article tentera de répondre à ces questions[2].

LE PÉROU CONTEMPORAIN

Blotti entre l'océan Pacifique, le Chili, l'Équateur, le Brésil et la Bolivie, le Pérou est un pays andin dont la majorité indienne et métisse représente près de 85 % de la population totale. Depuis la Seconde Guerre mondiale, quatre phénomènes majeurs ont marqué son évolution : la migration des campagnes vers les villes ; une urbanisation sans industrialisation ; un gouvernement militaire d'un type un peu particulier qui a dirigé le pays pendant plus de dix ans (1968-1980) ; enfin, la montée de la guérilla.

---

1. Les lecteurs noteront que dans le cadre de son programme d'émissions *Nord-Sud*, Radio-Québec a produit un vidéo portant sur Villa el Salvador. De plus, quelques brefs articles (ASCENCIO et LAFLEUR, 1987; BELLEC,1989) portent sur le même sujet. Un livre clé cependant, celui de RODRIGO (1990), situe Villa el Salvador à l'intérieur de la dynamique générale du mouvement urbano-populaire péruvien, tandis qu'un article-synthèse la situe à l'intérieur de l'expérience latino-américaine d'organisation communautaire (FAVREAU et FRÉCHETTE, 1991). Mises à part ces quelques références, il existe à notre connaissance peu d'information et surtout peu d'analyse sur cette expérience communautaire de portée internationale.

2. À l'automne 1990 et à l'automne 1991, deux professeurs de travail social de l'Université du Québec à Hull, Louis Favreau et Lucie Fréchette, en collaboration avec la revue *Nouvelles pratiques sociales,* ont organisé des séminaires portant sur l'organisation communautaire et le mouvement populaire péruvien. Ces séminaires se tinrent à l'Université du Québec à Montréal, à l'INRS-Ubanisation, à l'Université du Québec à Chicoutimi, à l'Université du Québec à Hull et à l'Université Laval et à la Corporation de développement communautaire des Bois-Francs. Participèrent aux échanges Antonio Zapata, historien de formation travaillant à Villa el Salvador comme organisateur communautaire et aménagiste depuis 1974, et Maria Peralta, psychologue communautaire travaillant également à Villa el Salvador dans le cadre d'un projet de recherche et de coopération internationale de l'UQAH démarré par Lucie Fréchette. Le présent article est en partie basé sur l'exposé d'Antonio Zapata présenté à cette occasion et en partie, sur les échanges d'opinions qu'il a suscités.

La migration massive des campagnes vers les villes

Comme tous les pays d'Amérique latine, le Pérou a connu une forte migration des habitants des campagnes vers les villes et ce mouvement migratoire fut particulièrement important au cours des années 60. L'exemple le plus bouleversant est peut-être le village de Chimbote qui comptait deux mille habitants dans les années 60 pour dépasser les deux cent mille en 1970! (Lloyd, 1980). De son côté, Lima, la capitale nationale, est passée d'un demi-million d'habitants dans les années quarante à sept millions aujourd'hui. Avant 1970, les deux tiers de sa croissance démographique étaient attribuables à l'apport migratoire des campagnes. Depuis 1970, la croissance est redevable pour les deux tiers à la natalité.

Ce mouvement migratoire a renversé en quelques décennies le modèle traditionnel d'occupation du territoire péruvien. La population urbaine compte maintenant pour 65 % de la population totale du pays qui, jusqu'à tout récemment était principalement paysanne. Ce mouvement a aussi renversé l'équilibre entre la capitale et le reste du pays : alors qu'en 1903, Lima regroupait un vingt-cinquième de la population péruvienne, elle en compte aujourd'hui le tiers. Il s'agit donc d'une ville énorme où les bidonvilles (*barriadas*) se sont développés à un rythme accéléré depuis les années 40. Les *barriadas* désignent en fait une forme précaire de construction et d'équipement, en quelque sorte une forme d'urbanisation de la pauvreté.

Dans le bidonville aucun équipement n'est prévu car les besoins dépassent les capacités de l'État à y répondre. La population arrive d'abord et ensuite, peu à peu, s'y greffent les services publics urbains (eau et égout, électricité, rues et transport en commun). Par exemple, encore aujourd'hui, le service public le plus rare au Pérou est celui de l'eau potable et des égouts : 55 % de la population nationale ne dispose pas d'eau potable. À Lima, 25 % de la population n'a pas d'installation d'eau à domicile et 65 % souffre des restrictions dans l'approvisionnement en eau. Ce siècle s'achève avec une capitale énorme mais peu productive, totalement malsaine, et une campagne dépeuplée et très en retard au plan du développement agro-alimentaire.

De plus, le pays ne dispose pas des ressources nécessaires pour donner du travail à l'ensemble de la population, de sorte que le problème de l'emploi en milieu urbain est venu supplanter la question du monde indien et de la paysannerie.

L'urbanisation sans industrialisation

En Europe et en Amérique du Nord, le phénomène de l'urbanisation a été concomitant de celui de l'industrialisation, ce qui ne fut pas le cas en

Amérique latine et particulièrement au Pérou : ces pays se sont urbanisés sans s'industrialiser. En outre, ces migrants ont rarement trouvé d'emploi dans le secteur moderne de l'économie. C'est ainsi que l'on retrouve une population urbaine flottante, car sans emploi ou vivant d'un travail précaire autonome pour plus de 70 % de celle-ci. Cette population ignore presque complètement la réalité des rapports ouvriers-patron : elle est sans patron.

La cause profonde de ce mal réside dans la rareté et la fuite des capitaux. Des années 40 jusqu'aux années 60, le Pérou a été le paradis du libéralisme et de l'exportation des matières premières. Cependant, à partir du milieu des années 50, les investissements privés ont chuté et il n'y a plus eu de réinvestissement local. Dans une économie d'exportation, les profits sont soumis aux contraintes du marché international puisque le marché intérieur est trop faible pour supporter la demande. Depuis les années 60, le Pérou est donc devenu un exportateur de capitaux en direction des États-Unis et en particulier de la Floride.

Avec les années 60, l'État s'est proposé de prendre la relève de l'investissement privé déficient. Sous le couvert d'une législation censée favoriser les investisseurs privés, il s'est engagé dans une sorte de capitalisme étatique pour suppléer à une bourgeoisie incapable d'assumer ces tâches. Les entreprises publiques génèrent le tiers du produit intérieur brut (PIB) et emploient 15 % de la population active dans une économie où le chômage et les petits boulots sont le lot de 70 % de la population active.

À la différence de l'Argentine et du Chili, le prolétariat moderne a un poids relativement faible dans les milieux populaires péruviens. Dans Lima, l'économie informelle est la forme dominante d'activité économique. Les travailleurs sont indépendants, ils s'adonnent à une microproduction de façon sporadique : ils peuvent même changer de travail en quelques jours et ils ne bénéficient d'aucun revenu fixe. Les vendeurs ambulants et les artisans sont l'exemple type de cette économie.

Le gouvernement militaire du général Velasco

L'Amérique latine a parfois connu des régimes militaires progressistes, et ce fut le cas au Pérou sous le régime de Velasco Alvarado, de 1968 à 1975. Avant ce gouvernement militaire, la société péruvienne était oligarchique. La classe dirigeante était formée de propriétaires fonciers de la Côte qui en constituaient la fraction moderne (les exportateurs de sucre et de coton), des anciens propriétaires fonciers de la Sierra qui en constituaient la fraction traditionnelle et des financiers (les grandes banques privées) liés à l'impérialisme. Les classes moyennes n'existaient pratiquement pas et la majorité indienne était quasi réduite à l'état de servage sur les terres de la Sierra. Héritage direct de la conquête espagnole, le servage consistait à concéder un lot aux paysans en contrepartie d'un certain nombre de jours de travail gratuit et l'interdiction de sortir des terres.

La situation avait commencé à changer dans les années 40, mais les militaires de 1968 l'ont complètement transformée en instaurant une véritable réforme agraire : les grands propriétaires ont été évincés du pouvoir et le régime oligarchique s'est effondré. Ces militaires ont aussi contribué au développement d'un capitalisme d'État : à la recherche d'une voie entre le capitalisme et le communisme, ils ont considéré que le modèle yougoslave favorisant l'autogestion et les coopératives pouvait représenter une alternative. Leur régime réformiste, mais également autoritaire, a cependant suscité une opposition tant à gauche qu'à droite. Pour contrer cette opposition, le gouvernement de Velasco a constitué le *Sistema nacional de apoyo a la movilizacion social* (SINAMOS). Il a aussi lancé une réforme urbaine qui a donné le premier élan à Villa el Salvador.

La guérilla

Le Pérou compte deux principaux mouvements de guérilla. D'abord, le Mouvement révolutionnaire Tupac Amaru (MRTA) est un groupe armé qui a déjà huit ans de lutte. Ensuite, la guérilla maoïste de Sentier lumineux, la plus connue des deux, est active depuis onze ans. Aucun des deux groupes armés ne respecte les droits de l'homme de la population civile. Bien que moins violent, le MRTA n'a pas hésité à assassiner pour résoudre ses disputes internes. Les membres du Sentier lumineux sont cependant particulièrement cruels.

Ce groupe prétend ouvrir un chemin dans l'histoire à la pointe des fusils et ses militants utilisent la violence pour résoudre n'importe quel problème de lutte politique. Depuis deux ans, le Sentier lumineux a étendu ses activités dans les centres urbains, particulièrement à Lima. Non seulement recourt-il largement à la menace armée, mais il est également responsable de l'assassinat de nombreux dirigeants populaires, dont l'ex-mairesse adjointe de Villa el Salvador. Il y a quelques années, le Sentier lumineux a résolu ses problèmes logistiques en s'alliant aux narco-trafiquants. Depuis lors, les seigneurs de la drogue, généralement des Colombiens, se chargent de financer la guérilla maoïste et le conflit interne du Pérou est partie prenante d'un jeu international complexe.

Pendant ce temps, les opérations militaires ont progressivement augmenté et de grandes zones du pays ont été placées sous contrôle des forces armées. Par contre, les militaires ne respectent pas plus les droits de l'homme que les adversaires qu'ils disent combattre : ils appliquent les méthodes que les Péruviens qualifient de guerre sale (disparitions de suspects, fosses communes, torture et viols.) Une grande partie de la population est presque prisonnière de deux machines de guerre, toutes deux disposées à imposer leur force brute sur le terrain militaire. Malheureusement, aucune n'a l'intention de respecter le mécanisme de la démocratie et la légitimité de son exercice.

Cette situation peut-elle s'arranger à court terme ? Le Pérou est-il un pays viable ? Il est très difficile aujourd'hui d'être optimiste sur l'avenir du pays. Nombre de militants et de dirigeants populaires sont devenus quelque peu perplexes. Cependant, la description de ce contexte sociopolitique instable ne donne que plus de valeur à l'expérience de Villa el Salvador.

VILLA EL SALVADOR, UNE COMMUNAUTÉ AUTOGÉRÉE

À l'origine : une ville planifiée par l'État

La forte migration vers Lima a créé dans les années 60 une terrible rareté de logements. Il y eut des prises de terre qui ont entraîné la répression. En arrivant au pouvoir, Velasco promet de créer une ville pour les plus pauvres, une ville modèle qui serait indépendante et différente de Lima. Pour que les gens ne soient pas obligés de voyager quotidiennement à Lima pour travailler, on planifie alors une réserve de terrains pour développer un parc industriel. En plus de la zone résidentielle, on réserve une zone destinée à l'agriculture et l'élevage.

À Villa el Salvador, les prises de terrain ne se réduisent pas à une simple occupation des lieux, elles ont conduit à une nouvelle organisation sociale. L'unité de base de l'organisation du territoire est le groupe résidentiel qui comprend 384 familles, soit entre 2 000 et 2 500 personnes. Les familles disposent de maisons regroupées autour d'un parc public réservé aux services qu'elles ont en commun : école maternelle, service médical, local communal, terrains pour les activités sportives.

Le développement des groupes résidentiels a commencé avec l'arrivée de paysans sur des terrains où n'existait aucun service : ni eau, ni électricité, ni voies de circulation. Avec la collaboration de militants de gauche et de professionnels, venus vivre avec eux comme animateurs de projets, les nouveaux occupants se sont rassemblés pour obtenir de Lima qu'elle leur fournisse des services. Il faut souligner ici qu'à Villa el Salvador, ce sont les femmes qui ont assumé toute l'animation.

Dans ce processus, les militants chrétiens ont joué un rôle important de formation de leaders. Les curés ont organisé des communautés de base dans les groupes résidentiels en s'inspirant de la théologie de libération[3]. Formés dans ces groupes durant quatre ou cinq ans, les jeunes de la deuxième génération, nés à Villa el Salvador, se retrouvent souvent dans les partis politiques de gauche et en deviennent les organisateurs communautaires.

Villa el Salvador innovera surtout en brisant le modèle colonial classique des villes d'Amérique latine. En effet, les villes héritées de la colonisation espagnole sont construites autour de la *plaza mayor*, une place d'armes bordée par le palais du gouverneur, l'église et le palais de justice (et la prison!). Cette place d'armes possède une grande valeur symbolique puisque autour d'elle se situent les édifices qui symbolisent le pouvoir de l'État et de l'Église. Dans le cas de Villa el Salvador, au contraire, la place publique est un concept plutôt décentralisé, puisque chaque parc est le centre d'un milieu de vie. À Villa el Salvador, les places publiques ne sont pas une prolongation du pouvoir de l'État, mais des espaces démocratiques. Elles sont nées pour former la société civile. Sur le plan social, Villa el Salvador possède dès lors un grand avantage, parce qu'elle dispose d'un schéma d'aménagement du territoire construit à partir du plan microsocial. Ce qui est nouveau à Villa el Salvador, c'est donc que le lieu public n'est pas dominé par l'État, mais par l'organisation communautaire que la population s'est donnée, organisation décentralisée par 120 lieux publics et non pas sise en une seule *plaza mayor*.

Cette caractéristique de Villa el Salvador est déterminante et la distingue des autres bidonvilles : l'occupation de l'espace correspond au modèle d'organisation sociale de la population.

L'organisation communautaire de Villa el Salvador

La loi du voisinage, concrétisée par le groupe résidentiel, est à la base de cette organisation sociale. Cinq délégués sont élus annuellement dans chaque groupe résidentiel pour prendre en charge le logement, la santé, les cuisines

---

3. Dans ce courant de la théologie latino-américaine, Gustavo Gutierrez, professeur dans une université de Lima et aumônier d'action catholique, est considéré comme un initiateur. Prenant acte du déblocage pastoral entrepris par le Concile Vatican II (1962-1965) et de l'évolution historique de l'Amérique latine, les théologiens de la libération sont des intellectuels au service des communautés de base. Ces communautés de base correspondent à une stratégie pastorale adoptée en 1968 par le Conseil épiscopal latino-américain (CELAM) réuni à Medellin (Colombie), confirmée par la suite à Puebla en 1979. Les gens s'y réunissent le plus souvent autour d'un laïc pour discuter de leurs situations quotidiennes à la lumière de la Bible. La théologie de la libération se veut un effort pour soutenir la réflexion de ces communautés de base. Voir à ce propos l'article de Gregory BAUM (1987).

populaires, les sports, l'éducation et la culture, et l'activité économique (production et commercialisation). La communauté possède déjà une large expérience dans la gestion de ses propres projets et dans l'administration du développement.

Ce modèle est profondément ancré dans la tradition communautaire indienne. Avant même l'empire Inca, la loi de réciprocité réglait les échanges entre les individus, les familles et le pouvoir politique dans les collectivités indiennes. Par exemple, au moment où se formait un couple, l'ensemble de la communauté collaborait à la construction de la maison ; en retour, ce couple participait aux travaux communautaires de construction durant toute l'année. Cette tradition se perpétue à Villa el Salvador par des corvées publiques : les citoyens exécutent les travaux décidés par les responsables politiques et, en retour, l'État leur fournit les outils et la nourriture. Quand les travaux sont complétés, on organise une fête de groupe résidentiel comme hier une fête de village. Cette tradition communautaire repose donc sur la propriété privée d'un lot jointe au travail en commun.

Quand les Indiens émigrent à la ville, ils amènent avec eux une mentalité qui n'aurait probablement pas survécu à la prolétarisation, mais qui trouve cependant un terrain propice dans l'économie informelle. Il faut y voir un facteur de base de la réussite de ce modèle de développement et de démocratie mis en place sous le régime militaire du général Velasco. Cette juxtaposition d'un modèle d'occupation de l'espace selon la mentalité traditionnelle de caractère communautaire fait défaut dans la plupart des autres bidonvilles constitués sans planification par des invasions de terrains. Quelques exceptions cependant : à l'instigation de la municipalité de Lima, alors contrôlée par la Gauche unie, deux autres bidonvilles fondés dans les années 80, *Canto Grande* et *Huelca*, ont été planifiés selon un modèle semblable à celui de Villa el Salvador.

Une première véritable administration municipale

Depuis le 1er janvier 1984, Villa el Salvador a été détachée de la municipalité de Lima et a pu élire son propre maire. Toutefois, cette nouvelle structure politique ne repose pas sur la loi de voisinage mais sur celle de la république. L'organisation de la ville fut modifiée : le pouvoir est désormais partagé entre l'organisation communautaire de la population et la municipalité. Le nouveau fonctionnement est le suivant : comme avant, chaque pâté de maisons, soit 26 familles, continue d'élire son délégué qui participe à l'assemblée générale du groupe résidentiel (chaque groupe résidentiel est formé de 19 pâtés de maisons). L'ensemble des délégués en provenance des 120 groupes résidentiels forme la Communauté urbaine autogérée de Villa el Salvador (CUAVES). Une fois mise en place en tant qu'administration, la municipalité et ses élus ont reconnu l'organisation communautaire de la population : les deux parties, la municipalité et la CUAVES, ont passé un accord pour confier le pouvoir à une commission mixte à laquelle participent les élus municipaux, les fonctionnaires, mais aussi des délégués de la CUAVES chargés de traiter les questions importantes avec la municipalité (Bellec, 1989 ; CUAVES, 1990). Depuis l'érection de Villa el Salvador en municipalité, il y a eu trois élections à la mairie. Les trois furent remportées par la Gauche unie[4].

Cette évolution de la politique municipale a amené la participation de professionnels capables de diriger les fonctionnaires municipaux et de fournir un appui aux dirigeants dans leurs négociations avec le gouvernement. Avec la collaboration de ses animateurs traditionnels (militants chrétiens, politiques), la population de Villa el Salvador est maintenant davantage en mesure de régler sa vie interne. En plus de contribuer à l'éducation populaire, ces professionnels viennent en quelque sorte leur fournir un « ministère des affaires extérieures » pour traiter avec les fonctionnaires de l'État péruvien. Villa el Salvador représente donc une forme de modernisation urbaine qui s'est effectuée sans destruction préalable de l'organisation sociale d'origine paysanne.

LES PROJETS CONCRETS DE DÉVELOPPEMENT

Un premier essai de développement industriel

Au début des années 70, le gouvernement militaire a constitué une réserve de terrains destinés au développement industriel. De plus, il a mis en place l'infrastructure pour attirer les entreprises (électricité, eau, rues, etc.). Il s'agissait cependant d'un projet ambitieux puisque dès 1973, le pays entrait dans une récession économique sérieuse. On n'a pas réussi à y attirer l'investissement privé et le projet est devenu une sorte d'éléphant blanc jusqu'en 1988 : à ce moment, la mairie change de cap et décide d'utiliser ces ressources pour promouvoir la petite industrie. En même temps, la

---

4. La *Gauche unie* regroupe une quinzaine de partis représentant quatre tendances. Le Parti communiste date des années 30. Il demeure principalement lié aux syndicats ouvriers ; il est peu présent dans les bidonvilles. Les partis maoïstes ont été forts durant les années 70 ; quoique affaiblis, ils sont encore présents. Le Mouvement d'action socialiste (MAS) s'est formé en 1988 à l'initiative de chrétiens de gauche issus des communautés de base. Le Parti ouvrier d'unification mariatéguiste (POUM) réunit un nouvelle gauche, anciennement liée à Cuba et maintenant indépendante. L'influence du POUM se situe surtout en milieu rural et dans les bidonvilles. Elle doit être prise en compte pour expliquer le développement et la contribution de la Gauche unie.

municipalité a obtenu du gouvernement central que le parc industriel devienne la propriété d'une direction conjointe formée par l'État et des représentants de Villa el Salvador. Cette direction compte six personnes dont trois sont désignées par le gouvernement péruvien, une par la CUAVES, une par le regroupement des artisans et une par la mairie.

En misant sur le regroupement de petites unités de production locales plutôt que sur d'hypothétiques implantations de grandes industries, le plan original voulait rassembler les artisans par champ professionnel, au sein d'entreprises débordant le cadre familial. Le plan prévoyait aussi démarrer un programme de mise en commun de leurs achats, de leur machinerie et des ventes. Lors d'une enquête, on a dénombré à Villa el Salvador plus de mille petits artisans, le plus souvent des entreprises familiales donnant de l'emploi à deux ou trois travailleurs et fournissant des produits aux vendeurs ambulants.

La crise économique a connu un rebondissement spectaculaire depuis la fin des années 80 et pose des entraves énormes à cette stratégie. Par exemple, en 1989, le taux d'inflation a été de 2 700 %. Dans de telles conditions, il est pratiquement impossible de maintenir une activité économique. En 1991, le gouvernement de Fujimori a finalement stoppé l'inflation, mais au prix d'une très forte contraction du marché intérieur. Avec un salaire mensuel moyen de 50 $ et un prix du litre d'essence établi à 1,50 $, il devient de plus en plus difficile d'acheter quoi que ce soit. Le développement de Villa el Salvador traverse donc une période très critique.

Le plan de développement prévoyait aussi une zone d'élevage et d'agriculture. De ce point de vue, les résultats sont édifiants. En effet, Villa el Salvador est l'unique district dans la métropole de Lima qui ne rejette pas ses égouts à la mer. Au contraire, les égouts sont traités grâce à un processus très simple, basé sur la sédimentation. Les eaux usées arrosent un bois de 40 hectares et irriguent une zone d'agriculture et d'élevage qui s'étend actuellement sur 60 acres. On y pratique l'élevage et les cultures sont essentiellement fourragères. Cette zone est sûrement celle qui impressionne le plus le visiteur, parce qu'elle a été gagnée sur le désert au cours des dix dernières années. Habituellement la ville chasse la campagne : à Villa el Salvador, la campagne est intégrée à la ville.

En 1991, une épidémie de choléra s'est abattue sur le Pérou (Reyna et Zapata, 1991). Le processus utilisé pour traiter les égouts ne parvient pas à éliminer la bactérie qui provoque la maladie et les eaux recyclées ont été contaminées. Dans ce cas, il faudrait ajouter du chlore pour éviter que la zone ne devienne un agent de contagion. Malheureusement, il n'est pas facile pour Villa el Salvador de se payer cet additif chimique.

Le logement

Au Pérou, l'écart entre les revenus se manifeste dans la qualité des logements. On commence par se bâtir une maison avec des murs en torchis ; ensuite, quand le revenu le permet, on la refait en briques et en ciment. Les moins pauvres peuvent même se permettre d'ajouter un étage à leur résidence. Les maisons constituent donc un bon indicateur de la situation socio-économique des habitants. À Villa el Salvador comme ailleurs, les cent meilleures maisons appartiennent généralement à des commerçants.

La croissance de la population oblige maintenant à penser aux constructions à deux étages. Une organisation non gouvernementale, l'ONG DESCO, travaille en ce sens. Grâce à des crédits français, il lui sera possible de construire soixante maisons à un coût de revient de 80 $ le mètre carré. Toutefois, le plus grave problème demeure encore la difficulté de s'approvisionner en eau potable.

Les cuisines collectives

Au cours des années 80, la faim a fait son apparition dans presque tous les foyers populaires péruviens : pour cette raison, les organisations de survie sont nées et se sont bien implantées dans les quartiers populaires (Tovar, 1992). Ces nouvelles institutions sont des cantines populaires et des cuisines collectives. Villa el Salvador compte présentement 400 cuisines collectives qui regroupent 15 familles chacune ; elles rejoignent actuellement le tiers de la population. Mises sur pied par les femmes depuis le début des années 80, elles auront permis de traverser la crise en réduisant les coûts grâce au regroupement des achats et à la préparation en commun des repas. Outre le fait d'aider à abaisser le coût de l'alimentation, les cuisines collectives offrent aussi une forme de socialisation. Pendant que deux femmes préparent les repas, les autres en profitent pour apprendre à lire ou à écrire, ou pour organiser des activités qui leur permettent de sortir de l'isolement où elles se trouvent chacune dans leur maison.

---

5. DESCO est le diminutif de *Desarrollo comunitario,* c'est-à-dire développement communautaire, nom d'origine de cet organisme non gouvernemental (ONG). Aujourd'hui, le véritable nom de DESCO est *Centro de estudios y promocion del desarrollo* (DESCO). DESCO est une des plus anciennes ONG de développement au Pérou. Mise sur pied il y a 25 ans, elle compte 150 employés dont les deux tiers sont des militants sociaux, généralement situés à gauche. Ils interviennent à la campagne, sur la côte, dans la montagne et en ville. Ils soutiennent des projets de cuisines populaires, agissent comme professionnels dans les mairies. Ils sont actifs dans le domaine de l'éducation populaire, le développement du logement et des entreprises d'artisans (recherche de crédits, technologies, etc.).

Au cours des années 80, les organisations de femmes, et en particulier la *Federacion popular de las mujeres de Villa el Salvador*, ont joué un rôle déterminant dans le maintien de la tradition autogestionnaire de la CUAVES. Par leur Fédération, les femmes font valoir un courant politique important pour le développement et la gestion de la communauté. Les initiatives populaires, dont les cuisines collectives, ne sont pas seulement dirigées par des femmes ; elles sont également à l'origine d'un vaste mouvement féminin populaire, sûrement un des plus avancés de l'Amérique latine.

CONCLUSION

Villa el Salvador est une expérience unique. Elle peut fournir de nouveaux points de repère à l'organisation communautaire. Par exemple, elle illustre bien ce que peut être l'aménagement de l'espace urbain à l'échelle d'une région entière et non plus seulement au plan de microprojets. Elle fait aussi la démonstration de la possibilité d'un processus autogestionnaire à la fois simple et efficace, applicable à une ville de grande taille. Elle fait réfléchir aux pratiques de développement communautaire dans le cadre d'une économie informelle de même qu'aux pratiques éducatives communautaires à partir des écoles et avec les enfants. Voilà autant d'éléments, propres à enrichir la pratique de l'organisation communautaire québécoise.

Il ne faut pas croire pour autant que Villa el Salvador soit un paradis : les conditions de vie n'y sont pas très différentes de celles des autres bidonvilles. Là comme partout ailleurs, les conflits sociaux se développent à la faveur de la crise économique et politique que vit dramatiquement le Pérou d'aujourd'hui. Par exemple, cinq ans après le lancement par la municipalité d'un plan de développement urbain, les responsables reconnaissaient avoir rencontré des difficultés imprévues. Ils présumaient une très grande identité de vue entre les organisations populaires ; ils ignoraient aussi à quel point la société populaire était hétérogène et pouvait receler d'intérêts opposés.

Le plan ne prévoyait surtout pas à quel point l'accentuation de la crise allait provoquer des conflits entre les diverses institutions populaires. Non seulement la crise économique exacerbe les contradictions au cœur du peuple mais, au-delà d'un certain seuil, elle produit un effet pervers sur l'organisation des communautés. Quand débute une crise, le développement de la solidarité qui a été au cœur de la société andine est stimulé. Par contre, avec le temps, la pression extraordinaire exercée par les problèmes socio-économiques actuels peut en arriver à ébranler la solidarité et la réciprocité elle-même et conduire à d'énormes affrontements. C'est ce que redoutent certains observateurs.

Par-delà la situation actuelle, le grand espoir de Villa el Salvador réside dans sa démocratie et dans ce mécanisme d'autogestion que ses habitants ont mis en place et mettent en application de façon remarquable. On trouve à Villa el Salvador un cadre démocratique pour résoudre les conflits et les gens en sont très fiers. La démocratie ne peut résoudre tous les problèmes, mais elle demeure encore la meilleure option.

Bibliographie

Ascencio, F. et G. Lafleur (1987). « Autogestion en la ville des sables », « Les défis du maire Azcueta » et « L'action communautaire rend le désert habitable », *Ici l'Amérique latine*, Montréal, Secrétariat Québec-Amérique latine, n° 31, novembre, 2-3.

Baum, G.(1987). « Théologie de la libération et marxisme », *Revue internationale d'action communautaire*, n° 17/57, 135-141.

Bellec, F. (1989). « Pérou, le bidonville de l'espoir », *Croissance des jeunes nations*, n° 320, octobre, 31.

Campfens, H. (1987). *The Marginal Urban Sector : Survival and Development Initiatives in Lima, Peru*, Toronto, University of Toronto, Center for Urban and Communities Studies.

Communauté urbaine autogérée de Villa el Salvador (Cuaves) (1990). *Communidad. Plan de accion de la CUAVES 1990-1991*, juin, (publication officielle de la CUAVES).

DESCO (1986). *Organizaciones populares en Villa el Salvador*, Lima, Perou, Centro de estudios y promocion del desarrollo, DESCO.

Durning, Alan B. (1989). « Mobiliser les communautés de base », dans Brown, Lester R. (sous la direction de) (1989). *L'état de la planète*, Economica, Paris, 253-284. Il s'agit d'une version abrégée de Durning, Alan B.(1988). *Mobilizing at the Grassroots : Local Action on Poverty and Environment*, Worldwatch Institute.

Favreau, L. et L. Fréchette (1991).« L'organisation communautaire avec des communautés locales en Amérique latine », dans Doucet L. et L. Favreau (1991). *Théorie et pratiques en organisation communautaire*, Sillery, Presses de l'Université du Québec, 415-437.

Hertoghe, A. et A. Labrousse (1989). « Les organisations populaires contre le Sentier », dans *Le Sentier lumineux au Pérou*, Paris, Éditions La Découverte/Enquêtes, 140-146.

Lloyd, P. (1980). *The « Young Towns » of Lima (Aspects of Urbanization in Peru)*, Cambridge, Cambridge University Press.

Reyna, C. et A. Zapata (1991). *Cronica sobre el colera en el Peru*, Lima, DESCO, Centro de estudios y promocion del desarollo.

Rodrigo, J.M. (1990). *Le sentier de l'audace (les organisations populaires à la conquête du Pérou)*, Paris, L'Harmattan.

Tovar, T. (1992). *Pobladores, organizacion, democracia y politica en Villa el Salvador*, Lima, DESCO, Centro de estudios y promocion del desarrollo.

Villa el Salvador (1989). *Mapa social : Villa el Salvador y su proyecto popular de desarrollo*, Villa el Salvador, Pérou, Equipo tecnico de la municipalidad de Villa el Salvador.

Le colloque du RQIIAC à Hull : un regroupement professionnel au seuil de la maturité

René LACHAPELLE
Organisateur communautaire
CLSC du Havre

Les 4 et 5 juin 1992, 270 personnes ont participé au Troisième colloque du Regroupement québécois des intervenantes et intervenants communautaires en CLSC (RQIIAC). Convoqué sous le thème L'action communautaire en *CLSC : des acquis, des défis*, l'événement s'est déroulé dans un climat particulièrement stimulant. La fierté de se regrouper était palpable et on sentait une complicité entre intervenantes, intervenants et personnes-ressources. Le colloque a été un temps fort dans une démarche de regroupement professionnel.

UNE IDENTITÉ PROFESSIONNELLE EN ÉMERGENCE

L'objectif principal de la rencontre était de mettre en évidence l'identité professionnelle des intervenantes et intervenants communautaires en CLSC. En choisissant le thème, le comité d'organisation a voulu délibérément supprimer les points d'interrogation. Après six ans d'efforts pour constituer le

Regroupement, le moment semblait venu d'affirmer l'organisation communautaire en CLSC. Cette intuition s'est confirmée à Hull : les gens n'étaient plus sur la défensive, mais en démarche d'identité professionnelle. Misant traditionnellement pour la sauvegarde de leur action sur une forte implication dans leurs syndicats et de profondes solidarités avec les groupes communautaires de leur milieu, les intervenantes et intervenants communautaires se méfient instinctivement de toute démarche corporatiste. L'événement de Hull est l'indice du passage d'une conscience d'employés syndiqués militants à une conscience de professionnels reconnus, engagés dans la recherche d'un projet professionnel qui leur convienne.

La séance d'ouverture a fait appel à deux universitaires qui ont mis en perspective l'action communautaire en CLSC. Laval Doucet a invité les intervenantes et intervenants à se réconcilier avec leur statut de professionnels dans un réseau public. Quant à Harry C. Boyte, directeur du Project Public Life à l'Université du Minnesota, il a obtenu l'adhésion de l'auditoire en réaffirmant les principes démocratiques de l'organisation communautaire. Ces interventions marquaient d'une certaine façon la reprise des contacts avec la tradition nord-américaine inspirée d'Alinsky, dont l'organisation communautaire au Québec est largement partie prenante, mais que nous avions durant une vingtaine d'années laissée de côté au nom d'une analyse qui se voulait plus politique.

Les participantes et participants se sont reconnus non seulement dans les principes rappelés par Doucet et Boyte, mais aussi dans les ateliers d'expertise et de partage d'expériences de la seconde journée. En avant-midi, on proposait 11 ateliers thématiques sur des questions en débat dans le contexte de la réforme de la santé et des services sociaux. Au cours de l'après-midi, les participantes et les participants ont pu prendre de l'information sur 31 initiatives provenant d'autant de CLSC différents. Ces deux activités démontraient concrètement que les intervenantes et intervenants communautaires posent de bonnes questions, mais sont aussi capables de bons coups : il y a des acquis dans leurs pratiques. La plénière finale sur le thème du colloque a bouclé la boucle : l'assemblée a accordé un accueil positif au rapport-synthèse des ateliers sur les acquis et les défis de l'action communautaire en CLSC.

Les intervenants communautaires se sont reconnus dans les questions abordées non seulement parce que la préparation a été consultative, mais aussi parce qu'ils ont acquis une maturité et une confiance en eux-mêmes qui leur permettent d'établir des liens de solidarité basés sur la reconnaissance de leurs différences. Ils sont maintenant capables de se démarquer du courant institutionnalisant de l'approche communautaire. Cette identité professionnelle en émergence, bien que fragile encore, constitue un progrès majeur.

LE RÉSULTAT D'UNE DÉMARCHE PATIENTE

Il faut remonter à l'automne 1986, soit à la veille de la publication du *Rapport Brunet* en 1987, pour mieux apprécier le chemin parcouru par les intervenantes et intervenants communautaires en CLSC. À l'occasion du colloque de Victoriaville sur le développement communautaire (*Fais-moi signe de changement*) en 1986, un groupe d'intervenants communautaires en CLSC expriment le souhait que soit organisée une rencontre provinciale pour faire le point sur leur pratique. Le comité chargé de donner suite à cette requête, estimant que la situation de l'action communautaire en CLSC est mal connue décide de mener une recherche pour en dresser le portrait. Il s'associe des chercheurs de l'Université Laval, de l'Université de Montréal et de l'Université du Québec à Hull. L'année 1987 est consacrée à une démarche d'enquête dont les résultats servent de base à un colloque (*Quel vent vous (a)mène ?*) qui réunit plus de 300 personnes à l'Université Laval en mai 1988. C'est à ce moment que le RQIIAC est fondé.

L'action communautaire en CLSC devient un objet de recherche formelle avec le projet de Louis Favreau et de Yves Hurtubise (1988). Le Regroupement poursuit aussi la publication d'un bulletin de liaison, *Interaction communautaire*, qui diffuse quatre fois l'an des comptes rendus d'expériences et des réflexions sur les défis qu'ont à relever les intervenants sur le terrain. Un second colloque réunit en mai 1990 250 personnes à l'Université de Montréal sous le thème *L'avenir est au communautaire*. Alors qu'en 1988, la Fédération des CLSC n'avait voulu être associée à la naissance du Regroupement ni par le biais de la recherche ni par celui du colloque, en 1990, c'est le président de la Fédération, M. Maurice Payette qui, lors de l'ouverture du colloque, invite le RQIIAC à siéger à un comité mandaté pour produire un cadre de référence sur l'action communautaire en CLSC.

Cette invitation constitue à la fois une reconnaissance du Regroupement et une occasion pour les praticiens de faire valoir leur spécificité. Le résultat des travaux du comité ne rallie pas tous les intervenants et intervenantes communautaires en CLSC, mais offre une base de compromis sur laquelle il est possible de s'affirmer davantage. Le Regroupement sort renforcé de cette expérience d'autant plus qu'il manifeste aussi durant cette période une capacité de rejoindre et de mobiliser les intervenantes et intervenants par le biais d'activités régionales régulières.

C'est sur le fond de cette évolution qu'il faut inscrire le colloque de Hull. Résultat d'une convergence d'initiatives souvent bénévoles de diverses régions du Québec, le Regroupement a profité de la collaboration de chercheurs universitaires et du support de certains CLSC pour pallier la faiblesse de ses ressources matérielles. Ses activités rejoignent une majorité d'intervenantes et d'intervenants des CLSC, mais ses revenus demeurent limités parce que l'adhésion se fait de façon volontaire et qu'on a délibérément opté pour une cotisation modeste. En effet, à la différence des corporations, le RQIIAC ne peut compter pour exister et se développer sur aucune mesure pouvant obliger les intervenantes et intervenants à y adhérer. Il dépend de sa capacité de répondre aux besoins des membres et de la détermination de son exécutif et de ses poteaux régionaux. Il ressemble en cela à sa base qui a toujours accordé plus d'importance à la démocratie et aux convictions militantes qu'au statut professionnel pour préserver son autonomie d'action avec les groupes issus des communautés locales.

LE RQIIAC AU LENDEMAIN DU COLLOQUE DE HULL

Sur la lancée du temps fort de Hull, le Regroupement doit relever le défi de soutenir une démarche professionnelle tout en demeurant une organisation à petits moyens.

Au cours de la décennie qui s'achève, l'organisation communautaire en CLSC a été menacée moins par les remises en question de l'extérieur que par la volonté de l'institution de se tailler une place dans le réseau des services de santé et des services sociaux. Pour la Fédération des CLSC, la réforme en cours constitue une réussite ; Marcel Sénéchal déclarait lors de la séance d'ouverture du colloque : « On n'a pas résisté au changement, on l'a fait ! » Et il ajoutait :

> Il faut bien le constater après vingt ans : le développement des CLSC et de l'action communautaire est intimement lié. Il n'y a pas de CLSC sans les services médicaux, sans l'action communautaire, sans l'approche globale, communautaire et multidisciplinaire, sans une intégration du social et de la santé. Les CLSC et l'action communautaire sont là pour rester, pour occuper une plus grande place et se développer.

Son invitation à collaborer sur cette lancée à l'avenir des CLSC consacrait les efforts du RQIIAC. Mais c'est au quotidien qu'on continue dans les CLSC et dans certains documents de la Fédération à confondre l'organisation communautaire et l'approche communautaire, une pratique professionnelle et une philosophie d'intervention, des professionnels au service de la communauté et des techniques au service d'une institution. Le premier défi des intervenantes et intervenants communautaires, selon Raymond Cadrin, président sortant du Regroupement,

> [...] c'est de mieux définir notre identité professionnelle, de ne pas la laisser banaliser et qu'elle ne soit pas définie par ceux et celles qui n'ont aucune base pour le faire [...] Avec les différentes tendances et nos réalités respectives, le

défi est bien présent de ne pas perdre l'essentiel de ce qui constitue l'action communautaire, de se rejoindre sur des bases communes et demeurer un véritable service auprès des divers groupes de population, de nos communautés locales et non une « simple boîte à outils ».

Les intervenantes et intervenants communautaires en CLSC ne sont d'ailleurs plus les seuls à vivre semblable dynamique de professionnalisation comme stratégie de résistance à une réduction de l'organisation communautaire au Québec. La reconnaissance des organismes communautaires comme partenaires des services sociaux et de santé place devant les mêmes questions nombre de « permanents » et surtout de « permanentes » de groupes communautaires. Face à l'enjeu de maintenir une autonomie qui préserve la qualité démocratique de l'action communautaire, le RQIIAC a fait la preuve de l'efficacité d'une démarche souple et têtue. Malgré le risque d'en échapper des bouts parce qu'on manque de ressources, le recul pris à Hull devant sa propre histoire lui a permis d'ancrer la conviction que le défi proposé par Jean-Pierre Deslauriers dans son mot de bienvenue à l'UQAH peut être relevé :

> À mon avis, le principal défi qui se pose aux organisatrices et organisateurs communautaires ces temps-ci, que ce soit ceux des CLSC ou les autres, c'est la construction du Québec, rien de moins.

Voilà une perspective diamétralement opposée à tout corporatisme !

Commonwealth.
A Return to Citizen Politics
HARRY C. BOYTE
New York, Free Press, 1989

Qui se rappelle de Saul Alinsky ? Chose certaine, son manuel de l'animateur social est en voie de devenir un classique dans le domaine de l'action sociale. Mais
qu'en est-il du mouvement qu'il a démarré ? Depuis la mort d'Alinsky survenue en
1972, on n'a plus tellement entendu parler de lui. Mais son héritage est plus
grand qu'on serait porté à le penser. C'est du moins ce que nous apprend Harry
Boyte. Professeur à l'Université du Minnesota, cet auteur prolifique nous démontre que si plusieurs idées d'Alinsky sur l'organisation communautaire américaine
ne lui ont pas survécu, les organisations qu'il a mises sur pied ont évolué, adopté
de nouvelles formes et continuent d'enrichir la vie politique américaine.

Boyte retrace d'abord l'évolution politique de son pays avant d'y situer
Alinsky. À la base de la culture politique américaine se trouve le contenu pédagogique de la démocratie : à mesure que les personnes s'activent à défendre leurs
droits, elles apprennent comment agir dans l'arène politique et transforment leur
personnalité. Cette possibilité de contrôler leur vie et de participer à la vie publique comptait d'ailleurs parmi les raisons qui attiraient les immigrants aux États-
Unis. Cependant, au tournant de ce siècle, le citoyen s'éclipse. La politique se
professionnalise et devient l'apanage d'une technocratie, le tout au nom de la
complexité de la vie moderne ; les débats sont monopolisés par les partis avant
de devenir un combat entre agences de publicité ; la conduite des affaires de l'État
devient apparentée à celle d'une entreprise. Une note discordante parmi
d'autres : celle de Saul Alinsky.

Contrairement à l'élite dominante, il prétend que le citoyen ordinaire est
désavantagé par la professionnalisation de la politique, qu'il n'y trouve pas
son compte et qu'il doit s'organiser pour faire prévaloir ses propres intérêts. Le
citoyen a perdu l'assurance qu'il peut changer quelque chose par son action et
il faut la lui redonner pour qu'il puisse faire triompher son point de vue. Homme
d'action et pragmatique, plus intéressé par les rouages du pouvoir que par
sa conception idéale, Alinsky développa une approche de l'organisation

communautaire basée sur la confrontation, l'enracinement de l'action dans la communauté et la défense des revendications des collectivités défavorisées. Plusieurs parties du livre de Boyte s'appliquent d'ailleurs à décrire le personnage que fut Alinsky et ses méthodes d'action.

Dès le début de sa carrière, Alinsky mit sur pied une organisation parapluie destinée à appuyer les projets d'organisation communautaire ; cette structure fut appelée Industrial Area Foundation (IAF). Elle est un regroupement assez large réunissant des représentants des pauvres, des minorités et de la classe moyenne. La première du genre a été fondée à Chicago dans les années 40 ; mais de nos jours, il en existe une douzaine, formant un vaste réseau, et appuyées par un centre de formation. Le livre décrit bien le fonctionnement de ces associations et leur pratique.

Au cours des années 60, deux mouvements sociaux d'importance modifièrent l'orientation de l'organisation communautaire américaine : le mouvement pour les droits civiques des Afro-Américains et celui de la démocratie de participation. De nouvelles préoccupations apparurent, dont celle de l'autonomie, de la culture et du développement local faisant appel à une conception plus dynamique du pouvoir. Dans cette nouvelle situation, le ton propre au mouvement alinskyien, son audience, ses préoccupations, l'allure même de ses organisateurs, toutes ces caractéristiques n'avaient plus le même attrait pour la nouvelle génération. Alinsky eut du mal à s'adapter à cette mouvance et même à cacher son pessimisme pour l'avenir.

Cependant, fait plus intéressant que les idées de leur fondateur, les organisations mises sur pied par Alinsky se sont adaptées et ont évolué avec leur temps. Au lieu de se centrer sur les gains à court terme, elles y ont ajouté l'éducation politique, l'éducation à la démocratie, aux débats, à la pratique du pouvoir. Au lieu d'être de simples groupes de revendication, les IAF ont mis de l'avant des politiques touchant l'ensemble de la communauté et non plus seulement celles de la collectivité qu'ils représentent. En outre, les nouveaux organisateurs accordent plus d'importance aux liens entre la vie privée et la vie publique, ce dont Alinsky et ses proches collaborateurs se désintéressaient complètement. La présence accrue des femmes dans l'organisation, à la fois comme organisatrices et membres, y est sûrement pour quelque chose dans le changement d'orientation des IAF.

Prenant appui sur l'évolution des IAF, Boyte attire notre attention sur quelques filons directeurs soutenant actuellement l'organisation communautaire américaine. Tout d'abord, on retrouve l'idée du Commonwealth. Ce terme, difficilement traduisible en français, désigne deux choses. Tout d'abord, c'est une réunion d'États souverains reliés par des objectifs et intérêts communs. Par exemple, après la Deuxième Guerre mondiale, l'Angleterre forma un Commonwealth avec ses anciennes colonies ; lors de la révolution, les États américains voulaient former un Commonwealth. L'autre sens est celui de l'intérêt de l'ensemble, du bien commun, de l'intérêt public. L'idée de *Commonwealth* va au-delà des revendications à court terme et lui donne un sens en faisant appel à toute la communauté. À ce sujet, Boyte fait remarquer que les nouveaux mouvements sont plus préoccupés par l'ensemble que par le passé et ils ont une vision plus large du bien commun. Alors que ce qui est associé à la politique est synonyme de corruption, ce qui est identifié au public a toujours de la valeur : les équipements collectifs tels que le système de santé, le système de récréation, le système scolaire. Ce qui est considéré comme la propriété collective conserve encore une grande importance aux yeux des citoyens. De fait, cet intérêt a empêché les néo-libéraux de sabrer dans ces services et de les transformer en nouveaux débouchés pour l'entreprise privée.

L'autre notion sur laquelle Boyte revient souvent est la distinction entre les informations et les connaissances. Le citoyen ordinaire est submergé d'informations de toutes sortes, mais qu'il ne contrôle pas, qu'il ne maîtrise pas et qui ne l'aident pas à participer aux débats de sa société. Pour ce faire, il lui faut des connaissances, soit des habiletés à interpréter les informations, à établir des liens et à comprendre. Le but de l'organisation communautaire consiste entre autres à aider les citoyens à acquérir ces connaissances et à parfaire leur apprentissage de la démocratie. Il faut développer chez les citoyens le goût et la possibilité de débattre de la vie politique, car on peut apprendre ou oublier comment agir en politique et comment débattre des idées. De ce point de vue, la gestion des équipements collectifs et des services communautaires est de première importance et s'avère un lieu de démocratisation très efficace.

Plusieurs exemples sont amenés pour décrire cette nouvelle tendance en organisation communautaire dans plusieurs villes américaines. Bien entendu, ce livre a été écrit par un Américain et pour les siens ; l'auteur utilise des exemples qu'ils connaissent et des pièces d'histoire qui leur sont familières. Par contre, au moment où l'organisation communautaire québécoise entre dans une nouvelle étape de son développement, l'expérience américaine est pertinente : Québécois et Américains rencontrent des problèmes qui se ressemblent et les uns peuvent profiter de l'expérience des autres. De ce point de vue, le livre de Boyte nous donne des idées. Il nous démontre aussi qu'Alinsky a laissé une descendance, même si ce n'est pas celle qu'il prévoyait !

Jean-Pierre Deslauriers
Département des sciences humaines
Université du Québec à Hull

❖ # Saul Alinsky,
organisateur et agitateur
Thierry QUINQUETON
Paris, Desclée de Brouwer, 1989, 125 p.

En organisation communautaire, le livre de Thierry Quinqueton vient à point nommé pour relancer la discussion sur la contribution de Saul Alinsky. Au Québec, exception faite de la période des années 60, lorsque Alinsky alimentait une partie de nos débats d'« animateurs sociaux », la tradition américaine d'organisation communautaire a été occultée. En effet, à partir du début des années 70, l'électrochoc de la crise d'Octobre et l'expérience politique traumatisante du FRAP à Montréal aidant, la pensée en organisation communautaire a eu l'esprit ailleurs, esprit entièrement tourné (et détourné) vers l'appropriation du marxisme. Nuançons : il s'agissait d'un certain marxisme, celui d'Althusser et cie !

C'est ainsi que bon nombre d'animateurs sociaux se sont mis à remettre en question – et à culpabiliser par la même occasion – le fait de s'occuper de problèmes qualifiés à l'époque de « secondaires » et renvoyant aux conditions de vie dans les quartiers populaires. Selon la bonne vieille tradition marxiste, on mettait ce travail en opposition avec le travail centré sur les « vrais » problèmes, soit ceux de l'exploitation de la classe ouvrière dans les grandes entreprises et du rôle clé de cette classe dans la transformation sociale.

L'animation sociale fut alors portée à considérer que le mouvement d'organisation des communautés locales aux États-Unis, auquel était hautement associé le nom d'Alinsky, devenait complètement *irrelevant*. D'autant plus que l'on considérait à l'époque qu'il n'existait que deux conceptions du droit social, la conception marxiste où le droit est l'expression de la volonté de la classe dominante et la conception libérale où le droit est l'expression de valeurs éternelles (Mayer et Panet-Raymond, 1991). En court-circuitant quelque peu la réflexion, il n'y avait qu'un pas, qui fut vite franchi par plusieurs, d'associer Alinsky à la conception libérale. Cela eut pour effet de mettre entre parenthèse l'expérience américaine d'organisation communautaire pendant les années 70 et 80. Cela nous coûte très cher aujourd'hui, je pense, parce que nous nous sommes privés d'apports théoriques et pratiques importants, sans parler des réseaux nord-américains dont nous sommes pratiquement absents. Cas de figure : l'expérience américaine de développement économique local communautaire (DELC) (Perry 1987).

En renouant avec l'expérience américaine, on s'aperçoit aujourd'hui qu'il existe une autre conception du droit héritée d'une tradition populaire et communautaire que Boyte (1980) nomme le « new citizen movement » ou le « new american populism ». Cette conception du droit rattache obligatoirement la justice sociale à la démocratie et à ses institutions, lesquelles ne sont considérées ni comme éternelles, ni comme irrémédiablement vouées aux intérêts de la classe dominante. Saul Alinsky appartient, avec d'autres, à cette tradition.

Thierry Quinqueton, dans *Saul Alinsky, organisateur et agitateur*, a le mérite de très bien dégager cet apport que le philosophe Jacques Maritain résume de la façon suivante en parlant du livre d'Alinsky *Reveil for radicals* :

> Aucun totalitarisme ne peut tenir la route dans une démocratie construite sur de telles activités communautaires de base [...]

La démocratie exige que des partis politiques existent. Elle exige aussi que du niveau le plus élémentaire, les gens s'organisent eux-mêmes, naturellement, spontanément, dans la vie quotidienne de leurs communautés locales [...] (p. 100).

Au fait, Alinsky mise sur la « grass roots democracy » : celle des pionniers de la révolution américaine dont Alexis de Tocqueville parle dans De la *démocratie en Amérique* (1835-1840) en faisant référence au puissant mouvement associatif de la société américaine de cette époque ; celle de Thomas Jefferson, pionnier de la Révolution américaine, celle des syndicalistes, animateurs des Chevaliers du travail (1870-1880), celle des fermiers à la même époque. Alinsky mise aussi sur la démocratie telle que définie dans la constitution américaine : « la démocratie, c'est le gouvernement du peuple, par le peuple et pour le peuple ». Enfin, il mise sur l'intervention qui permet de faire émerger une organisation disposant de solides racines dans les communautés locales et assurant à ses membres des victoires, si petites soient-elles. Oui, des victoires ! Car il faut dire avec force que les communautés locales ne se départissent pas de leur défaitisme et de leur sentiment d'impuissance à partir d'actions dont l'issue leur apparaît incertaine ou la réussite improbable.

Thierry Quinqueton ne se contente pas de nous faire connaître la « méthode Alinsky ». Il nous aide aussi à nous approprier sa théorie sociale et politique, peu connue ici au Québec et dont les principaux éléments peuvent être dégagés de la façon suivante.

1. L'importance de la démocratie. Alinsky est un Juif[1] qui appartient à la génération de ceux qui ont vécu le fascisme des années 30 et 40 : l'Allemagne nazie, le fascisme hitlérien et mussolinien, le franquisme espagnol, la montée du KKK et du racisme aux États-Unis, etc. De telle

---

1. Paradoxe : Alinsky, un juif agnostique, a travaillé avec les catholiques dont les paroisses financeront plusieurs de ses projets. Alinsky ne le fait pas de façon purement utilitariste. Quinqueton nous fait découvrir un autre visage d'Alinsky, celui qui dialogue, par correspondance, avec Jacques Maritain, philosophe français, catholique et thomiste.

sorte que sa préoccupation centrale est l'organisation des gens (*the People*) au plan le plus élémentaire, dans leur vie quotidienne et dans leur communauté d'appartenance la plus forte, la communauté locale (le quartier, le village, son coin de pays). Afin « qu'aucun totalitarisme ne puisse tenir la route dans une démocratie [...] ». Attachement aux institutions démocratiques et point de désaccord fondamental avec le marxisme traditionnel (celui des partis communistes et de Lénine) pour lequel les institutions de la démocratie ne sont que des façades.

2. L'importance d'amener les exclus à participer à cette vie démocratique. Ce qui précède indique bien la perspective : s'armer contre le fascisme, le racisme... Démocratie qui ne se réduit pas à la participation électorale, démocratie par la mobilisation, par le conflit et par le compromis entre pouvoirs et contre-pouvoirs : « Une véritable démocratie est en fait un conflit permanent et évolutif, interrompu périodiquement par des compromis » (Alinsky, cité par Quinqueton, p.9).

3. L'importance de créer de larges coalitions en additionnant les forces des services sociaux, des Églises, des militants syndicaux et populaires dans des conseils de quartier. C'est l'expérience d'Alinsky à Chicago à la fin des années 50 qui servira d'inspiration au Service d'animation sociale du Conseil des œuvres de Montréal et aux comités de citoyens de St-Henri dans les années 60, puis au projet de Conseils de quartier du RCM, conseils conçus en tant qu'organes locaux de pouvoir prenant en charge l'ensemble des problèmes d'une communauté locale.

4. L'importance d'organiser les gens en canalisant leur révolte car « on endigue la violence en focalisant le conflit, et non en l'atténuant » (p. 51). Alinsky intervient à Rochester, ville de 300 000 habitants de l'État de New York, immédiatement après les émeutes de l'été 1964 (soit entre 1965 et 1968).

5. L'importance d'insister moins sur les idées (l'idéologie) que sur le comportement, celui de l'« organisateur » avec son sens du conflit, son sens du compromis, son sens de la démocratie, son sens de l'action concrète, son sens de l'anticipation, son sens de la victoire pour la communauté avec laquelle il travaille.

6. L'importance pour l'organisateur communautaire de bien saisir la base culturelle du changement social, pas seulement les enjeux socio-économiques issus des revendications ou les enjeux politiques liés à la connaissance de l'adversaire :

> L'oppression fondamentale réside le plus souvent dans le conditionnement qui fait que les exclus se résignent à l'être. Il dira du pouvoir qu'il « n'est pas seulement ce que l'ordre établi a, mais bien plus ce que nous croyons qu'il a » (p.67).

7. L'importance, enfin, de structures adéquates de rassemblement : pas d'organisation à but unique. Plutôt une structure avec des objectifs multiples et des objectifs concrets, réalistes et modestes « car il est déterminant de remporter rapidement une première victoire » (p. 84).

En dépit du titre peu fidèle au développement opéré par l'auteur, l'immense mérite de Quinqueton est de nous faire connaître en français les sous-bassements théoriques de la pratique d'Alinsky[2] – la démocratie et la dynamique du conflit et du compromis – de même que les coordonnées générales de sa pratique resituée dans son contexte et sa finalité. Cette pratique implique certes des méthodes d'action, mais aussi une prise en compte, dans un processus d'organisation de communautés locales défavorisées, des Églises (avec leurs préoccupations de survie et leur intérêt propre), de la religion (le fond culturel des populations), de la gauche (malgré son dogmatisme), des intellectuels libéraux (malgré leur peur du conflit), des praticiens du travail social (malgré leur tentation de céder à certaines formes de « colonialisme social »).

Si la lecture de Quinqueton sur Alinsky vous donne le goût de connaître d'autres organisateurs communautaires de cette génération des années 60, César Chavez et Martin Luther King, pour ne nommer que ceux-là, lisez *César Chavez, un combat non-violent* (Muller et Kalman, 1977) ou mieux *Stratégie de l'action non-violente* (Muller, 1981).

Pour ceux et celles qui veulent voir l'actualité de la pensée et de la pratique d'organisation communautaire des continuateurs d'Alinsky à travers le mouvement populaire et communautaire américain des vingt dernières années, il faut lire *The Backyard Revolution. Understanding the New Citizen Movement* (Boyte, 1980). Ces lectures permettront de prendre contact avec les « training centers » en organisation communautaire, dont le désormais célèbre Industrial Areas Foundation (IAF) mis sur pied à Chicago dans les années 40 et aujourd'hui engagé dans de multiples projets dans plusieurs États américains, dont celui de New York comptant le siège social d'IAF à Huntington. Mais il s'agit là d'un autre chapitre de notre redécouverte de la pensée américaine en organisation communautaire, chapitre officiellement réouvert par la venue d'Harry Boyte au Québec comme conférencier d'ouverture au Colloque du Regroupement des intervenants et intervenantes en action communautaire en CLSC (RQIIAC), à l'Université du Québec à Hull en juin dernier[3].

---

2. Le seul livre en français dont nous disposions est une traduction de *Rules for Radicals* qui est précédée d'une présentation quelque peu réductrice (les méthodes et tactiques) et très peu d'actualité dans *Manuel de l'animateur social, une action directe non violente*, Paris, Seuil, Points, 1976.

3. Voir à ce propos l'entrevue de Boyte dans le présent numéro et le compte rendu du colloque de Hull par René Lachapelle.

Bibliographie

ALINSKY, S. (1976). *Manuel de l'animateur social, une action directe non violente*, Paris, Seuil, Points.

BOYTE, Harry C. (1980). *The Backyard Revolution (Understanding the New Citizen Movement)*, Philadelphie, Temple University Press.

DOUCET L. et L. FAVREAU (sous la direction de) (1991). *Théories et pratiques en organisation communautaire*, Sillery, Presses de l'Université du Québec.

MULLER, J.-M. (1981). *Stratégie de l'action non-violente*, Paris, Seuil, Points.

MULLER J.-M. et J. KALMAN (1977). *César Chavez, un combat non-violent*, Paris, Éditions Fayard/Le Cerf.

PERRY, Stewart E. (1987). *Communities on the Way (Rebuilding Local Economics in the United States and Canada)*, Albany, State University of New York Press.

LOUIS FAVREAU
Professeur en travail social
Département des sciences humaines
Université du Québec à Hull

Intervenir avec les immigrants et les réfugiés

Jocelyne BERTOT ET André JACOB
Montréal, Méridien, 1991, 236 p.

Parmi les sujets qui interrogent actuellement la pratique du travail social, l'intervention en milieu interethnique compte parmi les priorités les plus criantes. En effet, alors que d'un côté les prévisions démographiques laissent présager que la société québécoise sera de plus en plus multiculturelle et multiraciale, plusieurs reconnaissent que les diplômés en service social sont mal préparés pour servir une clientèle cosmopolite (ACESS, 1991). À cet égard, on peut se féliciter de la parution de cet ouvrage qui veut contribuer à affiner la théorie et la pratique de l'intervention auprès des réfugiés et des immigrants.

L'ouvrage se divise en quatre chapitres portant chacun sur un volet particulier des rapports sociaux d'insertion vécus par ces populations. Le premier chapitre présente un cadre conceptuel pour l'étude de cette réalité. Après avoir défini les notions d'ethnicité, de groupe ethnique et de communauté, les auteurs situent leur position en définissant l'adaptation culturelle comme un « processus pour apprivoiser l'environnement culturel, socio-économique et sociopolitique du pays d'accueil afin d'assurer son insertion politique, économique, sociale, émotive et idéologique, dans le respect de ses intérêts personnels et de classe et de son identité ethnique » (p. 40). S'appuyant sur la littérature, ils relèvent trois grandes catégories de déterminants qui influent sur ce processus : le contexte prémigratoire, le contexte postmigratoire et les attitudes et perception des réfugiés.

Dans le deuxième chapitre, les auteurs font un survol des politiques sociales québécoises en matière d'immigration et d'accueil des réfugiés et des immigrants. S'interrogeant notamment sur l'aide offerte à ces populations, ils en arrivent à la conclusion que « les services publics tels que conçus actuellement ne peuvent adéquatement répondre aux besoins des immigrants et des réfugiés en raison de leur structure, de leurs objectifs, de leur organisation du travail et de leur orientation » (p. 109).

Cette conclusion, pour le moins préoccupante, trouve confirmation au chapitre suivant où sont présentés les résultats d'une étude portant sur les perceptions et attentes des réfugiés salvadoriens et iraniens à l'égard des services sociaux. Bien que les services publics soient peu connus de ces réfugiés, la perception qu'ils en ont est plutôt négative et marquée au coin de la méfiance. Or, fait plus inquiétant encore, cette position ne serait pas totalement dépourvue de fondements. Selon les auteurs, « les intervenants du secteur public ont des perceptions plutôt floues et assez diverses quant aux difficultés d'insertion des réfugiés » (p. 145), alors que « les institutions font preuve d'une grande pauvreté théorique et idéologique dans leur rapport à l'intervention » (p. 156).

Le dernier chapitre de l'ouvrage propose un corpus théorique pouvant soutenir la pratique en milieu interethnique. Après avoir précisé les dimensions fondamentales et les paramètres de ce type de pratique, les auteurs privilégient l'adoption d'un cadre d'intervention qui tient compte des contradictions sociales, économiques, idéologiques et politiques auxquelles sont confrontés tous les individus. Conséquemment, l'approche structurelle de Moreau leur apparaît prometteuse, parce que c'est une approche qui « ouvre de nouvelles avenues aux intervenants coincés entre des situations difficiles, des gens très différents d'eux et des institutions lourdes et lentes dans leurs changements » (p. 212).

Dans ce livre, les auteurs ont choisi de présenter un contenu varié en cherchant à établir un pont entre des réalités diverses. Cette option fait toutefois obstacle à une cohésion de l'ensemble : le lien entre les diverses parties n'est pas toujours évident.

Outre cette faiblesse, force est de reconnaître que par l'éventail de son contenu, l'ouvrage de Bertot et Jacob aide à mieux cerner les enjeux que représente l'intégration des immigrants et des réfugiés pour l'État, les institutions et les intervenantes et intervenants. De plus, il contribue à une meilleure compréhension des besoins et attentes de ces populations à l'endroit des services sociaux. À cet égard, c'est un livre qui devrait intéresser toutes les personnes préoccupées par les questions multiculturelles et multiraciales dans l'intervention sociale. On peut lui reprocher de demeurer à un niveau très général sur la question de l'intervention, d'autant plus que les auteurs ont eux-mêmes souligné la grande pauvreté théorique des institutions et, conséquemment, des intervenants, dans leur approche de l'intervention. Mais ils ont préféré ne pas donner de réponse précise sur le type d'intervention à privilégier, étant donné la multiplicité des variables qui peuvent influencer le succès d'un programme ou d'un modèle d'intervention. Ils font le pari que les intervenantes et les intervenants, s'ils s'approprient les paradigmes nécessaires, sauront trouver les modèles pertinents pour les situations auxquelles ils sont confrontés au quotidien. Cet ouvrage devrait constituer un pas important dans la définition de ces paradigmes.

Bibliographie

ASSOCIATION CANADIENNE DES ÉCOLES DE SERVICE SOCIAL (ACESS) (1991). *L'enseignement du service social à la croisée des chemins : le défi de la diversité, Rapport du groupe de travail sur les questions multiculturelles et multiraciales dans l'enseignement du service social*, Ottawa, ACESS.

DANIEL TURCOTTE
École de service social
Université Laval

❖ # Recherche qualitative.
Guide pratique
Jean-Pierre DESLAURIERS
Montréal, McGraw-Hill, 1991, 142 p.

Le petit livre (142 pages) sur la recherche qualitative de Jean-Pierre Deslauriers ne se contente pas de combler – et très bien – un vide dans la littérature sociologique de langue française ; il trouve une place originale.

Les points forts de cet ouvrage sont nombreux. Le premier et non le moindre, est sa concision : on ne se perd pas en détails ; l'auteur va directement à l'essentiel. Comme ce manuel est rédigé par une seule personne il jouit d'une cohérence théorique et épistémologique qui fait défaut à plusieurs, sinon à la plupart, des ouvrages collectifs. En plus des rubriques habituelles d'un traité de méthodologie, il comprend une section sur l'utilisation de l'ordinateur dans l'analyse et le codage des entrevues, à l'aide non pas d'un logiciel sophistiqué, mais d'un traitement de texte des plus usuels (*Microsoft Word* ou *Word Perfect*, par exemples).

Plus fondamentalement, je souligne l'ouverture de la démarche préconisée, et l'insistance de Deslauriers sur la circularité du processus de recherche. Tout en effet n'est pas si simple, ni surtout si linéaire que ne le laissent entendre les cours d'introduction à la méthodologie et certains manuels. La recherche qualitative – et en général toute recherche en sciences sociales, à des degrés divers – se réalise à travers des aller et retour entre observations, analyses et recours aux recherches antérieures. Il faut voir dans ce processus non pas une faiblesse, mais une richesse de ce type de recherche où l'analyse en cours oriente les nouvelles observations, où la problématique s'enrichit, se complexifie, se nuance au fur et à mesure.

Autre point fort de l'ouvrage, son insistance sur l'écriture, à tous les stades de la recherche. Le chapitre sur le rapport de recherche préconise : Écrire, écrire et écrire. Il ne faut pas attendre d'en arriver à l'étape finale pour rédiger des notes théoriques, méthodologiques ou d'observation qui se révéleront précieuses dans la mise en forme du rapport. Comme le précise Deslauriers, décrire c'est choisir ; donc, déjà, c'est analyser : classer le matériel, c'est l'analyser.

Ceci dit, cet ouvrage comporte certaines lacunes qui, on ne s'en surprendra pas, sont le revers de ses points forts. La première, liée à la bièveté de l'ouvrage, est l'absence relative d'exemples, à l'exception des considérations déjà mentionnées sur l'utilisation des ressources trop souvent inexploitées des traitements de texte. En outre, le livre comprend peu de trucs pratiques (quelques-uns aux pages 65-66 et 71) malgré son sous-titre de guide pratique. Contrairement aux attentes des étudiantes et étudiants, un manuel de méthodologie n'est pas un livre de recettes, d'autant plus que le processus de recherche est ouvert. Cependant, les apprentis chercheurs ont souvent besoin de s'appuyer sur des exemples pour que les concepts s'incarnent dans leur esprit. Ainsi, ils butent souvent sur la formulation de leur question de recherche et le chapitre qui en traite est particulièrement avare d'exemples. Toujours en liaison avec la longueur de l'ouvrage, on peut regretter que certaines discussions soient rapides, comme celle sur le savoir savant versus le savoir populaire, mais surtout celle sur l'intériorité versus l'extériorité du chercheur vis-à-vis son objet de recherche, question qui peut se révéler cruciale, pierre d'achoppement de plusieurs entreprises de recherche, de mémoires et de thèses en particulier.

La grande ouverture de la démarche de Deslauriers risque aussi d'angoisser le chercheur débutant, quand on sait que cela effraie même les plus chevronnés. Les apprentis cherchent des réponses claires : oui ou non ? Doit-on lire avant ou après le terrain ? Combien d'entrevues ? (La « réponse » à cette question n'apparaît pas dans la section sur l'échantillon, mais dans celle sur la saturation ; c'est logique, sauf pour ceux qui ignorent au départ ce qu'est la saturation.) Les réponses toutes en nuances de Deslauriers, qui correspondent en tous points à mon expérience de chercheure, laissent cependant perplexe la professeure de méthodologie que je suis également : ce livre, même s'il se dit manuel pour débutants, m'apparaît plutôt comme ouvrage de niveau 2, pour parler comme les pédagogues.

Aussi en recommanderais-je fortement la lecture et la mise en application aux thésards ou à ceux et celles qui tentent de survivre dans la jungle de la recherche à la pige, mais pas à ceux qui en sont à leurs premières armes. En effet, la discussion avec le quantitatif, sur la flexibilité, la validité et la fiabilité, le statut des hypothèses et la revue de la littérature supposent ces notions connues, ainsi que le traitement qui en est généralement fait dans les recherches de type quantitatif.

À un autre plan, je regrette que le lien entre cette méthode qualitative et la théorie n'ait pas été davantage développé ; était-ce voulu ou est-ce un autre effet du choix délibéré de faire court ? En effet, la question de la méthode est une fausse question, derrière laquelle se cachent des options théoriques, différents types de regard sur la société. Et si l'ouvrage s'intitule recherche qualitative, ce n'est pas toute la recherche qualitative qui se pratique selon le modèle que Deslauriers déploie. Celui-ci affirme rapidement que la méthode qualitative, telle qu'il la préconise, est appropriée à l'étude des phénomènes complexes, auto-organisateurs et de la mésostructure, et qu'à cet égard, ce n'est pas un hasard si l'on s'y intéresse aujourd'hui : cet intérêt serait lié à des préoccupations théoriques, qui elles-mêmes sont liées à des transformations sociales. Pour cerner ces changements, il importe de confronter les discours et les pratiques. En fait,

Deslauriers est assez proche de la *grounded theory* de Glaser et Strauss (1967), même s'il parle de « naturalisme », ce qui pour lui fait référence à une vision holiste. Ce naturalisme me semble très près de ce que plusieurs nomment ethnographie ; s'agit-il de la même chose ? Ici, la concision de l'auteur le dessert. Il est dommage que Deslauriers ne se situe que par rapport à la sociologie anglo-saxonne. En effet, au Québec, il existe une tradition de recherche qualitative qui passe par Léon Gérin, Everett Hugues, Jean-Charles Falardeau, Marcel Rioux, Marcel Sévigny, Fernand Dumont, Colette Moreux, pour ne nommer que nos pères et mère, tradition dont plusieurs jeunes chercheurs se réclament (par exemple Dufour *et al.*, 1991). Ce courant, au Québec, a toujours été plus important (en quantité et en qualité) que la recherche quantitative – on n'a qu'à relire nos classiques pour s'en convaincre – et s'est développé en étroite interaction avec l'anthropologie. Deslauriers me semble aller dans le même sens que cette tradition québécoise, bien qu'il n'y fasse pas référence. Comme très peu d'ouvrages méthodologiques sont issus de cette tradition, ce petit ouvrage intéressera sociologues et anthropologues qui y trouveront une synthèse en français sur la recherche qualitative qui n'existait pas auparavant.

Bibliographie

GLASER, B.G. et A. STRAUSS (1967). *The Discovery of Grounded Theory : Strategies for Qualitative Research*, Chicago, Aldine.

DUFOUR, Stéphane, FORTIN, Dominic et Jacques HAMEL (1991). *L'enquête de terrain en sciences sociales. L'approche monographique et les méthodes qualitatives*, Montréal, Saint-Martin.

ANDRÉE FORTIN
Département de sociologie
Université Laval

❖ Méthodologie de recherche pour les intervenants sociaux

Robert MAYER ET Françine OUELLET
Boucherville, Gaëtan Morin Éditeur, 1991, 537 p.

En examinant cet ouvrage imposant, je me suis d'abord senti comme l'étudiant découragé devant une charge de travail trop lourde ; pourtant à la lecture, malgré qu'il s'agisse d'un manuel très fouillé, j'ai trouvé le style très abordable et le cheminement simple et clair jalonné de nombreuses divisions et subdivisions, coiffées de titres et sous-titres appropriés. Quand je dis tâche lourde, je fais surtout allusion à la longueur de l'ouvrage : 537 pages de contenu méthodologique ne correspond peut-être pas à l'image que l'on se fait du livre de chevet idéal.

Faire une synthèse complète d'un tel ouvrage constitue donc un défi tout aussi important pour moi que celui qu'ont eu à relever les auteurs : réaliser la synthèse d'une masse impressionnante de documents sur la recherche sociale.

Dans ce vaste panorama des modèles de recherche, les auteurs ont centré leur démarche autour de trois pôles : une première partie est consacrée à l'évolution de la recherche sociale au Québec ; une deuxième traite des divers types de recherche (l'analyse des besoins d'une population, la recherche-action, la recherche militante, conscientisante et sociologique, la recherche féministe et la recherche évaluative) ; enfin, une troisième partie présente les diverses stratégies auxquelles on a recours dans une démarche de recherche (le questionnaire, l'entrevue, les échelles d'attitudes, les techniques d'échantillonnage, l'observation participante, les récits de vie et l'analyse de contenu). Les choix des auteurs offrent des perspectives nouvelles ; ils ont osé sortir des pistes habituelles utilisées dans ce type de manuel où l'on présente « la » méthodologie, « le » guide à suivre, les techniques à utiliser, de façon sèche et aseptisée. Ici, on a le choix : les stratégies et techniques de recherche sont bien appuyées par les théories qui les expliquent. La raison d'être, les avantages et les limites de ces stratégies sont expliquées de façon simple. En un mot, on peut mieux comprendre les principales dimensions de chaque modèle et décider lequel convient le mieux à chaque recherche.

Au plan des stratégies de recherche, les concepts sont expliqués de façon claire et concise. Encore là, plusieurs options sont présentées et le petit génie en herbe tout comme le chercheur désireux de rafraîchir ses notions et sa culture méthodologique sauront quels sont les maîtres à penser dans chaque domaine.

Toutefois, une remarque générale s'impose : le titre, bien qu'accrochant, me semble un peu idéaliste et ne correspond pas à la réalité. De prime abord, il semble indiquer qu'il s'agit de recettes adaptées pour les intervenantes et les intervenants sociaux. En fait, il n'en est rien. À mon humble avis, il s'agit plutôt d'une synthèse remarquable des principaux courants de pensée et des modèles de recherche utilisés en travail social et dans les autres domaines de l'intervention sociale et psychosociale. La richesse du contenu en fait cependant un manuel adapté à des cours de formation à la recherche et à des chercheurs. La somme de toutes les informations sur les diverses approches ne va pas nécessairement et automatiquement soulever l'enthousiasme des praticiens et les inciter à entreprendre la réalisation de recherches dans leur milieu de pratique. Pourquoi ? Tout simplement parce qu'en raison de son format imposant et de son contenu, le livre part plutôt de la théorie et pas assez des pratiques de recherche dans les milieux de pratique et, par conséquent, les exemples concrets manquent un peu. Dans sa préface, Roland Lecomte souligne que « le mérite du présent volume est d'aborder la problématique de la recherche à partir de la perspective des intervenants sociaux et du contexte où ils travaillent ». Je partage cette évaluation dans le sens que les auteurs ont voulu le situer dans « la perspective des intervenants sociaux », mais le contenu reste quand même un peu trop théorique par rapport aux réalités et aux exigences de la pratique.

Ce jugement n'enlève absolument rien à la valeur de l'ouvrage. La perspective envisagée s'avère très dynamisante parce que critique, analytique et réflexive sur les liens entre les diverses approches de recherche et l'intervention sociale. Les deux auteurs présentent une revue des écrits riche, honnête et complète ; ils en tirent l'essentiel pour bien faire comprendre les orientations, les forces et les faiblesses des divers modèles. Forts de ces connaissances, les utilisateurs et utilisatrices (chercheurs, étudiants, intervenants, professeurs) pourront plus facilement arrêter leur choix, selon leurs besoins, sur l'un ou l'autre des modèles de recherche présentés et analysés. Le fait de mieux voir les avantages et les limites de chaque modèle fournit des balises utiles pour les chercheurs qui ne peuvent prétendre tout connaître de toutes les théories.

En somme, il s'agit d'une œuvre gigantesque, d'une fresque exhaustive, bien documentée, extrêmement riche en détails divers sur chaque modèle et chaque stratégie, d'un manuel de référence fort utile aux étudiants, aux chercheurs et aux intervenants. Un tel ouvrage faisait défaut en français et il devient donc une contribution majeure au développement de la recherche au Québec.

André Jacob
Département de travail social
Université du Québec à Montréal

❖ Guide pour la présentation des articles

Les personnes qui acheminent des textes à la revue sont invitées à respecter le protocole suivant :

- Inscrire sur la première page, en haut, à gauche, le titre de l'article. Inscrire, deux interlignes plus bas, toujours à gauche, le nom de l'auteure ou de l'auteur. Inscrire, un interligne plus bas, le nom de l'organisme auquel la personne qui signe l'article est associée.

- Présenter le manuscrit (en deux exemplaires) dactylographié à double interligne (26 lignes par page) avec marges d'un pouce. La longueur est de 15 pages maximum. (Dans certains cas particuliers, le comité de rédaction se réserve le droit de commander des articles plus longs.) Les tableaux et graphiques doivent être présentés sur des feuilles distinctes avec indication du lieu d'insertion dans le corps du texte.

- Dactylographier les notes à double interligne et les numéroter consécutivement à la fin de l'article sur une feuille à part.

- Placer les références dans le texte en indiquant entre parenthèses le nom de famille de l'auteure ou des auteurs, suivi d'une virgule, suivie de l'année de publication et au besoin, ajouter deux points et indiquer les pages citées, comme dans l'exemple suivant : (Tremblay, 1986 : 7). Si l'on cite deux pages ou plus, on insère un tiret entre la première et la dernière page citée comme dans l'exemple suivant : (Tremblay, 1987 : 7-8). Si l'on cite deux ouvrages publiés par le même auteur la même année, on différencie les deux ouvrages en ajoutant une lettre à l'année comme dans l'exemple suivant : (Tremblay, 1987a, 1987b). Si l'on cite deux ouvrages distincts à l'intérieur de la même parenthèse, on place un point virgule entre les deux ouvrages cités comme dans l'exemple suivant : (Tremblay, 1987 ; Lévesque, 1982). Une référence suit immédiatement, après les guillemets et avant toute ponctuation, la citation ou le mot auquel elle se rapporte.

- Il n'y a pas de guillemets avant ou après une citation détachée du texte. Mettre entre crochets [...] les lettres et les mots ajoutés ou changés dans une citation, de même que les points de suspension indiquant la coupure d'un passage.

- Les textes présentés à la revue doivent être féminisés en suivant la politique du ministère de l'Enseignement supérieur et de la Science (Québec). On utilisera, dans la mesure du possible, les tournures neutres qui englobent les femmes autant que les hommes (par exemple, les ressources professorales au lieu de les professeur-eure-s) et, à l'occasion, on utilisera le féminin et le masculin pour bien montrer que l'on fait référence aux femmes autant qu'aux hommes et on accordera les adjectifs et les participes passés avec le masculin (par exemple : les intervenantes et intervenants consultés).

- La bibliographie doit apparaître à la fin de l'article et comprendre la liste complète des références faites. Les textes retenus sont classés par ordre alphabétique des noms d'auteures et d'auteurs. On doit souligner le titre des livres, revues et journaux, mais mettre entre guillemets (sans les souligner) les titres d'articles et de chapitres de livres.

- L'article doit être accompagné d'un résumé en français de 100 mots maximum.

- La version finale de l'article pourra être accompagnée de la disquette (Macintosh de préférence).

❖ Les dossiers parus

Vol. 1, n° 1 (automne 1988)
Dossier : Les CLSC à la croisée des chemins
Responsables : Benoît Lévesque et Yves Vaillancourt

Vol. 2, n° 1 (printemps 1989)
Dossier : Quinze mois après le *Rapport Rochon*
Responsable : Yves Vaillancourt

Vol. 2, n° 2 (automne 1989)
Dossier : Chômage et travail
Responsable : Danielle Desmarais

Vol. 3, n° 1 (printemps 1990)
Dossier : Mouvements sociaux
Responsables : Paul-R. Bélanger et Jean-Pierre Deslauriers

Vol. 3, n° 2 (automne 1990)
Dossier : Pratiques féministes
Responsables : Christine Corbeil et Francine Descarries

Vol. 4, n° 1 (printemps 1991)
Dossier : Coopération internationale : nouveaux défis
Responsables : Yao Assogba, Louis Favreau et Guy Lafleur

Vol. 4, n° 2 (automne 1991)
Dossier : La réforme, vingt ans après
Responsables : Denis Bourque et Clément Mercier

Vol. 5, n° 1 (printemps 1992)
Dossier : Santé mentale
Responsables : Henri Dorvil et Jean Gagné

Vol. 5, n° 2 (automne 1992)
Dossier : Relations interethniques et pratiques sociales
Responsables : André Jacob et Micheline Labelle

Les dossiers à paraître

Vol. 6, n° 1 (printemps 1993)
> Dossier : Le champ de la surdité
> Responsable : Micheline Vallières

Vol. 6, n° 2 (automne 1993)
> Dossier : Les services sociaux aux jeunes
> Responsables : Jacques Hébert, Marc-André Deniger
> et Jean-François René

Vol. 7, n° 1 (printemps 1994)
> Dossier : L'arrimage entre le communautaire et le réseau
> gouvernemental
> Responsables : Christine Daniel, René Doré, Réjean Mathieu
> et Clément Mercier

Vol. 7, n° 2 (automne 1994)
> Dossier : La recherche sociale
> Responsables : Yao Assogba, Jean-Pierre Deslauriers
> et Danielle Desmarais

Vol. 8, n° 1 (printemps 1995)
> Dossier : Les régions
> Responsables : Benoît Lévesque, Claire Roussy,
> Pierre-André Tremblay

Vol. 8, n° 2 (automne 1995)
> Dossier : 30 ans de développement des pratiques sociales
> au Québec (1960-1990)
> Responsables : Yves Vaillancourt et Jean-Pierre Deslauriers

Appel aux lecteurs et lectrices
de *Nouvelles pratiques sociales*

Nous avons la certitude que parmi les 1000 personnes qui sont abonnées à notre revue, il s'en trouve plusieurs qui auraient la capacité et le désir d'établir des liens avec nous et de nous prêter un coup de main sur le plan soit de l'évaluation des articles, soit de la promotion de la revue, soit de l'écriture de textes.

Si c'est le cas, nous vous invitons à nous le faire savoir sans délai en nous retournant la présente page dûment remplie.

Indiquez-nous ci-dessous votre nom et vos coordonnées (adresse et numéro de téléphone).

_____

_____

_____

Précisez si vous seriez prêt ou prête :
– soit à évaluer un article en nous précisant vos champs d'intérêt :

_____

– soit à travailler à la promotion de la revue dans une région
  ou dans un secteur donnés :

_____

_____

– soit à écrire un article ou à collaborer à un dossier
  en précisant le thème :

_____

_____

Retourner cette page dûment remplie à :
  Yves VAILLANCOURT
  Directeur
  Nouvelles pratiques sociales
  Département de travail social
  Université du Québec à Montréal
  C.P. 8888, Succ. A
  Montréal (Québec) H3C 3P8
  Fax : (514) 987-4494

ABONNEMENT

Je m'abonne à la revue *NOUVELLES PRATIQUES SOCIALES*
à partir du volume _____ numéro _____

	1 an (2 numéros)	**2 ans** (4 numéros)	**3 ans** (6 numéros)
Québec /TPS et TVQ incl.			
Individu	☐ 21 $	☐ 36 $	☐ 46 $
Étudiant	☐ 15 $	☐ 24 $	☐ 33 $
Institution	☐ 29 $	☐ 50 $	☐ 69 $
Canada (hors-Québec) / TPS incluse			
Individu	☐ 19 $	☐ 33 $	☐ 43 $
Étudiant	☐ 14 $	☐ 22 $	☐ 31 $
Institution	☐ 27 $	☐ 46 $	☐ 64 $
Étranger	☐ 33 $	☐ 56 $	☐ 78 $

À l'unité : 15 $ (Taxe incluse)

Veuillez me faire parvenir les numéros suivants déjà parus :
Volume _____ N° _____   Volume _____ N° _____   Volume _____ N° _____

Nom : _____

Adresse : _____

Ville : _____ Province : _____

Code postal : _____ Téléphone : ( ) _____

Occupation : _____

☐ Chèque ou mandat postal ci-joint   ☐ Visa   ☐ Mastercard

N° de la carte : _____ Date d'expiration : _____

Signature : _____

Libellez votre chèque ou mandat postal en dollars canadiens à :

NOUVELLES PRATIQUES SOCIALES
Presses de l'Université du Québec
2875, boul. Laurier, Sainte-Foy (Québec) Canada, G1V 2M3
Téléphone : (418) 657-3551, poste 2854
Télécopieur : (418) 657-2096

D-33b 5.2

À TOUS LES INTERVENANTS ET INTERVENANTES SOCIAUX

Le département de Travail social de l'UQAM,
conjointement avec le département de Sociologie
offre une nouvelle

MAITRISE EN INTERVENTION SOCIALE

* *pour réfléchir sur sa propre pratique,*
  sur les pratiques actuelles et la possibilité de les renouveler

* *pour se donner des outils de recherche appropriés à l'intervention sociale*

* *bref, pour développer une polyvalence en tant qu'intervenant(e) afin de faire face aux nouveaux enjeux sociaux et aux transformations des réalités sociales*

Conditions d'admission:

1) bacc. en travail social, bacc. en sociologie, ou l'équivalent (avec moyenne cumulative d'au moins 3),

2) expérience d'environ deux ans dans le domaine de l'intervention sociale,

3) présenter un avant-projet de mémoire (3 à 5 pp).

Date limite de demande d'admission pour l'automne 1993: 1er avril 1993

Pour toute information, appeler: (514) 987-4822

Communiqu

LES CAHIERS DE RECHERCHE SOCIOLOGIQUE

annoncent la parution de:

ENTREPRISES: APPROCHES THÉORIQUES ET ÉTUDES DE CAS

sous la direction de:
PAUL R. BÉLANGER ET BENOÎT LÉVESQUE

Sommaire

Bon de commande

JE DÉSIRE RECEVOIR

_____ copies du numéro

ENTREPRISES: APPROCHES THÉORIQUES $27,73
ET ÉTUDES DE CAS (numéro double) TPS et TVQ incluses

☐ chèque_____

☐ Visa N°_____

Date d'expiration _____

☐ Master Card N° _____

Date d'expiration _____

Signature: _____

Nom: _____

Organisme ou compagnie:_____

Adresse: _____

Ville: _____

Code postal: _____Tél.: _____

Retourner ce coupon accompagné de votre paiement à l'ordre de:
CRS I Services des publications
Université du Québec à Montréal
C.P. 8888 succursale "A"
Montréal, H3C 3P8

Achevé d'imprimer
en mars 1993 sur les presses
des Ateliers Graphiques Marc Veilleux Inc.
Cap-Saint-Ignace, Qué.